高校入試対策問題集 社会

SOCIAL STUDIES

合格への最短完成

栄光ゼミナール 監修

CONTENTS 高校入試対策問題集 合格への最短完成 社会

PART 1 地理分野

PART 2 歴史分野

PART 3

公民分野

実戦模試

特長と使い方

1 出やすい順×栄光ゼミナールの監修×思考力問題対応

この本は，全国の公立高校入試問題の分析や栄光ゼミナールの知見をもとに，各分野のテーマを，出やすい・押さえておきたい順に並べた問題集です。

さらに，近年の公立高校入試で出題が増えている“思考力問題”を掲載しており，「すばやく入試対策ができる」＝「最短で完成する問題集」です。

2 「栄光の視点」の3つのコーナーで，塾のワザを“伝授”

この単元を最速で伸ばすオキテ

学習にあたって、まず心掛けるべきことを伝授します。「ここに気をつければ伸びる」視点が身につきます。

覚えておくべきポイント

入試突破のために押さえたい知識・視点を復習します。考え方やテクニックも解説しているので，よく読んでおきましょう。

先輩たちのドボン

過去の受験生たちの失敗パターンを掲載しています。塾の講師が伝えたい「ありがちなミス」を防ぐことにつなげます。

※「要点」では，覚えておきたい知識を確認します。「オキテ」「ポイント」「ドボン」「要点」は，科目・テーマによって有無に違いがある場合があります。

3 「問題演習」で，定番問題から新傾向の思考力問題まで対策

「問題演習」の問題には，次のようなマークがついています。

- 必ず得点……正答率が高いなど，絶対に落とせない問題です。
- よくでる……出題されやすい問題です。確実に解けるようにしておきましょう。
- 差がつく……間違えるライバルが多いものの，入試で出やすい問題です。この問題ができれば，ライバルに差をつけられます。
- 思考力……初見の資料を読み込ませるなど，「覚えているだけ」ではなく「自分の頭で考えて解く」ことが求められる問題です。この問題が解ければ，試験本番で未知の問題に遭遇しても怖くなくなるでしょう。

最後に，巻末の「実戦模試」に取り組んで，入試対策を仕上げましょう。

PART 1

地理分野

1 日本の諸地域

栄光の視点

この単元を最速で伸ばすオキテ

- 地方ごとにおもな平野や川，山脈名を押さえておこう。農業，工業などの産業は地方ごとにその特徴がちがう。それぞれの地方がかかえる問題点にもちがいがあるので整理しておこう。覚えるべき事柄は多いが，努力が実を結ぶ単元。
- 地方ごとにとりあげられやすい内容がある。たとえば，中部地方は3つの地域に分けて，自然，農業，工業，人口それぞれ特徴をもっているため出題されやすい。関東地方は東京大都市圏(けん)があり，大都市圏をとりまくように人口，農業，工業，文化などが広がる。このように地方ごとにさまざまな視点から出題がある。

● 地方ごとに問われやすいテーマ

九州地方	火山，農業，北九州工業地域，環境保全の取り組み，沖縄
中国・四国地方	農業，漁業，石油コンビナート，本州四国連絡橋，過疎化(かそか)
近畿地方	中小工場，伝統工芸品，文化財・景観保護
中部地方	日本アルプス，中京工業地帯，3地域の農業・工業の比較
関東地方	近郊(きんこう)農業，工業地域の拡大，多文化社会，ドーナツ化現象
東北地方	三陸海岸，農業，工業団地，伝統工芸品産業，三大祭り
北海道地方	自然，農業，養殖業・栽培漁業，開拓の歴史，アイヌ文化

覚えておくべきポイント

環境問題と解決方法はセットでおさえる

環境問題は，社会的にも重要なテーマになっている。教科書にも環境問題とその解決方法の事例が取り上げられている。北九州市の大気汚染や，琵琶湖の水質汚濁(おだく)の問題の原因と解決への道筋をおさらいしておこう。

農産物の出荷は，気候に合わせて時期をずらして高値を狙っている

促成栽培(そくせいさいばい)や抑制栽培(よくせいさいばい)をして，他の産地が出荷しにくい時期に出荷すると，比較的高い値段で出荷できる。「なぜ促成栽培や抑制栽培をするのか」は頻出。このグラフでは，夏に，愛知県や千葉県からの出荷が減る一方，高冷地農業をしている群馬県の出荷量が増えていることがわかる。

キャベツの都道府県別の月別出荷量

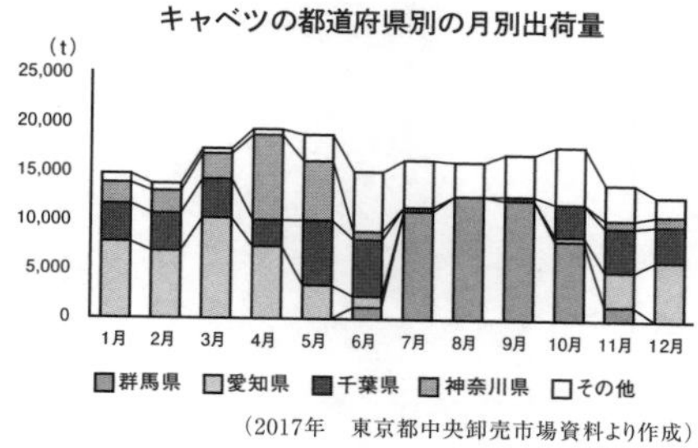

(2017年　東京都中央卸売市場資料より作成)

先輩たちのドボン

視点・題材を変えたりすると，対応できなくなる

たとえば，「促成栽培がさかんな宮崎平野」を知っていても，宮崎平野で促成栽培がさかんとなるための温暖という気候条件やほかの地域との比較が書けない。地理のできごとは原因や比較の視点をもって考えよう。

要点

☑ 九州地方

(1) 農業…宮崎平野で**促成栽培**，シラス台地で**畜産業**，筑紫平野で二毛作。
(2) 工業…鉄鋼業から集積回路や自動車などの機械工業へ。北九州市や水俣市が**環境モデル都市**。

☑ 中国・四国地方

(1) 農業…讃岐平野のため池。高知平野で促成栽培。岡山県では**ぶどう**，愛媛県では**みかん**の栽培。
(2) 水産業…広島県で**かき**，愛媛県のぶり・たいの養殖。
(3) 工業・交通…**瀬戸内工業地域**では**石油化学コンビナート**が立地。**本州四国連絡橋**。

☑ 近畿地方

(1) 農業…和歌山県の**みかん**栽培や京都府の京野菜。
(2) 工業…**阪神工業地帯**は**中小工場**が多く，京都では**伝統的工芸品**の生産もさかん。
(3) その他…京都市や奈良市で景観保存。琵琶湖で水質改善の取り組み。**京阪神大都市圏**が発達。

☑ 中部地方

(1) 農業…愛知県で**園芸農業**，静岡県で茶・みかんの栽培。中央高地で**高原野菜**，盆地での果樹栽培。北陸地方は水田の**単作地帯**。
(2) 工業…**中京工業地帯**で輸送機械工業が発達。**東海工業地域**で輸送機械工業や製紙工業が発達。

☑ 関東地方

(1) 農業…茨城県・千葉県で**近郊農業**。
(2) 工業・その他…**京浜工業地帯**・**関東内陸工業地域**では機械工業，**京葉工業地域**で化学工業。東京都では**印刷業**がさかん。東京23区をとりまいて，昼間人口・夜間人口が変化。

☑ 東北地方

(1) 自然…太平洋側で**やませ**による**冷害**。三陸海岸の南部にリアス海岸。
(2) 農業・水産業…**稲作**がさかん。三陸沖に**潮目**があり，好漁場に。
(3) 工業…**東北自動車道**沿いに工業団地が進出。伝統的工芸品の生産。
(4) 地域の祭り…青森ねぶた祭，秋田竿燈まつり，仙台七夕まつり。

☑ 北海道地方

(1) 農業・工業…**十勝平野**で畑作，**根釧台地**で**酪農**がさかん。食料品工業がさかん。

問題演習

1　九州地方について，次の問いに答えなさい。

よくでる　(1)　地図中の　　　の地域には，火山活動にともなう噴出物（ふんしゅつぶつ）が積み重なって生まれた地層が広がっている。この地層を何というか，書きなさい。〈青森県〉　〔　　　　〕

思考力　(2)　次の資料は，地図中の①～④の県における，人口や野菜の産出額などについてまとめたものである。A～Dは，①～④の県のいずれかである。Aにあたる県を，①～④から１つ選びなさい。また，県名も書きなさい。〈山形県〉

	人口(千人)	野菜の産出額(億円)	畜産の産出額(億円)	海面漁業漁獲量(t)
A	1,626	616	2,958	73,742
B	5,107	808	406	26,064
C	1,354	513	525	286,490
D	1,765	1,321	1,141	18,219

（人口は2017年，他は2016年）　（『データでみる県勢 2019年版』より作成）

番号〔　　　〕　県名〔　　　　　〕

(3)　地図中の水俣市（みなまたし）について，各問いに答えなさい。〈青森県〉

①　水俣市では，1950年代から1960年代にかけて，化学工業の発展とともに公害が発生して大きな被害が出た。この公害の原因として最も適切なものを，次のア～エから１つ選びなさい。

ア　土壌（どじょう）汚染　　イ　水質汚濁（おだく）　　ウ　大気汚染　　エ　地盤沈下（じばんちんか）

〔　　　〕

②　水俣市は，公害を克服（こくふく）して，先進的な環境政策に取り組んできた。水俣市のように，環境問題の解決を通じて都市発展を目指す取り組みが認められ，国に選定された都市を何というか，書きなさい。

〔　　　　〕

差がつく　(4)　次の資料は，日本の７つの地方の面積と人口の割合を表している。このうち，九州地方について表しているものを，資料中のa～dから選びなさい。〈青森県〉

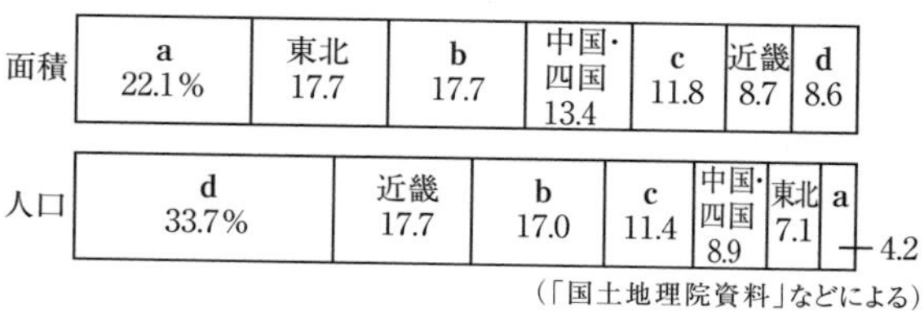

（「国土地理院資料」などによる）

〔　　　〕

思考力 (5) 図1は，東京都中央卸売市場におけるきゅうりの取扱量と平均価格（2016年）を示している。また，図2は，きゅうりの生育に適した気温と，きゅうりの主産地である宮崎市，福島市の平均気温を示している。宮崎県が，平均価格の高い時期に，福島県よりも，きゅうりを多く出荷できる理由について，図2から読み取れることにふれ，「ビニールハウス」，「暖房費」の2つの語句を用いて簡潔に書きなさい。〈栃木県〉

図1

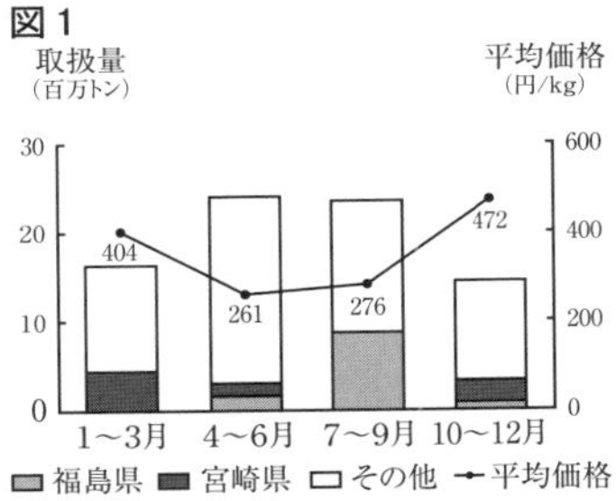

（『東京中央卸売市場ホームページ』により作成）

図2

○きゅうりの生育に適した気温　18～25℃
○宮崎市と福島市の平均気温（℃）

	1～3月	4～6月	7～9月	10～12月
宮崎市	9.3	19.7	26.3	14.4
福島市	3.0	16.1	23.4	9.5

（「気象庁ホームページ」ほかにより作成）

［　　　　　　　　　　　　　　　　　　　　　　　　　　　　　　　　　　　］

2 中国・四国地方について，次の問いに答えなさい。

必ず得点 (1) 県名と県庁所在地名が異なる県を，右の地図中のA～Fからすべて選びなさい。〈熊本県・改〉

［　　　　　　　］

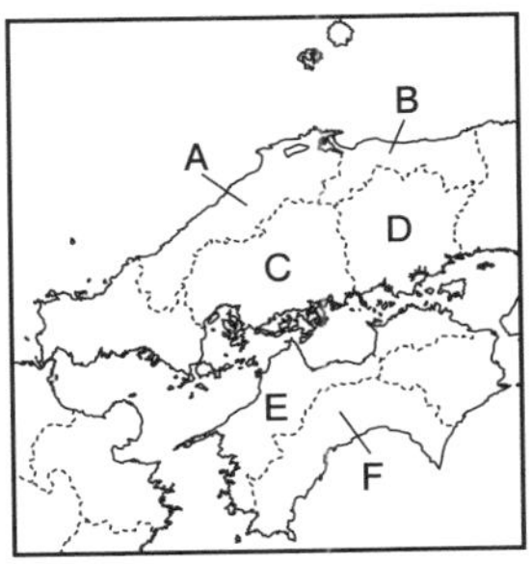

よくでる (2) グラフⅠは，B，D，F県の県庁所在地の降水量を表している。㋐～㋒にあてはまる県の組み合わせとして適当なものを，次のア～カから1つ選びなさい。〈福島県〉

	ア	イ	ウ	エ	オ	カ
㋐	B	B	D	D	F	F
㋑	D	F	B	F	B	D
㋒	F	D	F	B	D	B

グラフⅠ

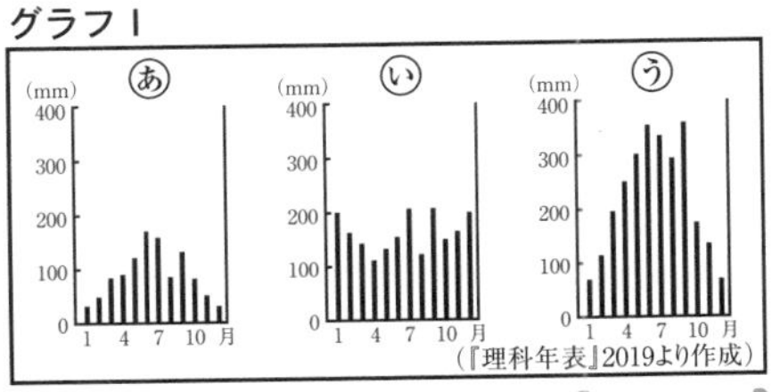

［　　　　］

思考力 (3) グラフⅡは，A，C，E，F県の農業産出額の内訳を表したものである。F県にあてはまるものを，グラフⅡ中のア～エから1つ選びなさい。〈福島県〉

グラフⅡ

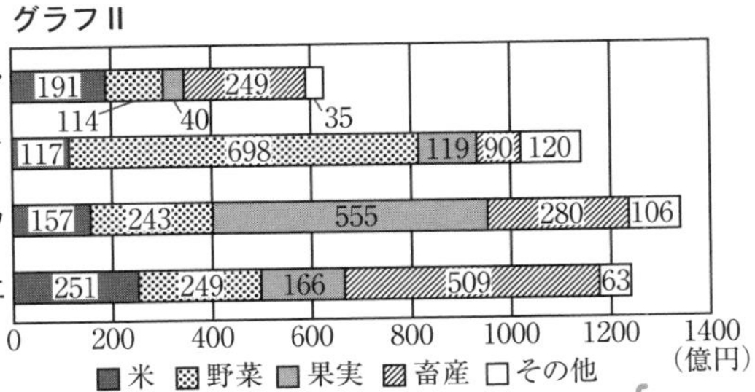

（『データでみる県勢2019年版』により作成）

［　　　　］

思考力 (4) グラフⅢは，C，D，E県の製造品出荷額等の内訳を表している。X，Yにあてはまるものを，あとのア～エから１つずつ選びなさい。〈福島県〉

グラフⅢ

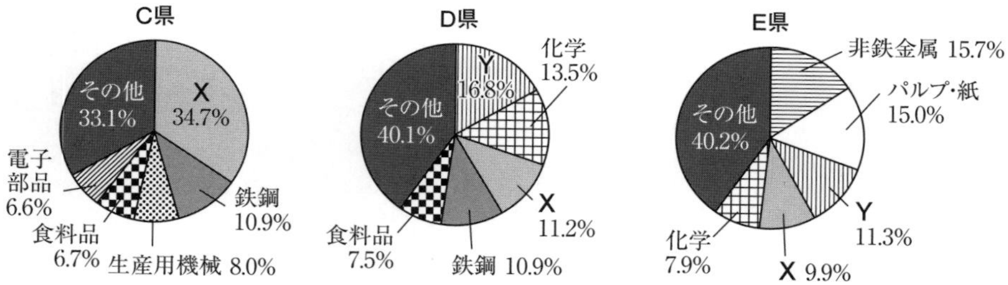

（『データでみる県勢2019年版』により作成）

ア　石油・石炭製品　　イ　印刷　　ウ　輸送用機械　　エ　繊維

X〔　　　〕　Y〔　　　〕

思考力 (5) 次の表は，四国と中国・京阪神方面間の交通機関別の利用者数と，3つの連絡橋における自動車の通行台数を示したものである。表から読み取れる，平成10年以降における交通機関の利用の変化について簡潔に書きなさい。〈熊本県〉

年度＼交通機関	鉄道（万人）	高速バス（万人）	航空機（万人）	船舶（万人）	自動車（万台）
平成10年度	947	176	203	708	833
平成18年度	800	445	120	412	980
平成28年度	789	452	92	187	1454

（四国運輸局「四国地方における運輸の動き30年」による）

（注）自動車は，普通車と軽自動車等の合計（中型車，大型車，特大車を除く。）

〔　　　　　　　　〕

思考力 (6) オリーブの栽培が盛んである香川県では，日照時間が長く，降水量が少ない。次の図は，瀬戸内地方周辺の断面を模式的に示したものである。香川県などの瀬戸内海に面した地域で年間を通して降水量が少ないのはなぜか。「山地」という語句を用いて，簡潔に書きなさい。〈香川県〉

〔　　　　　　　　〕

3 近畿地方について，次の問いに答えなさい。

(1) 右の地図を見て，各問いに答えなさい。 〈鹿児島県〉

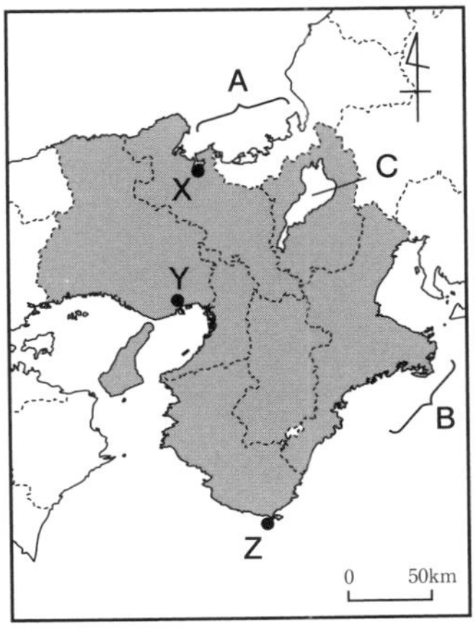

① 地図中のAの湾やBの半島にみられる，海岸線が複雑に入り組んだ地形を何というか，書きなさい。

［　　　　］

② 地図中のCの湖は，近畿地方で生活する人々に飲料水などを供給する役割をになっている。この湖名を書きなさい。

［　　　　］

よくでる (2) 次のア～ウは，地図中に●で示したX～Zの都市の気温を折れ線グラフで，降水量を棒グラフで表したものである。X～Zの都市に当たるものを，ア～ウから１つずつ選びなさい。 〈熊本県〉

ア
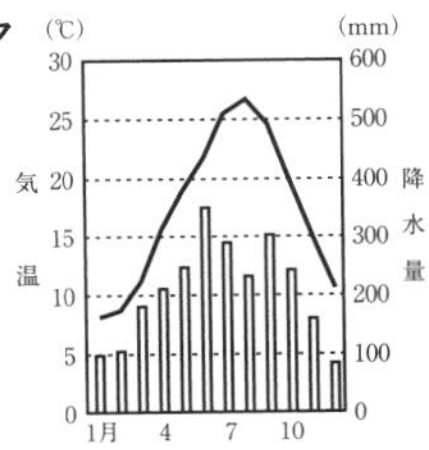

イ
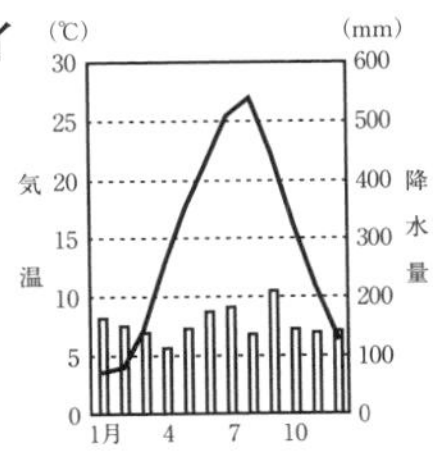

ウ
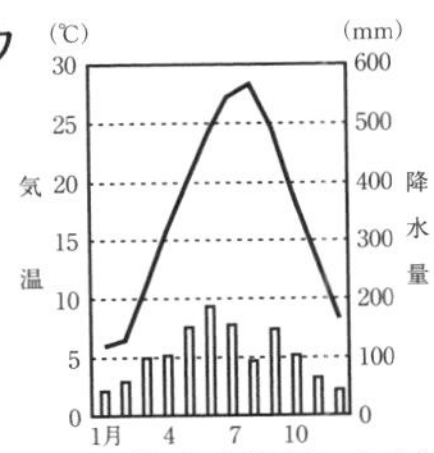

（気象庁資料による）

X［　　　］　Y［　　　］　Z［　　　］

思考力 (3) 次の表は，地図中に示した７府県の県内総生産，農業産出額などを比較したものである。和歌山県と三重県に当たるものを，表中のA～Dから１つずつ選びなさい。 〈熊本県〉

府県＼項目	県内総生産（億円）	農業産出額（億円）	工業製造品出荷額（億円）	商品販売額（億円）	海面漁業漁獲量（百t）
A	100538	740	53847	71582	101
B	76564	1107	109459	37836	1704
C	58459	636	74011	25443	−
D	35790	1116	26758	20829	222
大　阪	379340	353	169695	556930	183
兵　庫	197881	1690	155779	143794	559
奈　良	35407	436	18797	19972	−

（『日本国勢図会 2018/19 年版』より作成）

和歌山県［　　　］　三重県［　　　］

4 中部地方について，次の問いに答えなさい。

よくでる　(1) 右の地図中の▬▬で示した「日本の屋根」ともよばれる，3つの山脈をまとめて何というか，書きなさい。〈和歌山県〉

［　　　　　］

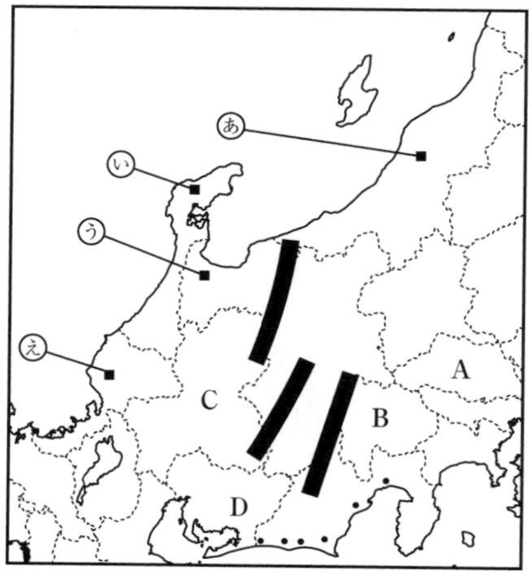

(2) 伝統的工芸品である輪島塗がつくられている都市を，あ～えから選びなさい。また，その都市が位置する都道府県の名を書きなさい。〈北海道〉

都市［　　　　］

都道府県名［　　　　　］

(3) 次のグラフは，2017年におけるぶどうの生産量の都道府県別の割合を示したものである。グラフ中の□に当てはまる都道府県をA～Dから選び，その都道府県の名を書きなさい。〈北海道〉

ぶどうの生産量17.6万t	□	長野	山形	岡山	福岡	その他
	24.5%	14.7%	9.5%	9.5%	4.7%	37.1%

（『日本国勢図会2019/20年版』より作成）

記号［　　　］　都道府県名［　　　　　］

(4) 地図中の●はある工業地域を形成する主な都市である。この工業地域の名を書きなさい。〈北海道〉

［　　　　　］

思考力　(5) 次の表は，新潟県，富山県，長野県，愛知県について，それぞれの面積と米，野菜，果実の産出額を示したものである。長野県にあたるものを，表中のア～エから１つ選びなさい。〈和歌山県〉

	面積（km²）	産出額（億円）		
		米	野菜	果実
ア	4,248	448	61	22
イ	5,173	276	1,127	207
ウ	12,584	1,484	386	80
エ	13,562	454	897	557

（面積は2017，他は2016年）

（『データでみる県勢2019年版』より作成）

［　　　］

5 関東地方について，次の問いに答えなさい。

(1) 次の文章は，関東地方の地形について述べたものである。文章中の［X］にあてはまる最も適当な語句を，あとのア～エから1つ選びなさい。また，［Y］にあてはまる最も適当な語句を，5字で書きなさい。〈愛知県〉

> 流域面積が日本最大の［X］が関東平野を横断して流れており，この河川の一部は，茨城県と千葉県の県境となっている。下総台地や武蔵野台地などの台地は，火山灰が堆積した赤土である［Y］におおわれている。

ア　石狩川　　イ　北上川　　ウ　利根川　　エ　信濃川

X［　　　］　Y［　　　　　］

思考力 (2) 資料1と資料2から，群馬県では自然環境をどのようにいかした野菜の生産がされているといえるか。群馬県におけるキャベツの生産を例にして，簡潔に書きなさい。〈滋賀県・改〉

資料1　東京都中央卸売市場におけるキャベツの入荷量

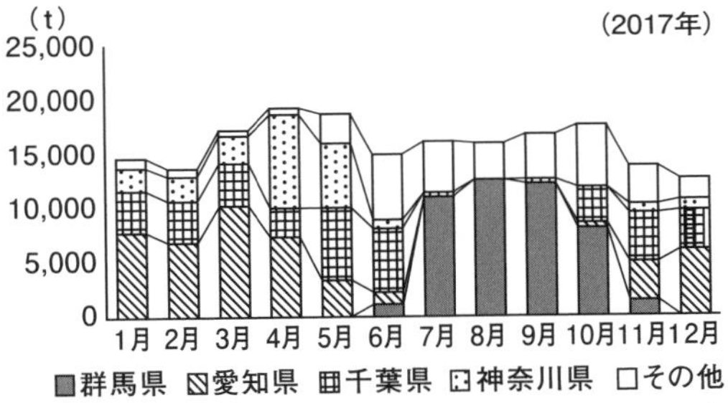

（東京都中央卸売市場資料より作成）

資料2　おもなキャベツ産地の月別平均気温

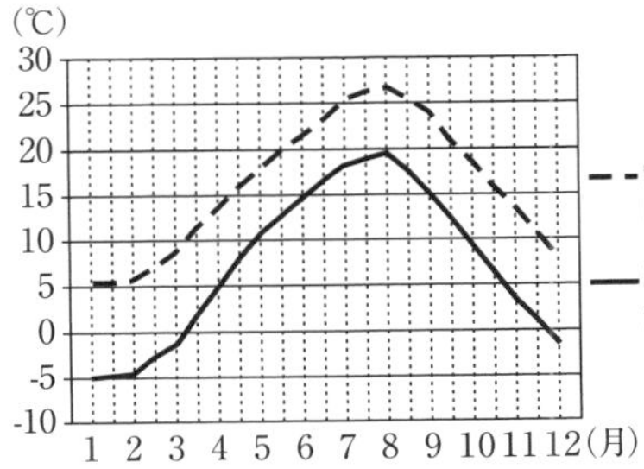

（気象庁資料より作成）

［　　　　　　　　　　　　　　　　　　　　　］

思考力 (3) 東京大都市圏では，地震や台風などにより，公共交通機関に乱れが生じ，帰宅困難者が多くでることがある。その理由として，どのようなことが考えられるか。資料3，資料4の内容にふれて，簡潔に書きなさい。〈岩手県〉

資料3　東京23区への通勤・通学者数(2010年)

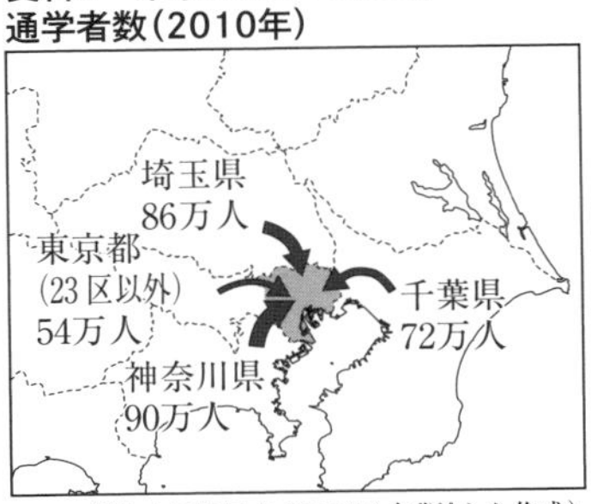

（『日本国勢図会 2015/16 年版』から作成）

資料4　通勤・通学に利用する交通手段の割合(2010年)

	利用交通機関	
	鉄道	自家用車
東京都	58%	9%
神奈川県	49%	19%
千葉県	40%	34%
埼玉県	38%	32%
全国平均	23%	47%

（『総務省資料』から作成）
※鉄道は，バス，自転車，オートバイを併用する数値を含む。
※自家用車は，自家用車のみを利用する数値。

［　　　　　　　　　　　　　　　　　　　　　］

6 北海道・東北地方について，次の問いに答えなさい。

(1) 右の地図を見て，次の各問いに答えなさい。 〈富山県〉

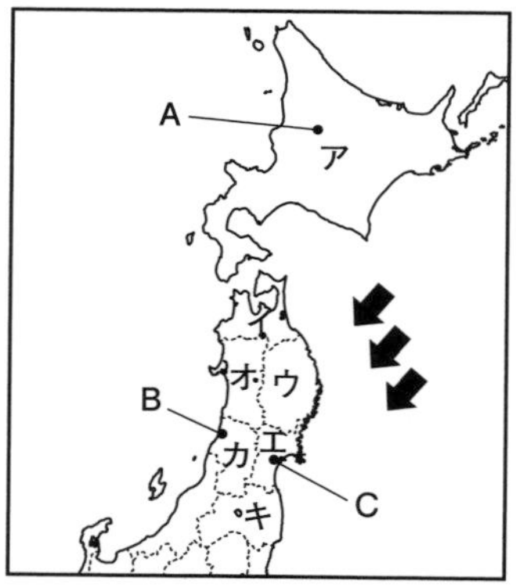

① 地図中のア～キの道県のうち，道県名と道県庁所在地名が異なるものをすべて選び，記号で書きなさい。

〔　　　　〕

② 提灯(ちょうちん)を米俵に見立て，米の豊作を祈る「竿燈(かんとう)まつり」が行われる道県名を書きなさい。また，その道県の位置を，地図中のア～キから１つ選びなさい。

道県名〔　　　　〕 位置〔　　　〕

よくでる ③ 右のX～Zは，地図中のA～Cのいずれかの都市の雨温図である。X～Zに該当する都市を，A～Cから１つずつ選びなさい。

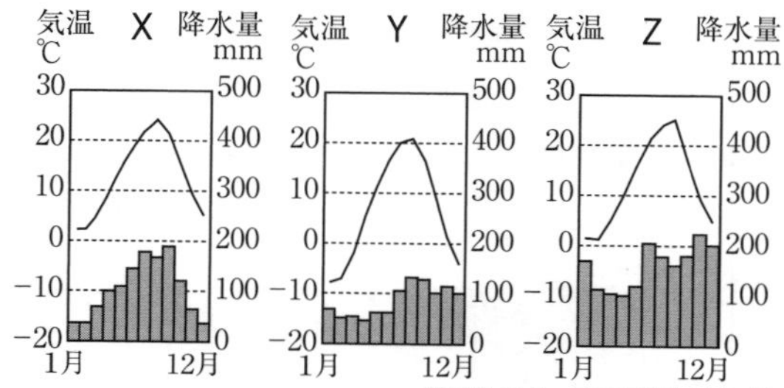

（『理科年表　2019年版』より作成）

X〔　　　〕 Y〔　　　〕 Z〔　　　〕

(2) 右の資料を見て，各問いに答えなさい。 〈長野県・改〉

必ず得点 ① 資料１にかかわっている，冷害の原因の一つは，上の地図中に➡で示した，夏に吹く冷たく湿った風の影響である。この風を何というか。ひらがな３字で書きなさい。

〔　　　　〕

資料1　過去のおもな冷害の年の※水稲の作況指数

年＼項目	1980	1988	1993
宮城県	79	75	37
全国	87	97	74

※水稲の作況指数：平年の米の収穫量を100とした場合の，それぞれの年の収穫量の比率を表したもの

（農林水産省「収穫量累年統計」等より作成）

思考力 ② 宮城県では，1994年にひとめぼれの作付割合がササニシキを上回ったが，その理由の一つとして考えられることを，資料１，資料２にかかわらせて，簡潔に書きなさい。

資料2　ササニシキとひとめぼれの比較

項目＼品種	ササニシキ	ひとめぼれ
品種登録を申請した年	1963年	1991年
耐冷性	やや弱い	極めて強い

（「次世代作物開発研究センター資料」等より作成）

〔　　　　　　　　〕

思考力 (3) 東北地方の高速道路沿いに半導体工場が多く立地している理由を，「輸送」という語句を使って説明しなさい。 〈オリジナル〉

〔　　　　　　　　　　　　〕

7 北海道地方について，次の問いに答えなさい。

(1) 右の地図を見て，各問いに答えなさい。〈静岡県〉

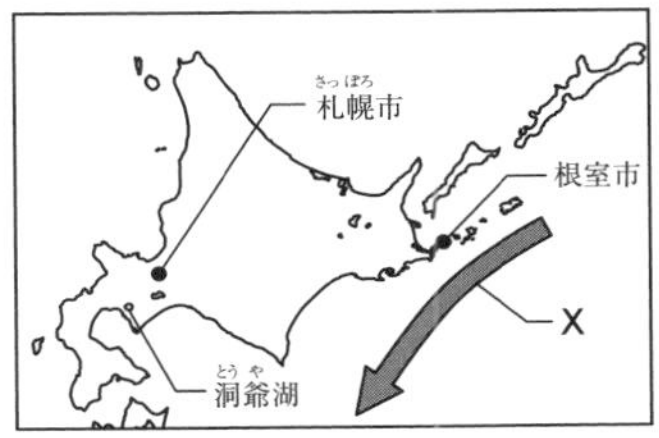

よくでる ① 地図中のXの海流は何とよばれるか。その名称を書きなさい。

〔　　　　〕

思考力 ② 右の表は，地図中の根室市と札幌市の，8月の，気温と降水量を示している。グラフは，根室市と札幌市の，月別日照時間を示している。表とグラフから，根室市が札幌市よりも8月の気温が低いのは，夏の日照時間が短いためだと考えられる。根室市の夏の日照時間が短い理由を，夏に根室市に吹きつける南東の季節風と，地図のXの海流の，それぞれの性質に関連づけて，簡単に書きなさい。

	気温(℃)	降水量(mm)
根室市	17.3	120.8
札幌市	22.3	123.8

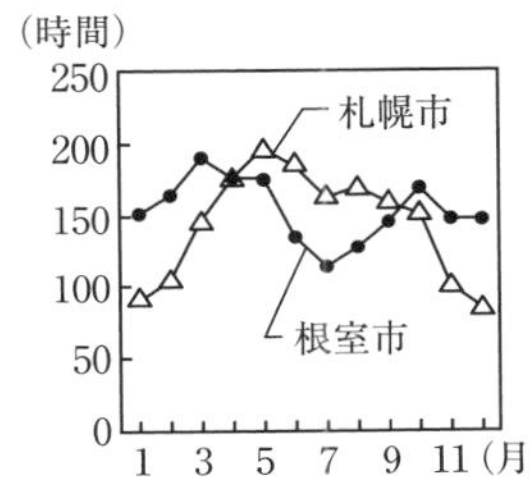

〔　　　　〕

思考力 (2) 北海道では，酪農がさかんであり，全国で生産される生乳のほぼ半分が生産されている。全国で生産されるほとんどの生乳は，牛乳などの飲用か，バターやチーズなどの加工用として処理されている。右のグラフは2016年における，**飲用**と**加工用**の，総処理量と，総処理量に占める都道府県別割合を示している。グラフから分かる，北海道の生乳の用途の特徴を，そのような特徴をもつ理由としてグラフから考えられることに関連づけて，簡単に書きなさい。〈静岡県〉

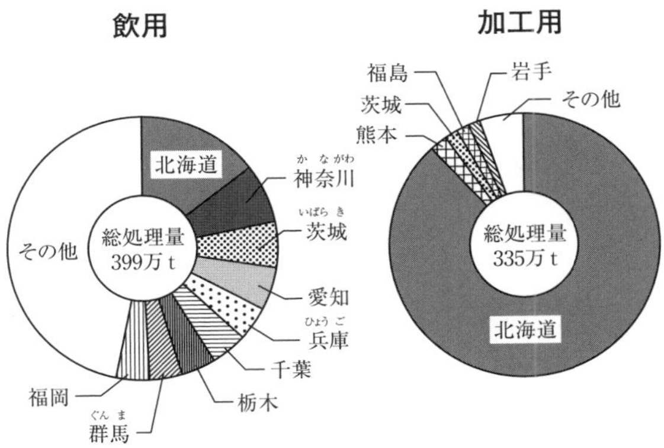

注　農林水産省資料により作成

〔　　　　〕

2 世界の諸地域

栄光の視点

この単元を最速で伸ばすオキテ

- 州ごとに発展している国と発展途上の国の割合がちがい，また地域ごとの結びつき方にもちがいがある。産業の視点からみたとき，西アジアでは石油の産出量，アフリカ州ではカカオの生産量，北アメリカ州では主要な穀物の輸出量のグラフが出てくる。これらの生産地を地図でわかるようになっておこう。
- 日本との結びつきの観点で出題されることが多いので，日本とのつながりの深い国々に注目しよう。中国やASEAN諸国，アメリカ以外にブラジルについても整理しておこう。
- 世界のすべてを無理に丸暗記しようとしても，難しいだろう。世界の国を州ごとにまとめて考え，それぞれの特徴を考えよう。例えば，農業に関してチェックすべきところは？工業は…？意外とおさえどころは少ないことも。

● 問われやすいテーマ

アジア州	中国の開放政策, ASEAN, インドのIT産業, 西アジアの石油
アフリカ州	モノカルチャー経済, レアメタル, アパルトヘイト, サヘル
ヨーロッパ州	西岸海洋性気候, EUの政策・通貨・経済格差, 言語と宗教分布
北アメリカ州	農業分布, サンベルト, シリコンバレー, ヒスパニック
南アメリカ州	ブラジルとアルゼンチンの農業, アマゾン川, 言語, メスチソ
オセアニア州	牛と羊の分布, 鉱産物の産地, 移民政策・白豪(はくごう)主義, 多文化社会

覚えておくべきポイント

農産物の生産は，消費や輸出のゆくえも気にしておく

中国は米の生産は多いが輸出は少ない。つまり，自国で消費している。一方，アメリカは小麦の生産量が多いが，輸出も多く，**「世界の食料庫」**といわれる。EUでは**フランスが最大の農業国**である。日本との関係ではオーストラリアにも注目。

地域統合組織は理解できているか？

ヨーロッパのヨーロッパ連合（ＥＵ）は，経済格差が問題となっており，さらに移民や難民をめぐって対立している。東南アジア諸国連合（ＡＳＥＡＮ）は，周辺国とも協力関係を強めてきている。それぞれの組織の変遷や特徴をおさえよう。

要点

☑ アジア州

(1) 中国…人口が14億人で世界一(2018年)。人口の約9割が漢民族。かつて一人っ子政策を実施。シェンチェンなどに経済特区を設置。世界の工場。
(2) 東南アジア…ASEAN（東南アジア諸国連合）には10か国が加盟（2018年）。
(3) インド…人口が13億人で，中国に次いで多い（2017年）。バンガロールなどでIT産業が発達。
(4) 西アジア…乾燥地帯が大部分で，遊牧がさかん。ペルシャ湾沿岸には油田が集中。

☑ アフリカ州

(1) 国土…植民地とされた所が多く，直線の国境が多い。
(2) 産業…プランテーション農業がさかん。モノカルチャー経済の国が多い。
(3) 南アフリカ…1991年までアパルトヘイトを実施。鉱産資源が豊富で，レアメタルとよばれる希少金属も産出。

☑ ヨーロッパ州

(1) 言語と宗教…西・北ヨーロッパではゲルマン系言語・プロテスタント，南ヨーロッパではラテン系言語・カトリック，東ヨーロッパではスラブ系言語・正教会が多い。
(2) ＥＵ（ヨーロッパ連合）…1993年に成立したヨーロッパの地域統合組織。共通通貨ユーロ。

EU諸国の1人あたりのGNI

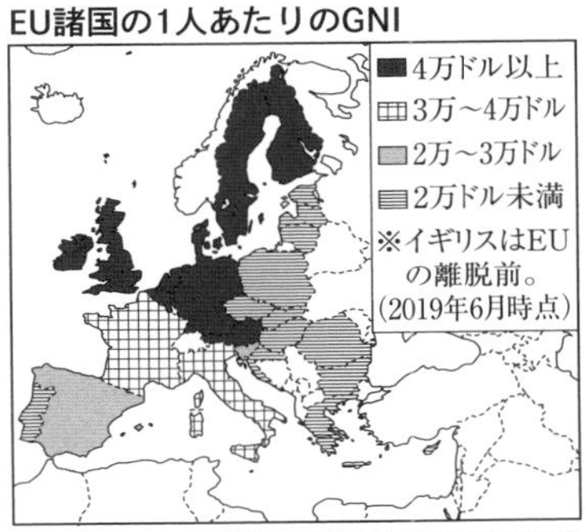

(2016年)　(『世界国勢図会2018/19年版』)

☑ 北アメリカ州

(1) 農業…適地適作で企業的農業。西経100度あたりに小麦地帯，降水量の少ない西側では放牧。東に向かって降水量は多くなり，とうもろこし地帯が続く。北部の冷帯地域では酪農（らくのう），南部には綿花地帯が広がる。太平洋岸のカリフォルニア州では地中海式農業。
(2) 人の移動…労働者が多いサンベルト。シリコンバレーで発達した情報通信技術（ICT）産業。ヒスパニックの増加。

☑ 南アメリカ州

(1) 農業…ブラジルではコーヒーやさとうきび，アルゼンチンのパンパでは小麦栽培，畜産。
(2) 環境問題…焼畑農業や開発でアマゾン川流域の熱帯雨林が急減。ブラジルではバイオ燃料。
(3) 公用語…ブラジルはポルトガル語だが中南米では多くがスペイン語。

☑ オセアニア州

(1) 範囲…オーストラリア大陸と太平洋の島々。
(2) 農業・鉱業…オーストラリア北部や南東部では牛，内陸側で羊の飼育。東部で石炭，西部で鉄鉱石，北部でボーキサイトを産出。
(3) 多文化社会…オーストラリアは白豪主義を撤廃し，多くの移民を受け入れ，また先住民族のアボリジニの保護を行う政策を実施。

問題演習

1　アジア州について，右の地図を見て，次の問いに答えなさい。

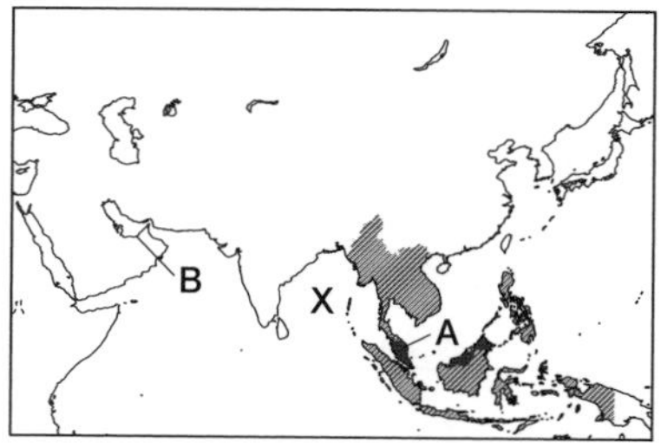

よくでる　(1)　地図中のA国と（斜線部）で示された国々は，東南アジア地域の安定と発展を求めて1967年に設立された組織に加盟している。この組織を何というか，その略称をアルファベット5文字で書きなさい。〈山形県〉　［　　　　］

必ず得点　(2)　右の資料は，地図中のXの周辺地域における1月と7月の風向きを示したものである。資料に示したように風向きが変わる風を何というか。その名称を書きなさい。〈奈良県〉

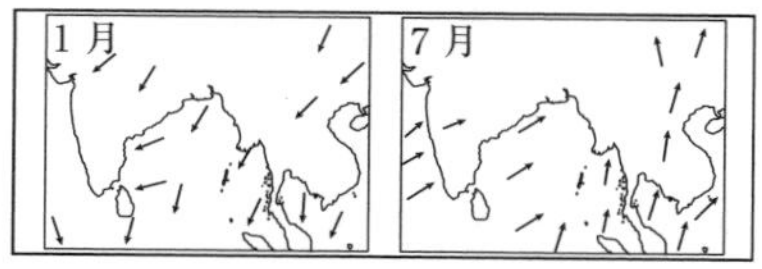

［　　　　］

思考力　(3)　地図中のB国は，特定の資源をもとに発展しており，**資料1**，**資料2**はその資源について示したものである。また，B国は，その資源に頼らない経済をめざして，商業や観光に力を入れているが，この理由を，**資料1**，**資料2**をもとにして書きなさい。ただし，その資源名を明らかにして書くこと。〈鹿児島県・改〉

資料1

埋蔵量	1兆7067億バレル
年生産量	336億バレル
可採年数	51年

※埋蔵量と年生産量は世界全体の数値（2016年）であり，可採年数は埋蔵量を年生産量で割った値を示す。

資料2　1バレルあたりの価格

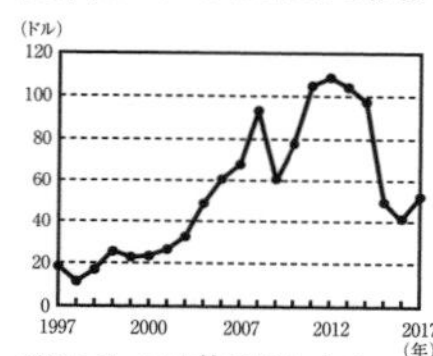

※1バレルは約159リットル

（資料1，資料2は『データブックオブザワールド2018』などから作成）

［　　　　　　　　　　　　　　　　　　　　］

思考力　(4)　次の表は，日本，インド，タイ，インドネシア，中国の主な輸出品，乗用車保有台数，GDPに関する統計をまとめたものである。タイに当てはまるものを，表中のア～エから1つ選びなさい。〈栃木県・改〉

	主な輸出品（上位3品目）の輸出額に占める割合（%）	乗用車保有台数（万台）	1人あたりのGDP（ドル）
日本	機械類（35.0），自動車（21.8），精密機械（5.1）	6,140	38,460
ア	機械類（42.6），衣類（7.5），繊維品（5.0）	16,278	7,993
イ	石油製品（10.5），ダイヤモンド（9.2），機械類（8.7）	3,436	1,706
ウ	石炭（10.0），パーム油（9.9），機械類（9.5）	1,348	3,570
エ	機械類（31.3），自動車（12.8），プラスチック（4.2）	829	5,911

（2016年）

（『世界国勢図会2018/19』により作成）

［　　　　］

2 ヨーロッパ州について，右の地図を見て，次の問いに答えなさい。

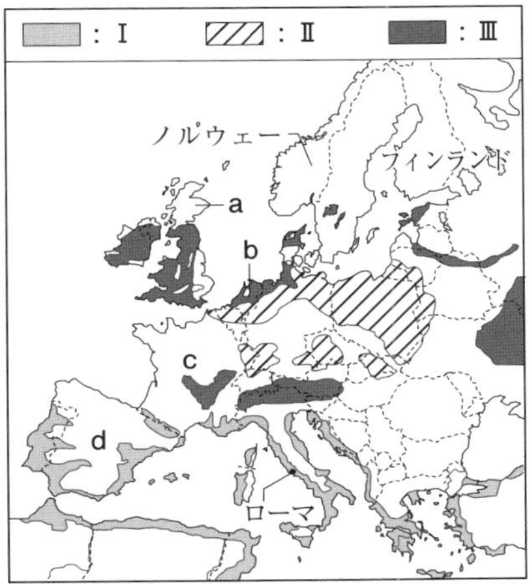

(1) 地図中のノルウェーやフィンランドなどの緯度(いど)の高い地域では，太陽がしずまない時期や，太陽がしずんだ後も明るい夜が続く時期がある。この現象の名前を書きなさい。〈青森県〉

〔　　　　　　〕

よくでる (2) 地図中のⅠ～Ⅲは，ヨーロッパ州の特徴的な農業分布の模式図である。Ⅰ～Ⅲの地域と，次の農業の説明文①～③の組み合わせとして適当なものを，表中のア～エから１つ選びなさい。〈沖縄県〉

① 小麦などの穀物栽培と，豚などの家畜の飼育を行う混合農業
② 乳牛を飼育し，乳製品の生産を行う酪農
③ 夏の乾燥に強いオリーブなどの果樹や，冬の降水を利用した小麦の栽培を行っている地中海式農業

	Ⅰ	Ⅱ	Ⅲ
ア	①	②	③
イ	③	②	①
ウ	③	①	②
エ	②	③	①

〔　　　〕

思考力 (3) 右の資料は，地図中のローマと，東京の雨温図を表したものである。ローマと東京は同じ温帯に属しているが，気候の特徴(とくちょう)は異なっている。ローマの気候名と気候の特徴を，資料を参考にして書きなさい。〈青森県〉

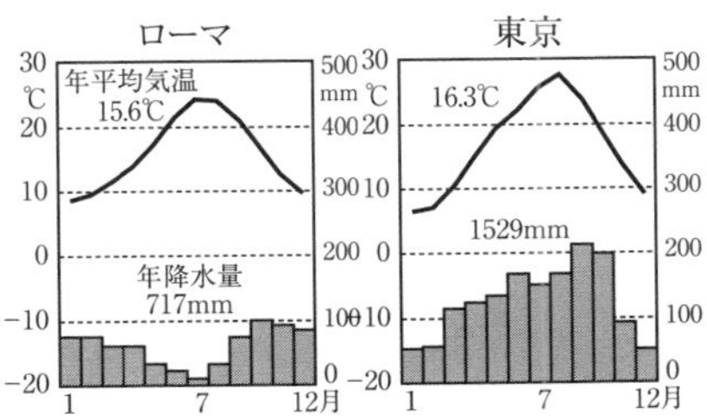

（『理科年表　2019年版』などによる）

気候名〔　　　　　　〕

特　徴〔　　　　　　　　　　　　　　　　〕

思考力 (4) 次のア～エは，地図中のa～dの国の食料自給率を品目別に表したものである。cの国について表しているものを一つ選びなさい。〈青森県〉

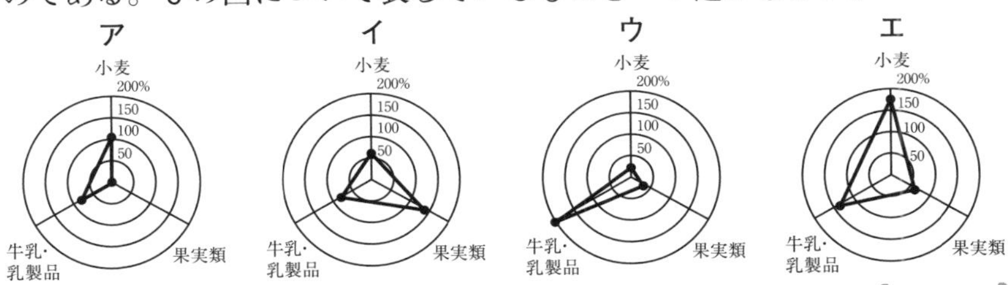

（『食料需給表平成26年度』による）〔　　　〕

3 ヨーロッパ州について，次の問いに答えなさい。

(1) 右の地図を見て，各問いに答えなさい。〈石川県〉

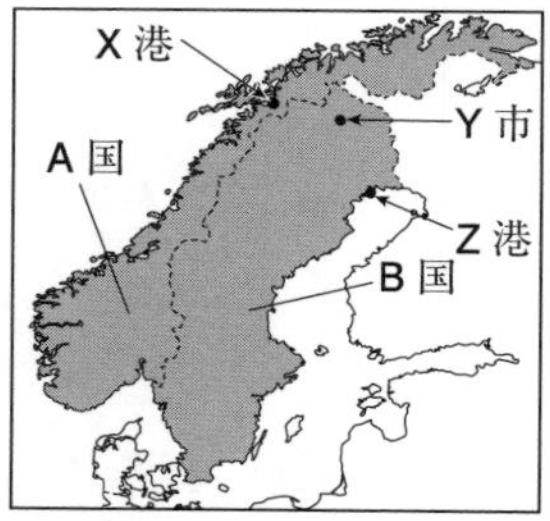

① 地図中のA国の沿岸部では，フィヨルドと呼ばれる奥行きのある湾が見られる。この湾はどのようにしてつくられたか，書きなさい。

[　　　　　　　　　　]

思考力 ② 地図中のB国について，Y市で採掘された鉄鉱石は通常，Z港から輸出されるが，冬にZ港が凍結する間は，冬でも凍結しない隣国のX港から輸出されている。X港の方がZ港よりも高緯度にあるにもかかわらず，冬にX港が凍結しないのはなぜだと考えられるか，書きなさい。

[　　　　　　　　　　]

よくでる (2) イギリスの気候について述べた次の文章中の X ， Y に入る語句を X は漢字4文字， Y は漢字2文字で書きなさい。〈沖縄県〉

> イギリスは日本に比べて高緯度に位置しているが，気温は温暖である。その理由は，暖流の X 海流と Y 風が寒さをやわらげているからである。

X[　　　　]　Y[　　　　]

(3) ドイツについて正しく述べた文を，次のア～エから2つ選びなさい。

〈石川県・改〉

ア　この国には，国際河川であるライン川が流れている。
イ　この国の五大湖周辺は，自動車製造の中心地として発達した。
ウ　この国は東西に分裂していたが，冷戦の終結が宣言された翌年，統一された。
エ　この国の沿岸部では，オリーブの栽培がさかんである。

[　　][　　]

(4) 1993年にヨーロッパ連合（EU）が発足（ほっそく）した。各問いに答えなさい。

よくでる ① EUで使われている共通通貨を何というか，書きなさい。〈青森県・改〉

[　　　　]

思考力 ② EUは，発足以来，経済的・政治的な統合が進み，加盟国を増やしてきた。その中で，ドイツやフランスの企業が東ヨーロッパ諸国に工場を移転する動きがみられる。その理由を，右の資料を参考にして書きなさい。〈富山県〉

[　　　　　　　　　　]

EU諸国の
1か月あたりの最低賃金

国名	最低賃金（ユーロ）
オランダ	1,552
ベルギー	1,532
ドイツ	1,498
フランス	1,480
ポーランド	453
クロアチア	433
チェコ	407
ルーマニア	275

（「EUROSTAT2017年」より作成）

4 アフリカ州について，右の地図を見て，次の問いに答えなさい。

(1) 資料１は，地図中にア～エで示したいずれかの都市における雨温図である。どの都市の雨温図か。ア～エから１つ選びなさい。〈三重県〉

[　　　]

資料１

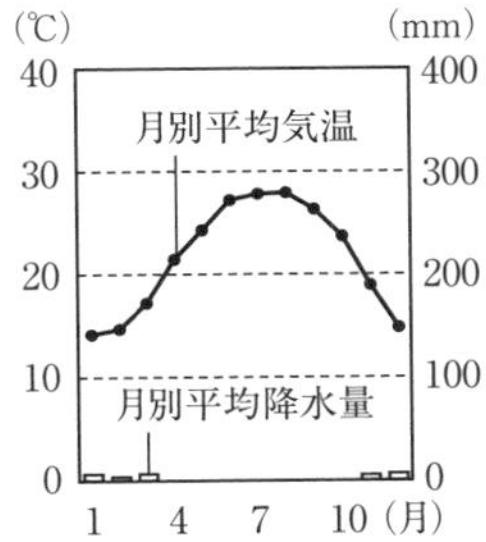

(『理科年表 2019年』から作成)

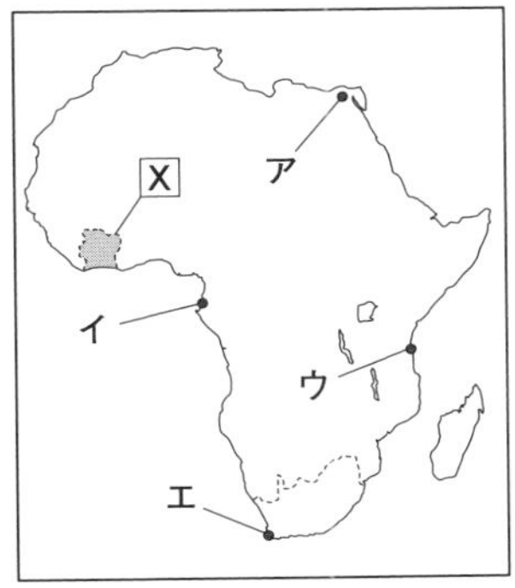

よくでる (2) 資料２は，地図中にXで示した国で生産が盛(さか)んな，ある農産物の国別生産割合を示したものである。この農産物は何か，書きなさい。〈三重県・改〉

[　　　]

資料２

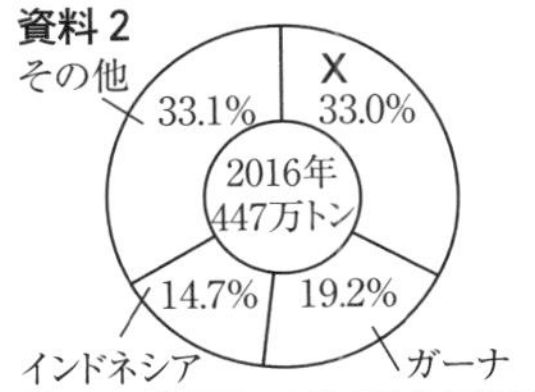

(『世界国勢図会 2018/19』から作成)

(3) アフリカ州の一部の国々では，特定の鉱産資源や農産物の輸出が多い。このような，特定の鉱産資源や農産物の輸出に頼る経済は何とよばれるか。その名称を書きなさい。〈静岡県・改〉

[　　　]

思考力 (4) 右の表は，アフリカ州の国々で使われている主な言語についてまとめたものである。表中の国々で，ヨーロッパ諸国の言語が使われることになった理由を，簡潔に書きなさい。〈山梨県〉

主な言語	主な国
英語	ガーナ，ナイジェリア
フランス語	セネガル，コートジボワール
ポルトガル語	アンゴラ，モザンビーク

[　　　]

思考力 (5) 資料３は，ナイジェリアの2016年の輸出総額に占める割合を示したもので，資料４は，2008年から2015年における原油の国際価格の推移を示したものである。資料３と資料４を参考に，ナイジェリアの経済の問題点として考えられることを，「国際価格」「国の収入」の語句を用いて，書きなさい。〈山口県・改〉

資料３

輸出品	輸出総額に占める割合(%)
原油	82.0
液化天然ガス	11.7
石油ガス	1.3
その他	5.0

『世界国勢図会 2018/19 年版』より作成)

資料４

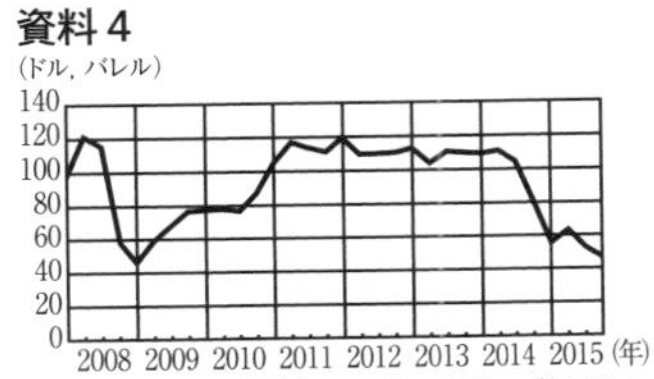

(注) １バレルは，約159L

[　　　]

5 北アメリカ州について，次の問いに答えなさい。

よくでる (1) 右の地図に示したサンフランシスコ郊外にある，先端技術産業が集中する地域Xを何というか，書きなさい。〈茨城県〉

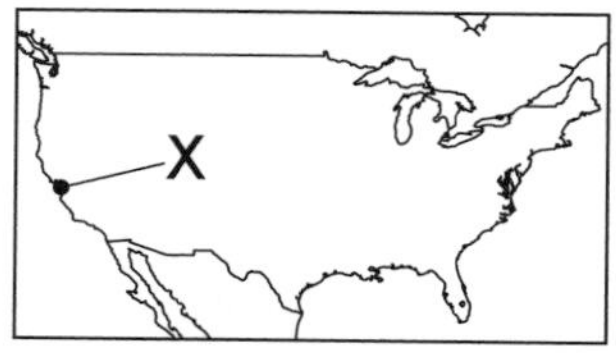

〔　　　　〕

よくでる (2) アメリカ合衆国では，スペイン語を話すメキシコなどからの移民が増えており，農業に従事したり，建設現場などで働く人が少なくない。このようなスペイン語を話す移民を何というか，書きなさい。〈佐賀県・改〉

〔　　　　〕

(3) 次の文を読んで，各問いに答えなさい。〈熊本県・改〉

> アメリカ合衆国では，a 各地の地形や気候に合わせた農産物を集中的に栽培しており，b（ア　アパラチア　イ　ロッキー　ウ　アンデス）山脈の東側に広がるグレートプレーンズやプレーリーでは，牧畜や小麦，とうもろこしなどの栽培が行われている。

① 下線部 a のことを何というか，漢字4文字で書きなさい。

〔　　　　〕

② b の（　　）の中のア〜ウから適当なものを1つ選びなさい。

〔　　〕

(4) 次のア〜ウは，アメリカ合衆国の工業について説明したものである。おこった順にア〜ウを並べなさい。〈徳島県〉

ア　先端技術産業が発達し，サンフランシスコ郊外にICT関連の大学や研究機関，企業が集中した。

イ　五大湖周辺の石炭や鉄鉱石などを利用して，ピッツバーグで大量の鉄鋼がつくられるようになった。

ウ　自動車の生産がデトロイトで始まり，大量生産方式による自動車工業が成長した。

〔　　→　　→　　〕

思考力 (5) 次の表は，アメリカ合衆国と中国の小麦，米，とうもろこしの生産量と輸出量を示したものである。表から読み取れる，中国と比較したアメリカ合衆国の農産物の生産量と輸出量の関係を書きなさい。〈熊本県〉

項目／国	小麦		米		とうもろこし	
	生産量	輸出量	生産量	輸出量	生産量	輸出量
アメリカ合衆国	5797	3469	575	352	35370	2466
中国	12193	56	13581	54	21849	25

(単位：万t)

(2013年『世界国勢図会 2018/19』より作成)

〔　　　　〕

6 南アメリカ州について，右の地図を見て，次の問いに答えなさい。

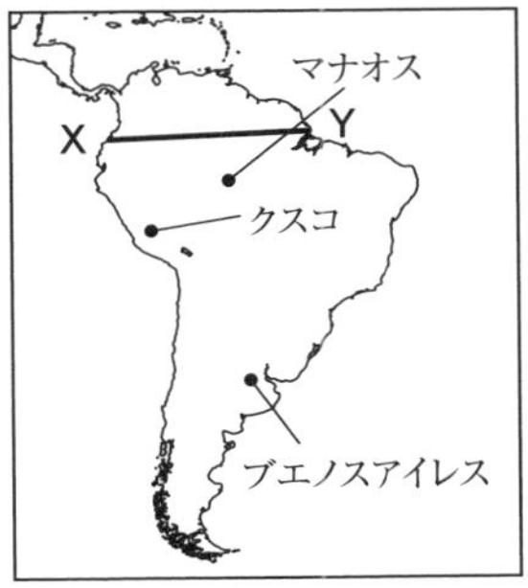

思考力 (1) 地図中の線分ＸＹの断面を模式的に示したものとして最も適切なものを，次のア～エから１つ選びなさい。〈和歌山県〉

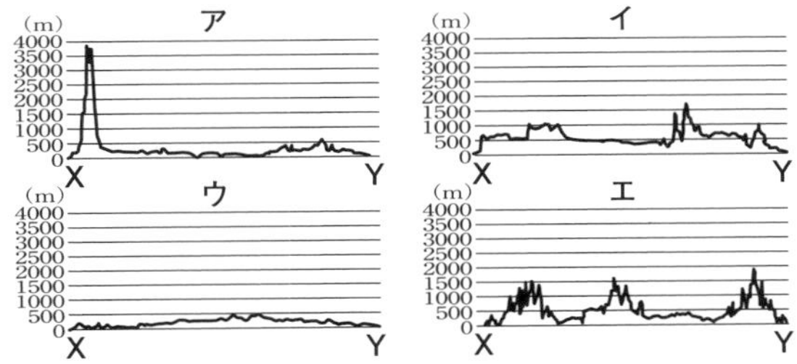

［　　］

よくでる (2) 下のア～ウは，地図中に示した３つの都市の気温と降水量である。高山気候に属するクスコの気温と降水量を示すものを，ア～ウから１つ選びなさい。〈埼玉県〉

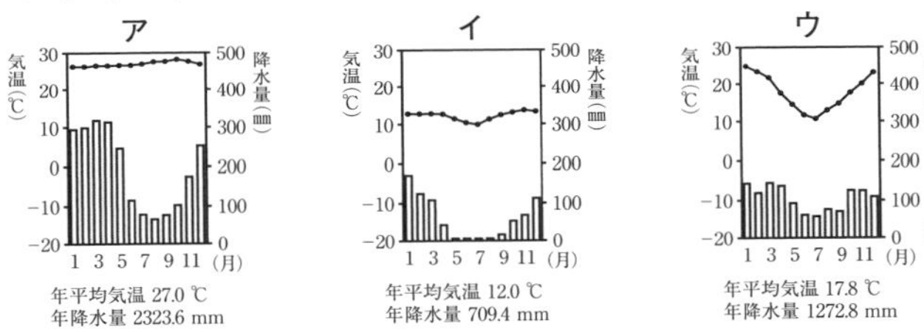

（気象庁ホームページから作成）

［　　］

7 オセアニア州について，次の問いに答えなさい。

よくでる (1) 次の資料は，イギリスとオセアニアにあるツバルとの関係についてまとめたものである。文中の［　　］にあてはまる語句を書きなさい。〈石川県・改〉

> ツバルの国旗の左上には，イギリスの国旗が描かれている。その理由は，20 世紀初頭に，ツバルはイギリスの［　　］であった歴史があり,現在もイギリスと関係が深いからである。

［　　］

思考力 (2) 右の表は，ニュージーランドと日本のエネルギー供給の割合を表している。日本と比べたニュージーランドのエネルギー供給の割合の特徴を，表を参考にして，「化石燃料」「再生可能」という２つの語句を用いて,「日本と比べてニュージーランドは,」の書き出しに続けて書きなさい。〈福島県・改〉

（石油換算, %）

	ニュージーランド	日本
石炭	6.6	27.3
石油	32.8	43.0
天然ガス	19.8	23.3
原子力	0.0	0.6
水力	10.2	1.7
地熱・太陽光・風力	24.8	1.5
バイオ燃料と廃棄物	5.7	2.7
その他	0.0	0.0

（『世界国勢図会 2018/19』より作成）

［日本と比べてニュージーランドは,　　］

3 世界からみた日本のすがた

栄光の視点

この単元を最速で伸ばすオキテ

- 教科書のグラフなどから，農業生産についての上位県，各工業地帯・地域の特徴，日本のおもな食料，鉱産資源の輸入先などは，基本的な知識として知っておこう。
- GDP（国内総生産）や人口，貿易額などは，データ表やグラフからの読み取り問題でよく取り上げられるテーマ。近年，データの出題が多くなっているため，過去問に当たるなど，資料を読み取る練習を重ねておこう。

● 問われやすいテーマ

地形・災害	2つの造山帯，リアス海岸，ハザードマップ
気候・人口	都市の雨温図，過疎（かそ）・過密，少子高齢社会
農林水産業	促成栽培（そくせいさいばい）・抑制栽培（よくせい），近郊（きんこう）農業，栽培漁業・養殖業
その他の産業	工業地帯・地域，太平洋ベルト，日本の貿易，輸送と通信

覚えておくべきポイント

日本の各都市の雨温図は，降水量の多い季節，気温の寒暖差でまず判断しよう

太平洋側の静岡は梅雨の6月，台風・秋雨の9月，日本海側の金沢は雪の多い冬に降水量が多い。年間降水量の少ない瀬戸内の高松は冬も温暖で気温の寒暖差は小さく，中央高地の松本は冬の寒さが厳しく気温の寒暖差は大きくなる。

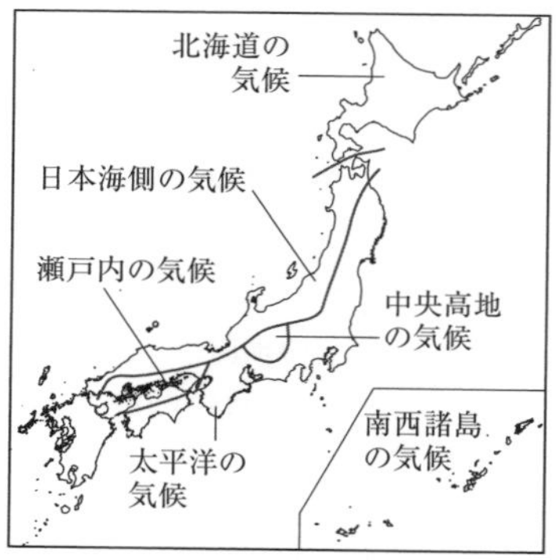

化学＞機械なら京葉，機械が最大なら中京といった製品と工業地帯・地域の関連性をおさえておくと早く解けるようになる

機械工業はどこも出荷額割合が高いが，60％をこえていれば中京工業地帯。バランスよく金属工業が高めだと阪神工業地帯，化学が高いのは京葉工業地域か瀬戸内工業地域で，見分け方は化学＞機械なら京葉工業地域，化学＜機械なら瀬戸内工業地域。これを知っておくとスムーズに工業の問題が解けるようになる。

要点

☑ 地形・災害

(1) 世界の地形…アルプス・ヒマラヤ造山帯と環太平洋造山帯。環太平洋造山帯は地震・火山が多い。
(2) 日本の地形…フォッサマグナを境に地形・地質が異なる。国土の３分の２が山地で，外国と比べたときの日本の川は長さが短く，流れが速い。扇状地は果樹園や畑，三角州は水田に利用。
(3) 気候…日本の大部分は温帯の温帯湿潤気候で，四季がはっきりしている。
(4) 災害と防災…日本は火山災害，地震，津波が多い。2011 年の東日本大震災では津波や福島第一原子力発電所の放射線漏れで多くの人々が避難生活。各自治体がハザードマップを作成。

☑ 人口

(1) 世界人口…第二次世界大戦後，急激に人口が増大し，人口爆発。
(2) 人口ピラミッド…日本は，戦前の富士山型から高齢化により現在ではつりがね型，少子化がなお一層進んでつぼ型に。

☑ 資源と環境

(1) 鉱産資源…鉱産資源の多くは分布地域に偏りあり。
(2) 日本の資源…日本は資源の多くを海外からの輸入にたよっている。
(3) 日本の電力…1950 年代までは水力発電，1970 年代からは火力発電が主となっている。原子力発電の発電量は東日本大震災以降減少。

日本のおもな発電所の位置

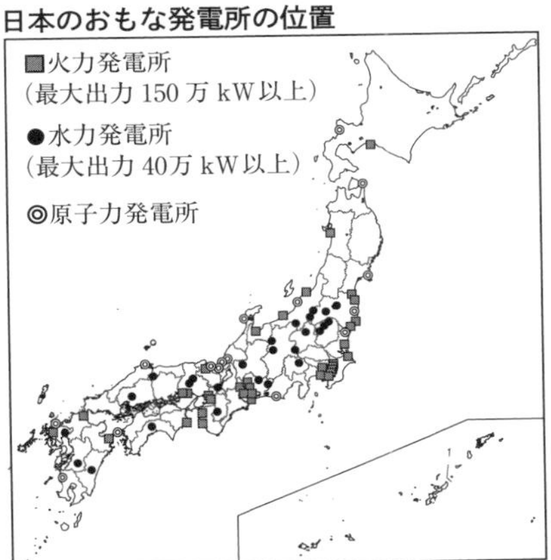

(『電気事業便覧平成 26 年版』などから作成)

☑ 産業

(1) 農業…日本各地で行われている稲作は北陸，東北，北海道でとくにさかん。茨城県，千葉県では近郊農業，宮崎県や高知県では野菜の促成栽培，長野県や群馬県では野菜の抑制栽培による出荷が多い。畜産は鹿児島県・宮崎県，酪農は北海道の根釧台地でさかん。果実の生産は地域ごとの気候に応じて行われていることが多い。
(2) 漁業…1970 年代半ばから遠洋漁業，1990 年代から沖合漁業が衰退。とる漁業から育てる漁業に転換し，栽培漁業，養殖業が発展。
(3) 工業…高度経済成長期に加工貿易で発展。太平洋ベルトに沿って中京工業地帯・阪神工業地帯・京浜工業地帯などで重工業が発達。1970 年代から輸送機械や電気機器の組立工業がさかんとなり，交通網の発達もあって内陸部にも工業地帯が拡大。近年は，工場の海外移転が増え，産業の空洞化が進む。
(4) 商業・サービス業…産業は農林水産業が第一次産業，鉱・工業が第二次産業，商業・サービス業が第三次産業に分類。近年，日本は医療・介護，教育・情報通信分野の拡大で第三次産業従事者が増大。

問題演習

1　自然環境について，次の問いに答えなさい。

(1)　次の文中の（　　）に当てはまる語句を，**漢字3字**で書きなさい。〈大分県〉

> 日本には，地震の震源や火山が多い。これらは，プレートの境界付近に位置することが多く，その大半は連なって分布している。このような場所は（　　）と呼ばれ，陸地に標高の高い山脈が見られ，海洋に点々と島が並んでいる。

〔　　　　〕

思考力　(2)　右の資料は，わが国の地形の割合と地形別人口の割合を表している。地形と人口の分布にはどのような特徴があるか，資料をふまえ，適切な数値と「平野」という語句を使って「国土の」に続けて書きなさい。〈徳島県〉

〔国土の　　　　〕

単位(%)

地形		地形の割合	地形別人口の割合
山地		75	20
平野	台地	11	30
	低地	14	50

(注)盆地は平野に含めている。
(『中学校社会科地図 帝国書院編集部編』より作成)

2　人口について，次の問いに答えなさい。

よくでる　(1)　右の図は，1955から2015年までの世界の地域別人口の推移を示したものである。アジア州の人口の推移を示したものを，図中のア～エから1つ選びなさい。〈山口県〉

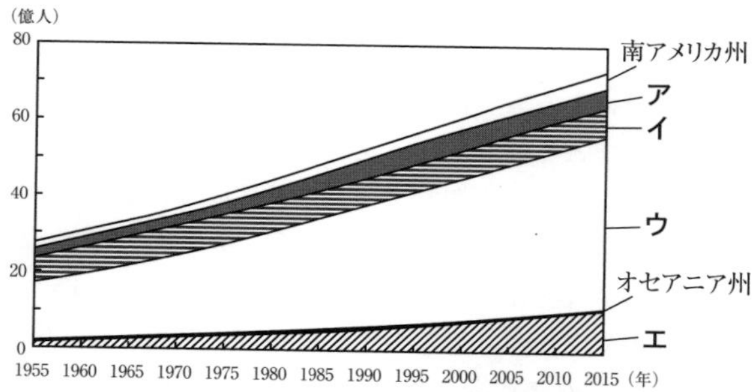

(『世界の統計2018』により作成)

〔　　　〕

よくでる　(2)　下のア～ウの図は，1950年，1980年，2010年のいずれかの年の日本の人口ピラミッドを表したものである。ア～ウを，年代の古い順に左から並べて書きなさい。〈福島県〉

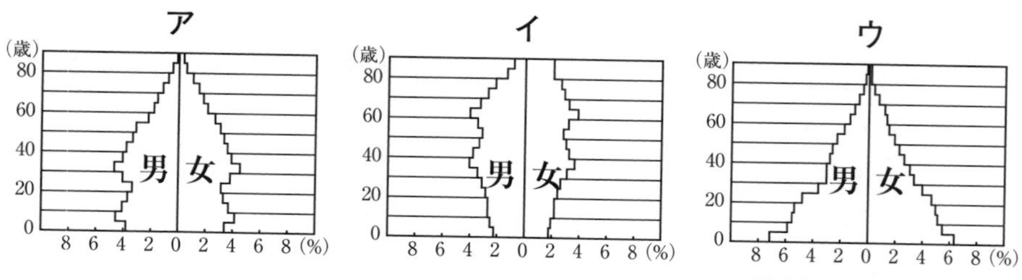

(総務省国勢調査資料により作成)

〔　　→　　→　　〕

3 資源・エネルギーについて，次の問いに答えなさい。

(1) 右の資料は，2018年の日本の石炭と天然ガスの輸入量の国別割合をそれぞれ示したものである。資料中のXに当てはまる国を，次のア～エから1つ選びなさい。〈奈良県・改〉

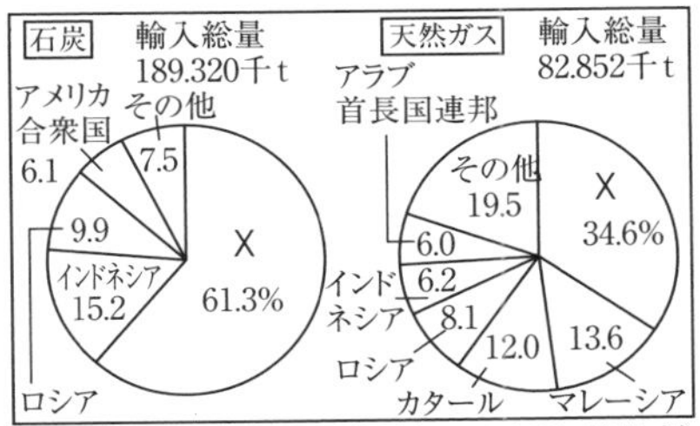

(『日本国勢図会2019/20』により作成)

ア 中国　　イ オーストラリア
ウ サウジアラビア　　エ アメリカ　〔　　〕

(2) 右の図は，日本のおもな発電所の分布を示したもので，図中の●，◎，■は，火力，水力，原子力のいずれかを示している。次のア～ウのうち，●，◎，■で示したそれぞれの発電所にあてはまるものはどれか。あとの資料を参考にして1つずつ選びなさい。〈岩手県〉

ア 火力発電所　イ 水力発電所
ウ 原子力発電所

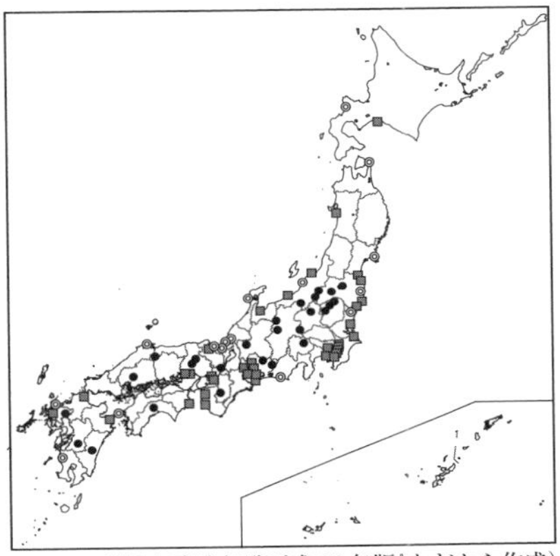
(『電気事業便覧平成26年版』などから作成)

〈資料〉発電所の立地場所
・火力：電力需要が多い工業地域や都市部
・水力：ダムをつくりやすい河川上流の山間部
・原子力：人口密度が低く，冷却水が得られやすい海岸部

●〔　　〕　◎〔　　〕　■〔　　〕

思考力 (3) 資料1，資料2のア～エはそれぞれ同じ国を表しており，アメリカ，カナダ，フランス，ロシア連邦のいずれかである。ロシア連邦に該当するものをア～エから1つ選びなさい。また，そのように判断した理由を，資料1と資料2を踏(ふ)まえて簡潔に書きなさい。〈福井県〉

資料1　発電量の内訳

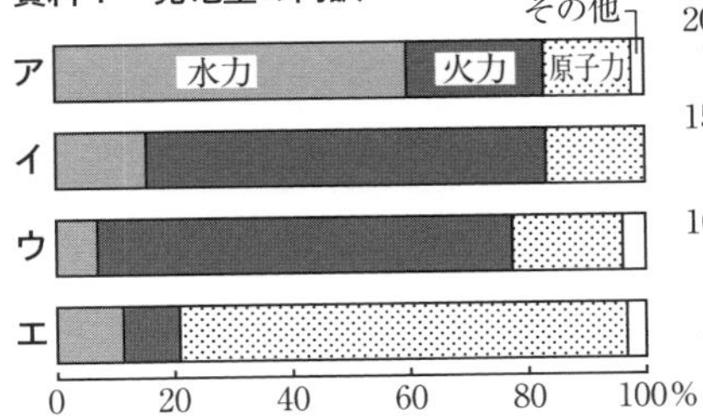

資料2　エネルギー自給率

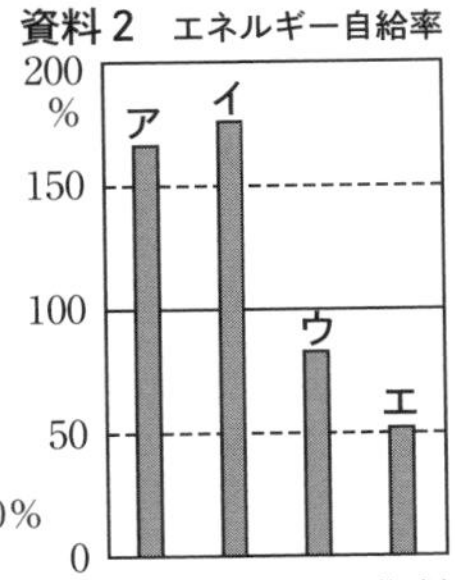

(資料1，資料2ともに統計年度は2012年，国際エネルギー機関資料より作成)

記号〔　　〕　理由〔　　〕

4 産業について，次の問いに答えなさい。

(1) 次のグラフは，北海道，新潟県，東京都，岡山県の農業産出額と主な農産物を示したものである。岡山県に当たるものを，次のア～エから1つ選びなさい。 〈宮崎県・改〉

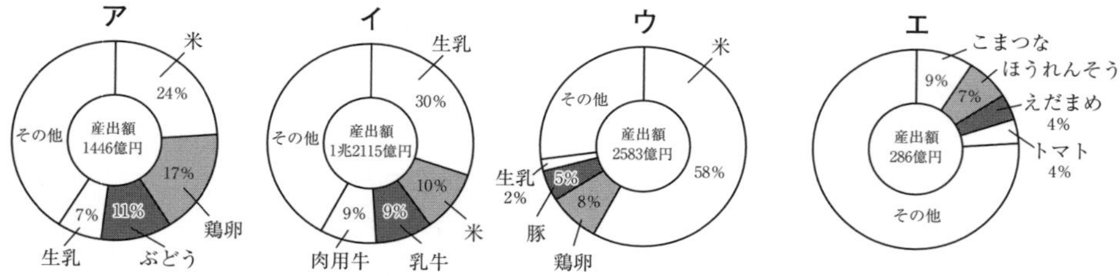

（「農林水産省資料」他より作成）

〔　　　〕

思考力 (2) 右のグラフは，2017年の東京都中央卸売市場における長野県産レタスと長野県産以外のレタスの月別取扱量を示している。グラフをみると，長野県産レタスの取扱量が夏季に多いことが分かる。

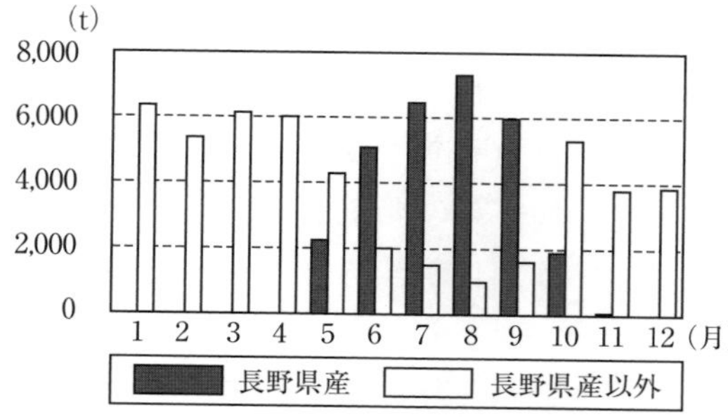

（東京都中央卸売市場資料から作成）

長野県で夏季にレタス栽培がさかんに行われている理由を，生産地の自然環境に着目して簡潔に書きなさい。 〈長崎県〉

〔　　　　　　　　　　　　　　　　〕

よくでる (3) 次の資料は，2018年の瀬戸内工業地域，中京工業地帯，北九州工業地域の製造品出荷額の品目別の割合を示したものである。資料中のX～Zにあてはまる品目の組み合わせとして最も適切なものを，次のア～エから1つ選びなさい。 〈山口県・改〉

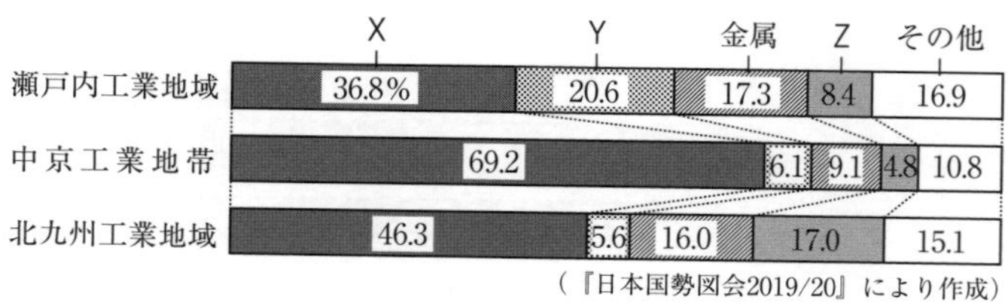

（『日本国勢図会2019/20』により作成）

ア X－機械 Y－食料品 Z－化学
イ X－食料品 Y－化学 Z－機械
ウ X－機械 Y－化学 Z－食料品
エ X－化学 Y－機械 Z－食料品

〔　　　〕

(4) 次の問いに答えなさい。〈山形県〉

思考力 ① **資料１**は，1986 年から 2004 年までの日本企業による自動車の国内生産台数と海外生産台数についてまとめたものである。**資料１**にもとづいて，国内生産台数と海外生産台数の推移を示す**グラフ**を完成させなさい。

資料１（単位：十万台）

年	国内生産台数	海外生産台数
1986	123	11
1989	130	23
1992	125	38
1995	102	56
1998	100	54
2001	98	67
2004	105	98

（『数字でみる日本の 100 年』から作成）

② 次は，**資料１**にみられるような生産の変化が，国内の産業に与える影響についてまとめたものである。［X］，［Y］にあてはまる語句の組み合わせとして最も適切なものを，あとのア～エから１つ選びなさい。

> 国内の製造業などが海外へ生産拠点を移転させることによって，国内の雇用が［X］し，製造業などの生産能力が弱まることは，「産業の［Y］」とよばれ，国内の産業に与える影響が大きい。

グラフ

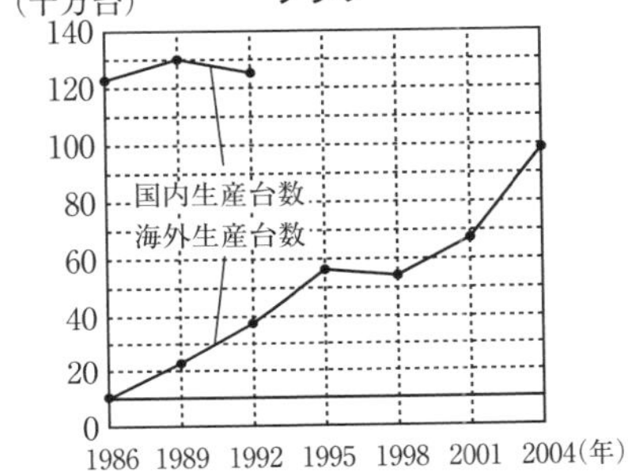

ア X－増加 Y－空洞化　イ X－増加 Y－流動化
ウ X－減少 Y－流動化　エ X－減少 Y－空洞化

［　　］

思考力 (5) 1985 年から 1995 年まで，日本の漁獲量は減少した。しかし，それに対して，**資料２**に示した１人あたりの魚介類消費量は減少していないのはなぜか。その理由として考えられることを，**資料３**から読み取れることをもとにして，書きなさい。〈三重県〉

資料２ 日本の１人あたりの魚介類消費量

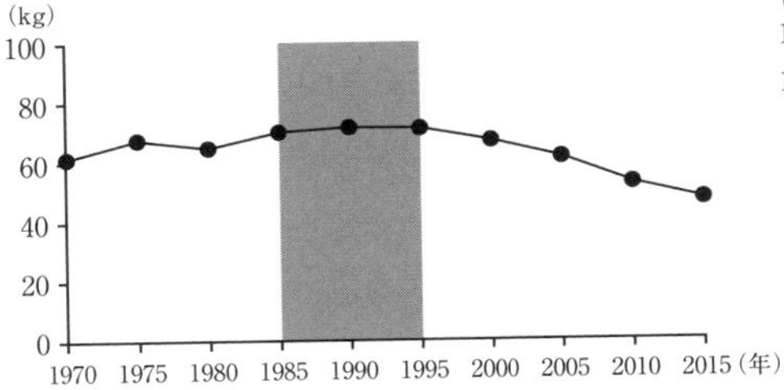

資料３ 日本の魚介類の自給率

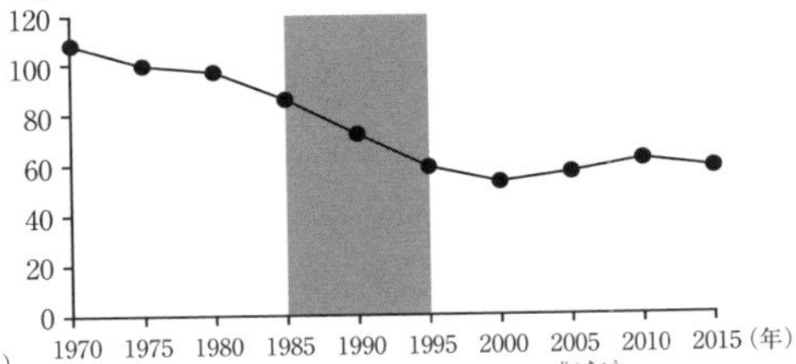

（資料２，資料３ともに農林水産省「食料需給表」から作成）

［　　　　　　　　　　　　　　　　　　　　］

思考力 (6) 次の表のア～エは茨城県，岐阜県，静岡県，山梨県のいずれかである。このうち，茨城県にあてはまるものを１つ選びなさい。〈新潟県・改〉

	山地面積（㎢）	果実産出額（億円）	野菜産出額（億円）	製造品出荷額等（億円）
ア	1,444	126	2,150	112,674
イ	5,650	331	700	162,569
ウ	3,820	541	141	22,762
エ	8,258	56	361	54,634

（『データでみる県勢 2019 年版』による）

〔　　　〕

思考力 (7) 次のア～エは，2015 年の「第３次産業の就業者割合」「面積」「人口密度」及び「老年（65 歳以上）人口割合」のいずれかについて，それぞれ数値の高い上位８都道府県を塗りつぶしたものである。これらのうち，「第３次産業の就業者割合」を示すものはどれか。最も適当なものを１つ選び，その符号を書きなさい。〈千葉県〉

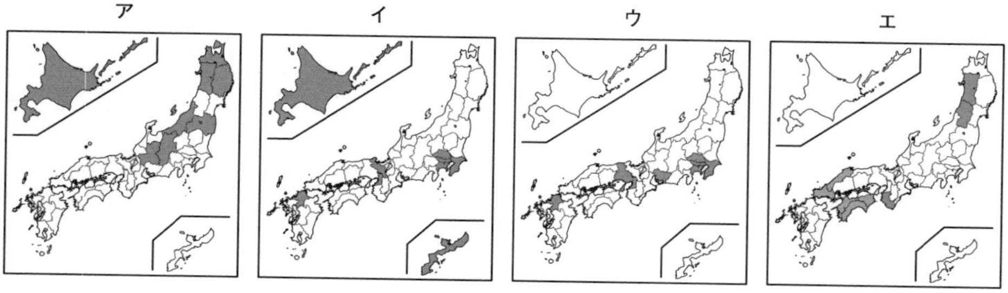

（『データでみる県勢2019年版』などより作成，沖縄県のみ縮尺が異なる）

〔　　　〕

5 結びつきについて，次の問いに答えなさい。

(1) 航空路が放射状にのび，乗り換えの拠点となる空港を何というか，書きなさい。〈岡山県〉

〔　　　〕

差がつく (2) 次のＸ，Ｙのグラフは，それぞれ，2016 年における日本の，海上輸送，航空輸送のいずれかによる，品目別の輸出額の割合を表したものである。また，グラフ中のａ，ｂは，それぞれ鉄鋼，半導体等電子部品のいずれかに当たる。海上輸送による品目別の輸出額の割合を表したグラフに当たる記号と，半導体等電子部品に当たる記号の組み合わせとして適当なものを，次のア～エから１つ選びなさい。〈愛媛県〉

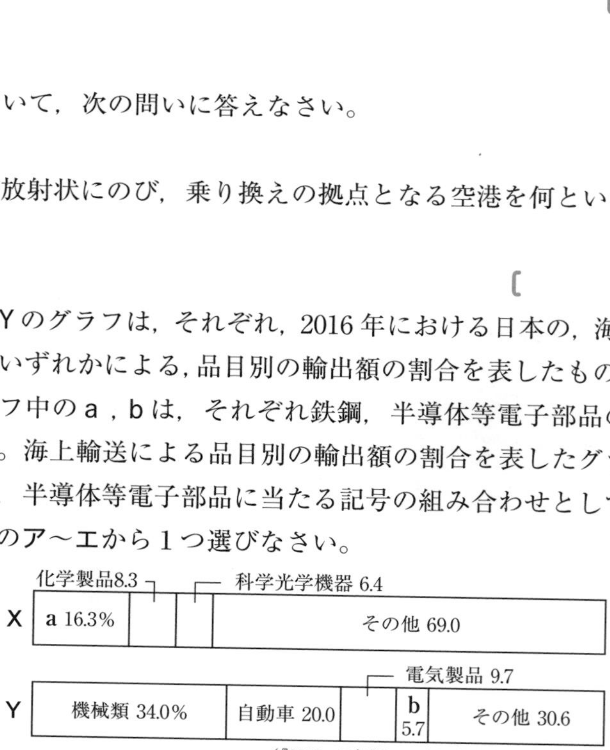

（『2018－19年版　日本国勢図会』ほかによる）

ア　Ｘとａ　イ　Ｘとｂ　ウ　Ｙとａ　エ　Ｙとｂ　〔　　　〕

4 日本のすがた

栄光の視点

この単元を最速で伸ばすオキテ

- 47 都道府県名と都道府県庁所在地名，7 地方区分名などは小学校からの知識が生きてくる。他のテーマにもかかわるので，知識を確実なものにしておこう。
- 日本の位置，時差は世界のすがたの単元とも関連する。日本の位置は世界地図でも確認しておこう。時差計算の問題は正確さが第一，次に見直しを心がけよう。

● 問われやすいテーマ

日本の位置	日本の標準時子午線, 緯度と経度, 2都市間の時差計算
日本の領土	領土の模式図から主権のおよぶ範囲, 排他的経済水域, 領土問題
都道府県	県名と県庁所在地が異なるもの, 隣接する県名

覚えておくべきポイント

排他的経済水域の漁業，海底の鉱産資源を管理する権利は沿岸国にある

1970 年代後半から世界各国が海岸線から 200 海里（約 370km）の排他的経済水域の管理権を宣言したことにより，日本の遠洋漁業は漁獲量が急減。近年は海底の地下資源探査の技術が進んだことから石油・天然ガスに加えてエネルギー資源のメタンハイドレートやレアメタルが注目されている。

要 点

日本の位置と領域

日本の領土は北緯 20 ～ 45 度，東経 123 ～ 154 度の範囲。日本は明石市(あかしし)を通過する東経 135 度の経線を標準時子午線にしている。標準時は，ロンドンは 9 時間，ニューヨークは 14 時間，日本より遅れる。

島国の日本は国土面積（約 38 万 km^2）の約 12 倍の排他的経済水域をかかえる。北方領土はロシア，竹島(たけしま)（島根県）は韓国が実効支配を続けており，近年，排他的経済水域の地下資源に着目した中国が尖閣諸島(せんかくしょとう)（沖縄県）の領有を主張している。

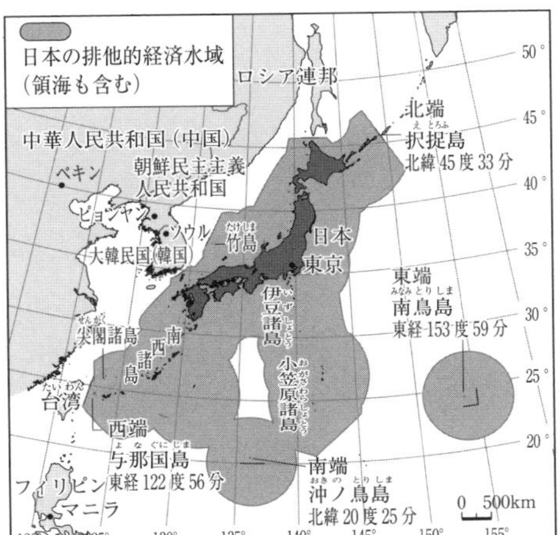

問題演習

1 日本の位置と時差について，次の問いに答えなさい。

よくでる (1) 国土が日本の経度，緯度の範囲といずれも重ならない国を，ア～エから１つ選びなさい。〈沖縄県・改〉

ア イラン　　イ オーストラリア
ウ ブラジル　　エ アメリカ合衆国

〔　　〕

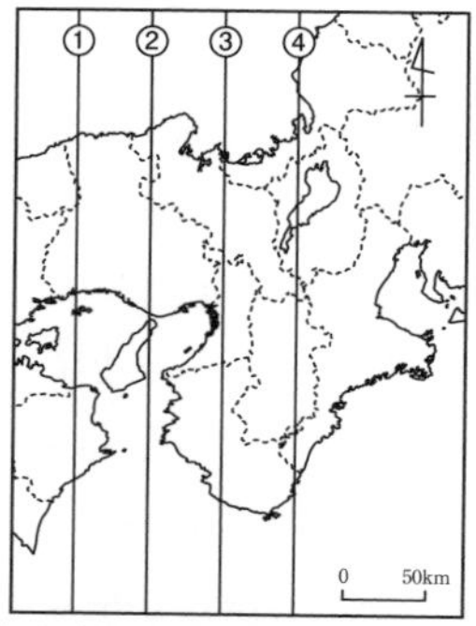

よくでる (2) 右の地図で，日本の標準時子午線を示すものとして最も適切なものを，①～④から１つ選びなさい。また，日本では，近畿地方の［　　］市を通る経線を基準に標準時を決めている。［　　］に入る都市名を書きなさい。〈熊本県〉

番号〔　　〕　都市名〔　　〕

(3) 時差について，各問いに答えなさい。

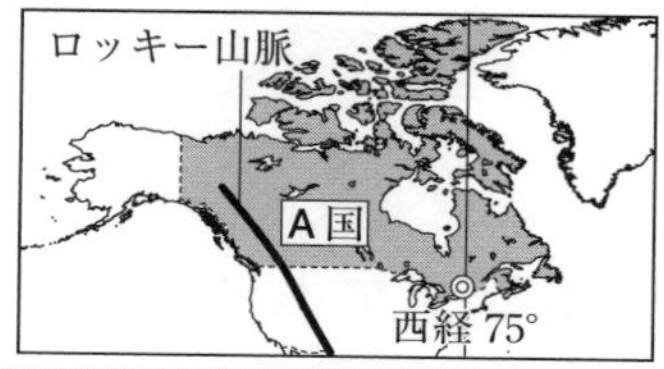

① 次の文中の［　　］にあてはまる数字を書きなさい。〈山形県・改〉〔　　〕

> 日本は東経 135 度の経線を標準時の基準としているが，右上の地図中のＡ国の首都は西経 75 度の経線を標準時の基準としているため，日本とＡ国の首都との時差は［　　］時間である。

② 日本が５月１日午前８時のとき，ブラジルのリオデジャネイロの時刻は，４月 30 日の午後８時である。リオデジャネイロの標準時となっている経線のおよその経度として，最も適切なものを，次のア～エから１つ選びなさい。〈青森県・改〉〔　　〕

ア 東経 45 度　　イ 西経 45 度　　ウ 東経 15 度　　エ 西経 15 度

よくでる ③ ニューヨークでは西経 75 度を標準時子午線としている。ニューヨークでバスケットボールの試合が，現地の時刻で 12 月 15 日午後６時に開始されるとき，日本の時刻（標準時子午線は東経 135 度とする）では何月何日の何時になるか，午前，午後をつけて書きなさい。ただし，サマータイムは考慮しない。〈福井県〉

〔　　月　　日　　時〕

差がつく ④ 10 月 10 日午前８時に東京（標準時子午線東経 135 度）を出発した飛行機が 12 時間かけてロンドン（経度０度）に到着した。ロンドンに到着した時刻は，現地時間で何日の何時か。午前か午後をつけて書きなさい。〈沖縄県〉

〔　　日　　時〕

2 日本の領域について，次の問いに答えなさい。

(1) 北方領土に関して述べた次の文を読んで，各問いに答えなさい。〈北海道〉

> 北方領土は，日本固有の領土である。領土とともに領域を構成する領海は，領土の海岸線（沿岸）から［ A ］海里であり，領海と排他的経済水域をあわせた範囲は，沿岸線（沿岸）から［ B ］海里までである。

よくでる ① 下線部について，地図中のX，Yの島の名を，それぞれ書きなさい。

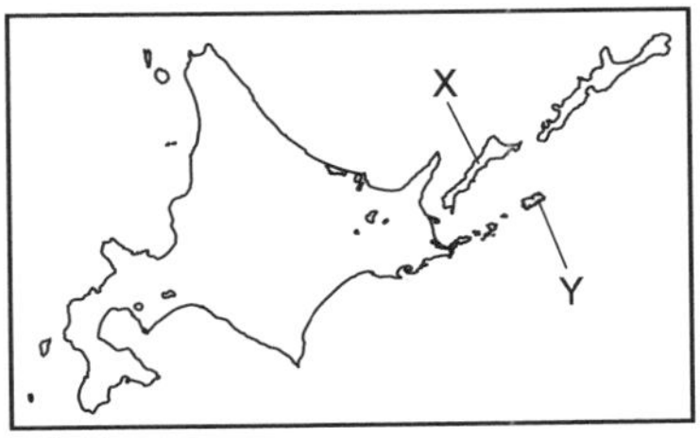

X〔　　　　〕
Y〔　　　　〕

② 文中の［ A ］，［ B ］に当てはまる数字をそれぞれ書きなさい。

A〔　　　　〕　B〔　　　　〕

(2) 下の図は，インドネシア，日本，ブラジル，アメリカ合衆国，オーストラリアの国土面積と排他的経済水域（領海を含む）の面積を表している，日本に当てはまるものを，ア～オから１つ選びなさい。〈沖縄県〉

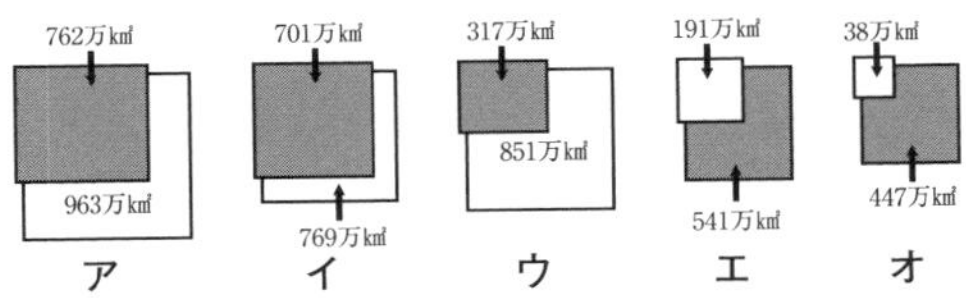

(注)■は排他的経済水域（領海を含む），□は国土面積
（『海洋白書　2008年』ほかより作成）

〔　　〕

必ず得点 (3) 日本の領域で沖縄県に属するが，中国なども自国の領域だと主張している場所はどこか。次のア～エから１つ選びなさい。〈沖縄県〉

ア　歯舞諸島　　イ　小笠原諸島　　ウ　尖閣諸島　　エ　慶良間諸島

〔　　〕

3 都道府県について，次の問いに答えなさい。

(1) 秋田県と県境が接していない県を，次のア～オから１つ選びなさい。〈石川県〉

ア　青森県　　イ　岩手県　　ウ　福島県
エ　宮城県　　オ　山形県

〔　　〕

(2) 日本を７地方に区分したとき，名古屋市が属している地方名を何というか，書きなさい。〈山口県〉

〔　　　　〕

(3) 北陸地方に含まれる県のうち，県名と県庁所在地名の異なる県が１つある。その県名を書きなさい。〈静岡県〉

〔　　　　〕

5 世界のすがた

栄光の視点

この単元を最速で伸ばすオキテ

- 地理のすべての単元の基礎となる内容。そのため取りこぼしがないように，知識を確実なものにしておきたい。
- 地図を使い，複数の国や地域の要素を組み合わせてよく出題される。地図帳の巻頭・巻末の世界地図を絶えず参照し，確認しておこう。

● 問われやすいテーマ

緯線と経線	赤道と本初子午線の位置
地図の図法	さまざまな図法の地図の特徴や使われ方
経度と時差	2都市間の時差計算
世界の国々	人口の多い国，面積の広い国，経度・緯度を使った国境線

覚えておくべきポイント

- **赤道直下にあるエクアドルは「赤道」の意味**

赤道は，アフリカ州のギニア湾からビクトリア湖，アジア州のマレー半島の南，南アメリカ州のアマゾン川河口を通過する。

- **地球の表面の状態を忠実に再現しているのは地球儀だけである**

すべてを正しく表すことができる地図はない。経線と緯線が直角に交わる図法（メルカトル図法など）では方位は，上と下は北と南だが右と左は東と西ではない。

要　点

☑ 正距方位図法

中心からの距離・方位が正しい地図。航空図に利用。中心以外の2地点の方位は正確ではない。

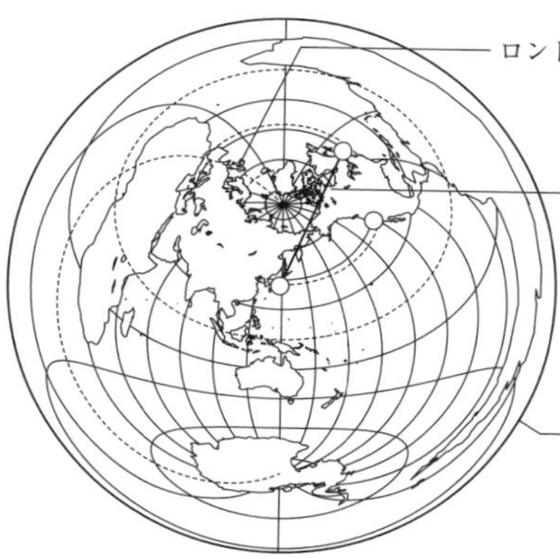
ロンドンを通る本初子午線。
地図の中心の東京とほかの都市を結ぶ最短コースは直線で表される。
楕円で表される赤道の実際の距離は4万km。

☑ 時差

日付変更線の西が最も時刻が進んでおり，西に向かって経度15°毎に1時間ずつずれる。地球一周で24時間の時差が生じる。

問題演習

1

右の地図を見て，次の問いに答えなさい。〈北海道〉

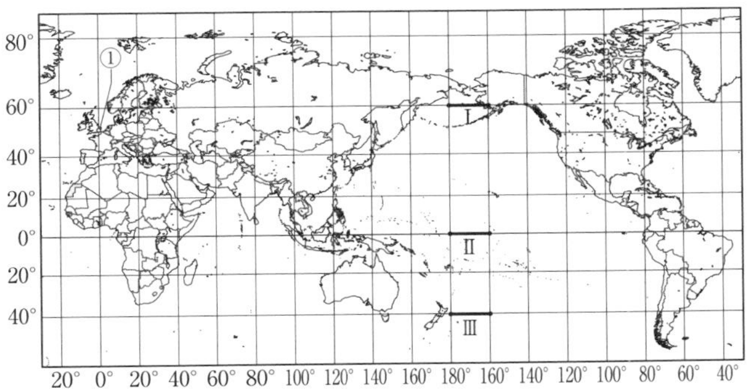

よくでる (1) 経度0度の線が通る①の都市を首都とする国の名を書きなさい。

〔　　　　　〕

(2) 北緯60度，東経100度の地点が含まれる国の首都の名を書きなさい。〔　　　　　〕

思考力 (3) 地図中の――で示したⅠ～Ⅲは，地図上ではすべて同じ長さであるが，実際の距離はそれぞれ異なる。実際の距離が最も長いものと最も短いものを，それぞれⅠ～Ⅲから選びなさい。

長いもの〔　　　〕　短いもの〔　　　〕

2

次の地図を見て，あとの問いに答えなさい。

地図1　緯線と経線が直角に交わる地図

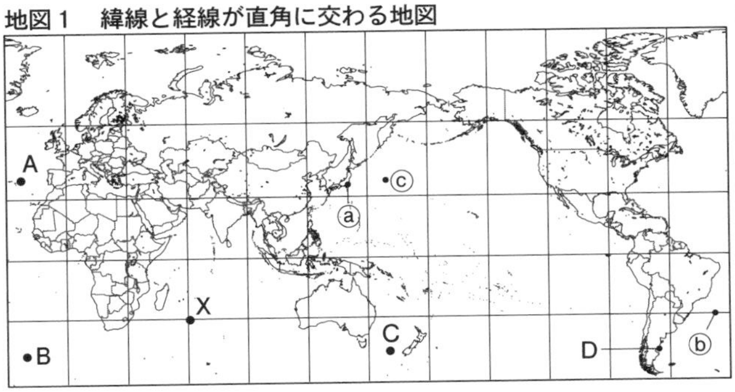

地図2　東京からの距離と方位が正しい図

(1) **地図1**中の**X**で示した地点を，緯度と経度で表すとどうなるか。適切なものを，次の**ア**～**エ**から1つ選びなさい。〈富山県〉

ア　北緯30度，西経60度　**イ**　南緯30度，東経60度

ウ　北緯60度，西経60度　**エ**　南緯60度，東経60度　〔　　　〕

(2) **地図1**中の地点ⓐの，地球の中心を通った反対側の地点は，地点ⓑである。地点ⓒの，地球の中心を通った反対側の地点として適当なものを，**地図1**中の地点**A**～**D**から1つ選びなさい。〈愛媛県・改〉〔　　　〕

差がつく (3) 東京から真西に進み，地球を一周して東京に戻るとすると，最後に通過するのは六大陸のうちのどれか。**地図2**を参考に書きなさい。〈富山県〉

〔　　　　大陸〕

3 右の地図を見て，次の問いに答えなさい。 〈岐阜県〉

よくでる (1) 略地図１，２において，赤道を示す線はどれか。ア～カから２つ選びなさい。

〔　　　〕〔　　　〕

よくでる (2) 略地図１，２のＸの大洋の名を，漢字で書きなさい。

〔　　　　　〕

[略地図1]

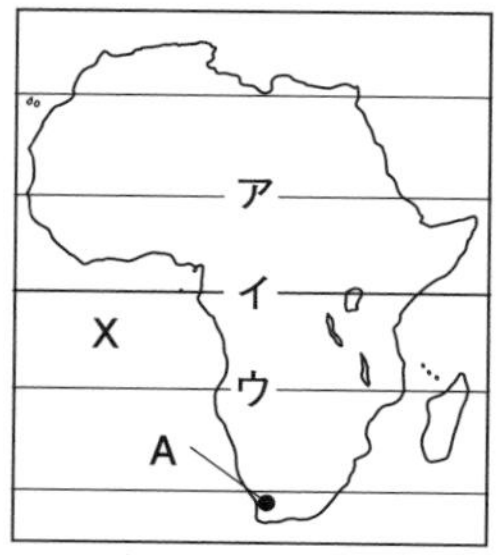

[略地図2]

注：略地図１，２には赤道と赤道から15度ごとの緯線が示してある。

(3) 資料のように東京と略地図１のＡ地点との距離を求めた。この手順で求めたときの距離を書きなさい。ただし，北極と南極との間の距離を20,000㎞とする。

> **資料** 東京とＡ地点との距離を求めるために行った作業
>
> 〈手順１〉 地球儀上の北極と南極を最短コースとなるように紙テープで結び，それを20等分して目盛りを付けた。
>
> 〈手順２〉 紙テープを地球儀上の東京とＡ地点に当て，目盛りを読み取ると14目盛りであった。

〔　　　　　〕

4 右の地図は，シンガポールからの距離と方位が正しくあらわされているものである。これを見て，次の問いに答えなさい。 〈香川県〉

必ず得点 (1) 地図中に示したシンガポールとアフリカ大陸との間に広がる海洋は，三大洋の一つである。この海洋を何というか，書きなさい。

〔　　　　　〕

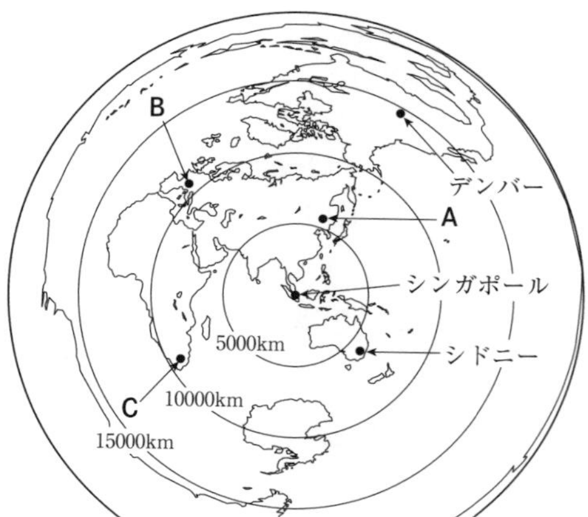

(2) 地図中のシドニーを，シンガポールから見たときの方位を，８方位で書きなさい。〔　　　　　〕

(3) 地図中にＡ～Ｃで示した都市が，シンガポールからの距離の近い順に左から右に並ぶように，記号で書きなさい。〔　　→　　→　　〕

5

次の**模式図**は，本初子午線と赤道を中心にして，世界全体をア～エの４つの範囲に分けてあらわしたものである。右の地図で示した地域が含まれる範囲を，**模式図**中のア～エから１つ選びなさい。 〈宮城県・改〉

模式図

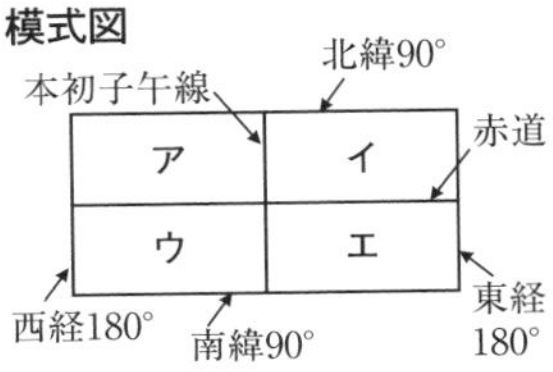

中国とインドの年間降水量とおもな農業

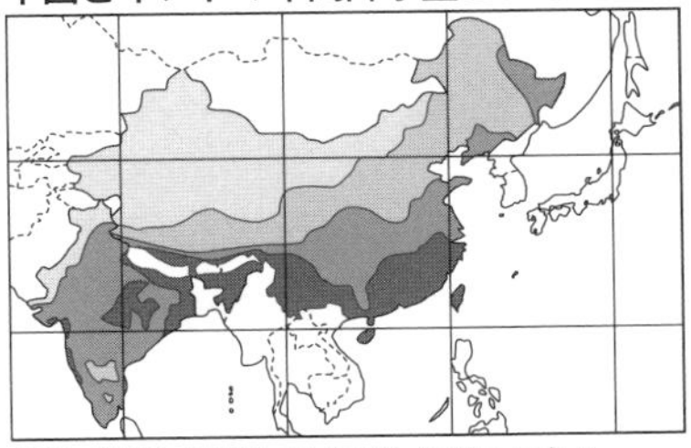

（注）緯線と経線は20度ごとに引いてある。

〔　　　〕

6

下の地図を見て，次の問いに答えなさい。

＋差がつく (1) 地図の○で示したシドニーとブエノスアイレスの距離を調べるため，目もりをつけた紙テープを地球儀上の２つの都市間に当てて，距離が最も短くなる経路で測った。このときの経路として適当なものを，地図中のａ～ｃから１つ選びなさい。 〈熊本県・改〉

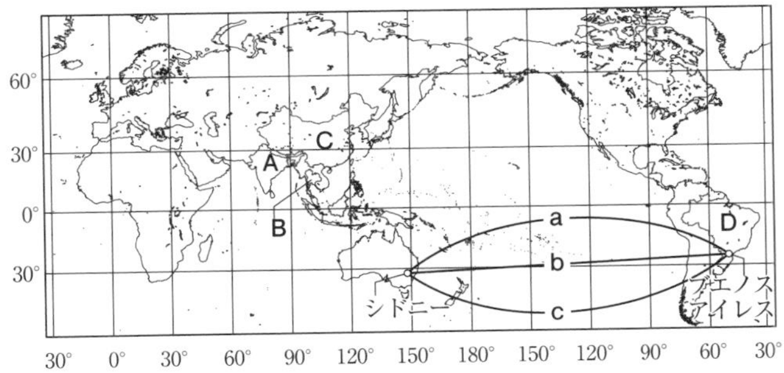

〔　　　〕

(2) 地図中のＡ～Ｄ国の説明として正しいものを，次のア～エから１つ選びなさい。 〈山口県〉

ア 南アジアに位置する国はＡである。
イ 地中海に面している国はＢである。
ウ 本初子午線が通過する国はＣである。
エ 領土のすべてが南半球にある国はＤである。 〔　　　〕

6 身近な地域の調査

栄光の視点

この単元を最速で伸ばすオキテ

- 地域の調査では，郷土の歴史，伝統文化や地域の抱える都市問題などのテーマとからめてよく出題される。自分の住む都道府県の知識も深めておこう。
- 地形図を読み取らせる問題が多い。基本的な地図記号は覚えておく。新しく加わった地図記号の出題も多い。いろんな地形図を使った問題にあたり，ここからさまざまな情報が得られることを理解しよう。

● 問われやすいテーマ

地形図	地図記号，距離・高低差の計算，土地の傾斜（けいしゃ），土地利用，新旧比較

覚えておくべきポイント

距離感覚を身につける

地形図上での○ cm は実際には何m？という問題は頻出でも基本中の基本。すぐに計算できるようにしておき，答えるときには問われている単位を必ず見返すくせをつけよう。計算方法が逆になる実際の▲mは地形図上で何cm？もできると，試験のときに心の余裕ができる。

要点

地形図

地形の起伏，土地利用，集落，道路，鉄道など，土地のようすを総合的に表した地図。基本的に上が北になる。土地の高さは等高線や三角点，水準点の数値で表す。等高線は同じ高度の地点を結んだ線。等高線は縮尺によって等高線の描き方が異なる。

	5万分の1	2万5千分の1
計曲線	100mごと	50mごと
主曲線	20mごと	10mごと

土地の起伏は等高線で読み取ることができる。等高線の間隔が狭いほど，土地の傾斜は急で，広ければ，緩やかである。
平地なのか山地なのか，市街地なのか農地なのかを読み取れるように。

問題演習

1 右の地形図を見て，次の問いに答えなさい。〈静岡県〉

よくでる (1) 地形図中のaとbの等高線の標高差は何mか,書きなさい。

〔　　　　m〕

(2) 地形図中にみられるΛの地図記号が表すものを，次のア～エから１つ選びなさい。

ア　畑　　　イ　果樹園

ウ　広葉樹林　　エ　針葉樹林

〔　　　〕

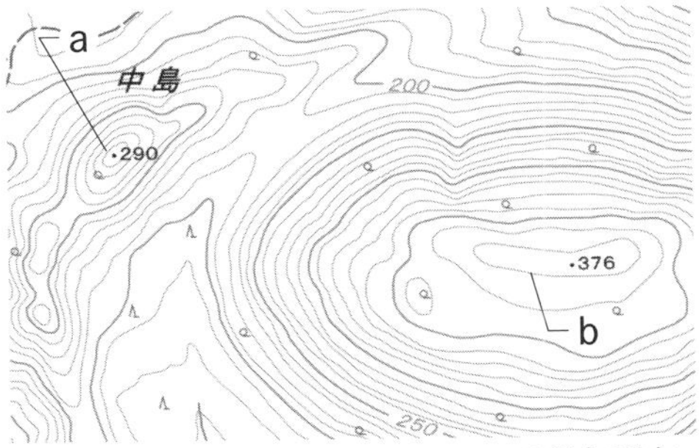

※原寸ではない

2 下の地形図をみて，次の問いに答えなさい。〈福島県〉

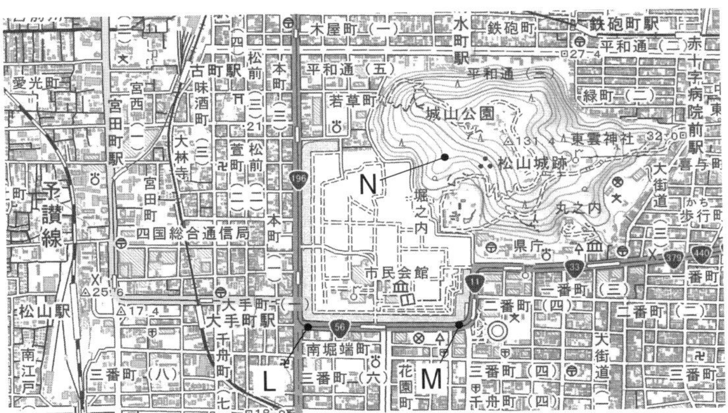

（国土地理院発行２万５千分の１地形図「松山」より作成）

よくでる (1) 地図中の地点Lと地点Mの間の道路の長さをはかると２cmであった。実際の距離は何mか求めなさい。〔　　　　m〕

(2) 地形図から読み取れることとして最も適切なものを，次のア～エから１つ選びなさい。

ア　市民会館の周辺は，畑や果樹園が広がっている。

イ　古町駅を通っている鉄道は，ＪＲ線である。

ウ　県庁から見た東雲神社の方位は西である。

エ　地点Nの標高は，80mである。

〔　　　〕

3 思考力

右の資料は，ある地域の同じ範囲を示した新旧の地形図である。Ⅰの○の場所には，2006年に部品組立工場が建設された。この場所に工場が建設されたのはなぜだと考えられるか。資料をもとに簡潔に書きなさい。

〈石川県〉

Ⅰ 1989年発行の地形図　Ⅱ 2001年発行の地形図

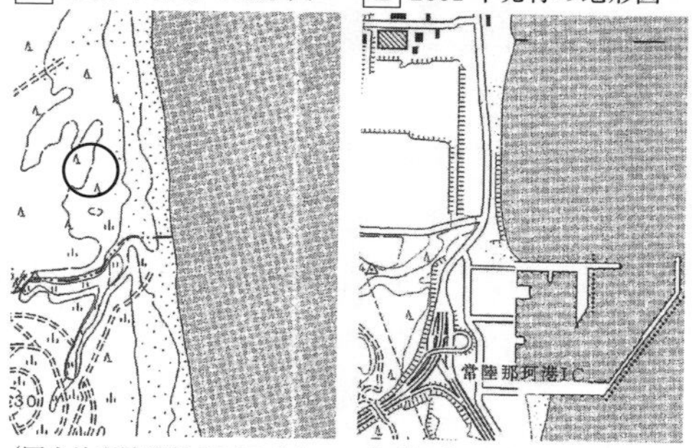

（国土地理院発行２万５千分の１地形図「日立」などより作成）
※ 89%に縮小

［　　　　　　　　　　　　　　　　　　　　　］

4 よくでる

次の地形図は，奈良県のある都市の一部を表した２万５千分の１の地形図である。次のア～オは，地形図より読み取れることを述べたものであるが，下線部に誤りのあるものを２つ選びなさい。

〈富山県〉

（国土地理院発行２万５千分の１地形図「奈良」より作成）

ア　<u>主曲線は50ｍごと</u>にひかれている。

イ　国立博物館から正倉院までの地図上の直線距離は約４㎝であったので，<u>実際の直線距離は約１㎞</u>である。

ウ　若草山（三笠山）付近は，東大寺付近に比べて等高線の間隔が狭いので，<u>傾斜は急</u>である。

エ　若草山（三笠山）の三角点から，<u>奈良公園は南東方向</u>に位置する。

オ　県庁の半径500ｍ以内の範囲に，<u>警察署，郵便局</u>がある。

［　　　］［　　　］

5 思考力

図１は昭和48年発行，図２は平成26年発行の同じ地域を示した地形図である。
これらを見て，あとのア～エから正しいものを１つ選びなさい。〈茨城県・改〉

図1

図2
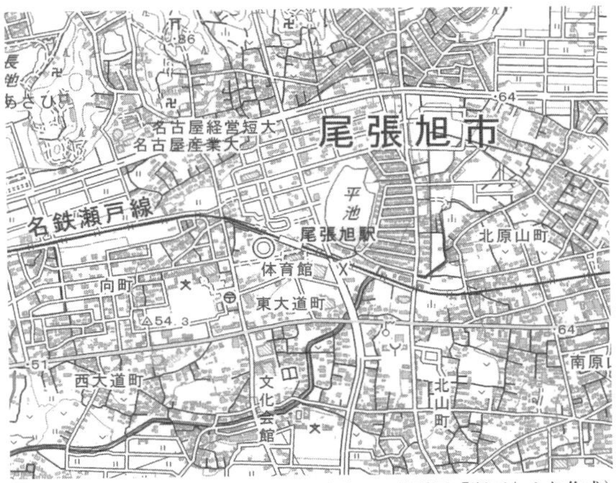

（国土地理院発行２万５千分の１地形図「瀬戸」より作成）

ア　かつて町役場の南に学校があったが，その場所に文化会館と博物館が建てられた。
イ　平成26年発行の地形図では，かつて町役場があった場所よりも北側に市役所がある。
ウ　尾張旭（おわりあさひ）駅は，かつてのあさひあらい駅よりも，西側にある。
エ　かつて水田が広く見られたが，現在では都市化が進み，まったく見られない。

［　　　］

7 世界各地の人々の生活と環境

栄光の視点

この単元を最速で伸ばすオキテ

- この単元は，世界地図を見て答えるという形で出題されるのが一般的。気候や宗教の分布は地図帳などで視覚的に確認しておこう。
- 雨温図は必ず出題されると思って見慣れておく。気候の特徴を気温と降水量の変化から読み解く力を身につける。
- 景観や建物，衣服の写真など使った出題も多い。気候や宗教と暮らしの結びつきを理解しておく。

● 問われやすいテーマ

世界の気候	気候帯，気候区分，雨温図など
人々の暮らし	気候や宗教と関わる人々の生活や服装，住居などの工夫
宗教	仏教・キリスト教・イスラム教の歴史と人々の生活への影響

覚えておくべきポイント

- **赤道から両極へ向けて，熱帯，乾燥(かんそう)帯，温帯，冷（亜寒）帯，寒帯の配置になる**

降水量の多い赤道付近の熱帯雨林，冷帯の針葉樹林（タイガ）や気候が厳しい砂漠の周辺の草原のステップ，寒帯の北極海沿岸地域のコケ類の生育する湿原のツンドラは頻出。気候帯の広がりと関連して覚えておこう。

- **地域の気候は，風などの影響が大きく，位置・海流・地形などに左右される**

ヨーロッパの大西洋岸は，北上する北大西洋海流と偏西風(へんせいふう)の影響で高緯度まで温帯がのびている。南アジア・東南アジア・東アジアはモンスーンの影響を受け，沿岸部と内陸部では農業のようすも違ってくる。気候と生活のつながりを理解しておくと，知識の応用ができるようになる。

- **人々の生活には，自然環境に適した工夫や宗教などの社会的な影響がある**

モンゴルの移動に便利なゲル，北極海沿岸のイヌイットのイグルー，東南アジアの雨水や湿気の侵入を防ぐ高床の住居等の住居のほか，服装に関する出題も多い。

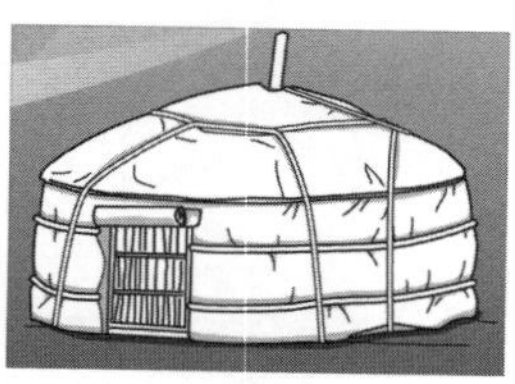
ゲル

イグルー

高床の住居

要点

☑ 気候・雨温図

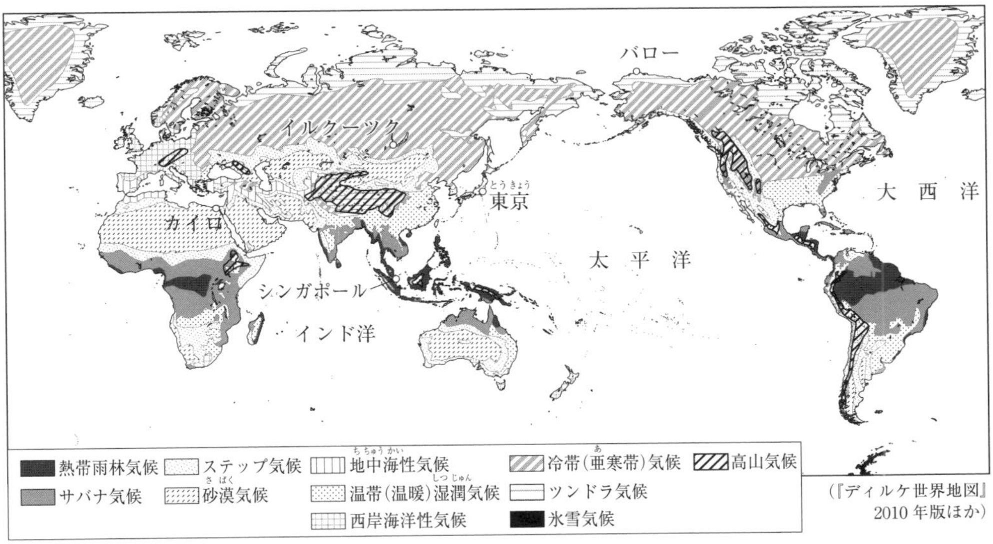

(『ディルケ世界地図』2010 年版ほか)

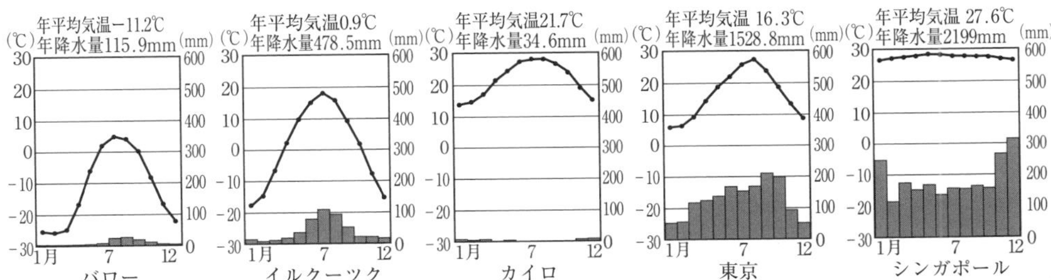

(『理科年表 2019 年版』より作成)

☑ 宗教

キリスト教，仏教，イスラム教が世界三大宗教。ヒンドゥー教はインド中心。

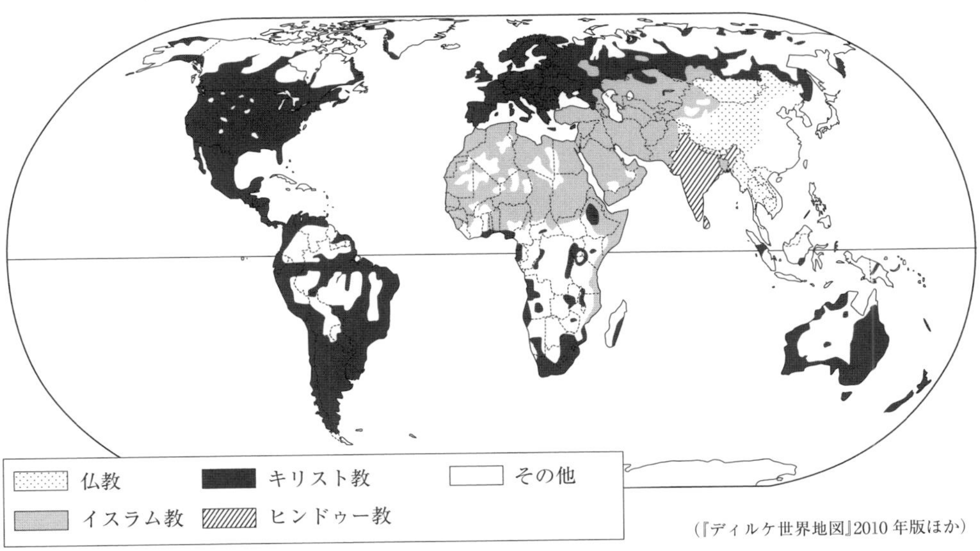

(『ディルケ世界地図』2010 年版ほか)

問題演習

1 下の地図を見て，次の問いに答えなさい。

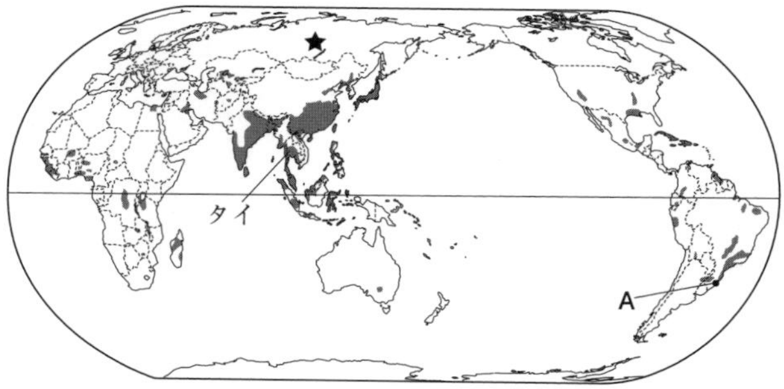

(1) 地図は，世界の米の主な生産地域を で示している。世界を６つの州に区分した場合，米の生産地域が最も広く分布しているのは何州か。その州の名称を書きなさい。 〈奈良県〉

〔　　　　　　〕

よくでる (2) 地図中の米の生産地域にあるＡの都市の雨温図を，次のア～エから１つ選びなさい。 〈奈良県〉

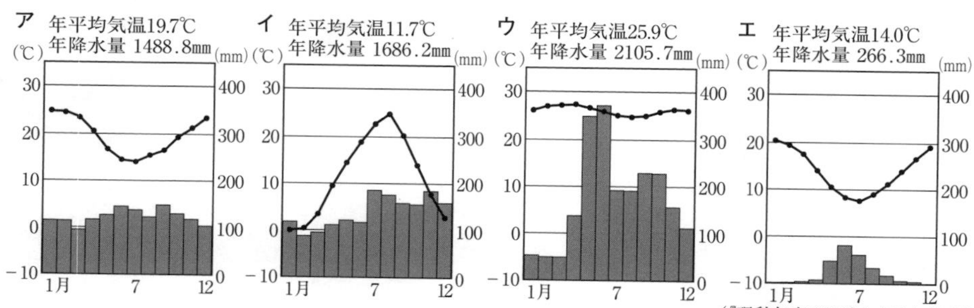

(『理科年表2019』などより作成)

〔　　〕

(3) 地図の★で示した地点の気候と人々の暮らしについて説明した文として最も適切なものを，次のア～オから１つ選びなさい。 〈福島県・改〉

ア　年中高温多湿であり,木や竹でつくった風通しのよい住居がみられる。

イ　年中乾燥しており，たけの低い草原では羊などを飼育する遊牧が行われている。

ウ　年中寒冷で，じゃがいもの栽培やアルパカなどの遊牧が行われている。

エ　夏季は高温乾燥であり，オリーブなどの乾燥に強い作物の栽培が行われている。

オ　冬季は寒冷であり，暖房の熱で凍土がとけないように，高床の建物がみられる。

〔　　〕

(4) 右の写真は，地図で示したタイに住む多くの人々が信仰している宗教の活動のようすを示したものである。この宗教は何か。最も適当なものを，次のア～エから１つ選びなさい。〈新潟県〉

ア キリスト教　イ イスラム教　ウ 仏教　エ ヒンドゥー教

［　　　］

2

下の地図を見て，次の問いに答えなさい。

よくでる (1) 下の資料中のＡ～Ｄは，地図中に示した４つの都市のいずれかの雨温図である。また，次の文章は，資料についてまとめたものである。バンガロールとニースの雨温図を次の文章を参考にして，資料中のＡ～Ｄからそれぞれ１つずつ選びなさい。〈京都府・改〉

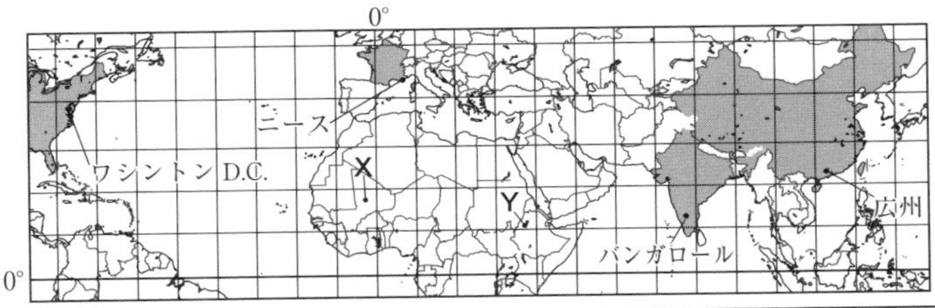

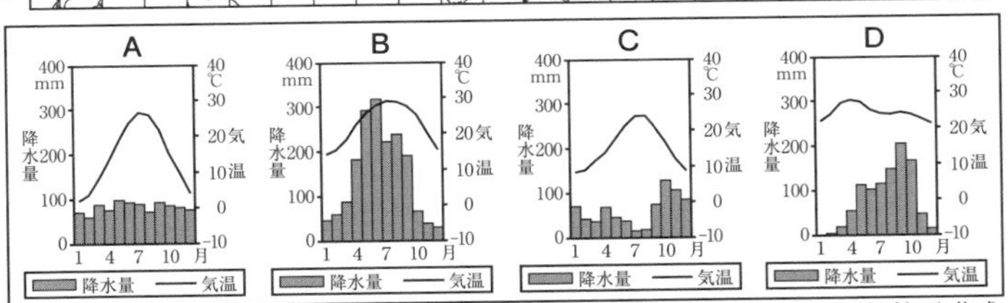

気象庁ホームページ（1981～2010年統計）より作成

> 平均気温に着目すると，最も高い月と最も低い月の差が，４つの都市の中で最も小さい都市は，バンガロールである。また，ニースには地中海性気候の降水の特徴が見られる。

バンガロール［　　　］　ニース［　　　］

差がつく (2) 次の表は，地図中の都市Ｘと都市Ｙのそれぞれの月別の平均気温を表したものである。表について述べたあとの文の［　　　］に適当な言葉を書き入れて文を完成させなさい。ただし，［　　　］には，「標高」「緯度」から１つ選び，その言葉を含めること。〈愛媛県〉

（単位：℃）

都市＼月	1	2	3	4	5	6	7	8	9	10	11	12
X	21.1	23.8	28.2	32.1	34.6	35.0	32.5	31.1	31.9	31.0	25.9	22.3
Y	15.7	17.0	17.9	18.2	18.3	16.9	16.2	16.1	16.3	16.1	15.2	14.9

> 都市Ｘと都市Ｙの間で，表に見られる平均気温の差が生じるのは，都市Ｙが，都市Ｘより［　　　］からである。

［　　　　　　　　］

3 右の地図を見て，次の問いに答えなさい。

地図1

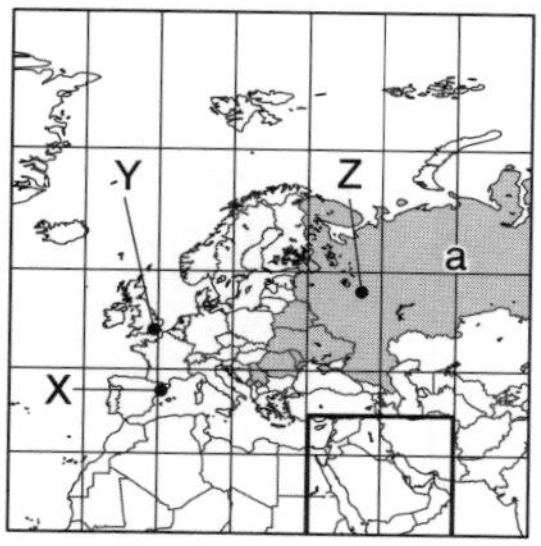

よくでる (1) 次のA～Cのグラフは，**地図1**中の都市X～Zの気温と降水量を示している。グラフと都市の組み合わせとして適切なものを，あとの**ア**～**エ**から1つ選びなさい。〈兵庫県・改〉

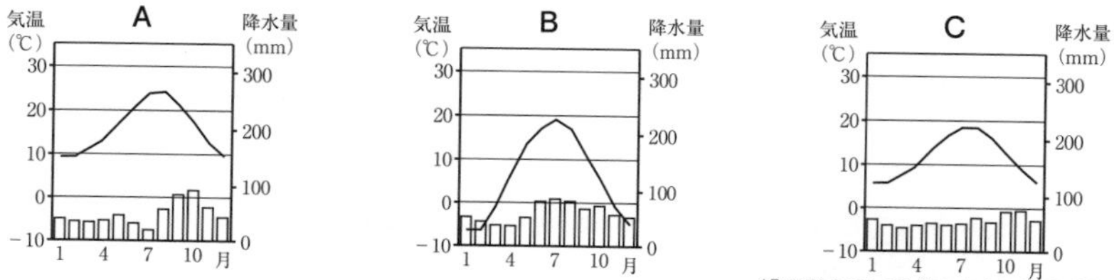

（『理科年表 平成31年』より作成）

ア A－X B－Z C－Y　**イ** A－Z B－Y C－X
ウ A－Y B－Z C－X　**エ** A－Z B－X C－Y

〔　　〕

(2) **地図1**中のa国東部のシベリア地方の建物には，高床の工夫がみられる。その理由について述べた次の文の□に当てはまる語句を書きなさい。〈岡山県〉

高床の工夫がみられるのは，特有の土壌である□が生活の熱などでとけ，建物が傾いたり，ゆがんだりすることを防ぐためである。

〔　　〕

(3) **地図1**中の▬で示された地域で，最も多くの人が信仰している宗教として適切なものを，次の**ア**～**エ**から1つ選びなさい。〈兵庫県〉

ア キリスト教の正教会　**イ** ヒンドゥー教
ウ イスラム教　**エ** キリスト教のカトリック

〔　　〕

よくでる (4) **地図2**は，**地図1**の□の周辺を拡大したものであり，b国は2022年のFIFAワールドカップの開催国である。b国を含む西アジアでは，イスラム教が広く信仰されている。イスラム教の聖地メッカの場所を**地図2**のP，Qから，イスラム教の特徴を次の文R，Sからそれぞれ選び，その組み合わせとして正しいものを，それぞれ1つずつ選びなさい。〈長崎県・改〉

地図2

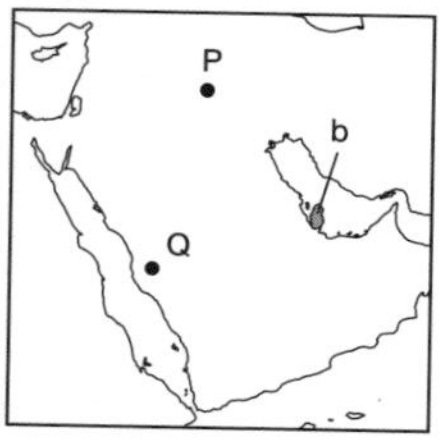

R 牛は神聖な動物とされ，食べることが禁止されている。
S 聖典のコーランには，生活上のルールが示されている。

メッカの場所〔　　〕　イスラム教の特徴〔　　〕

4 次の地図を見て，あとの問いに答えなさい。

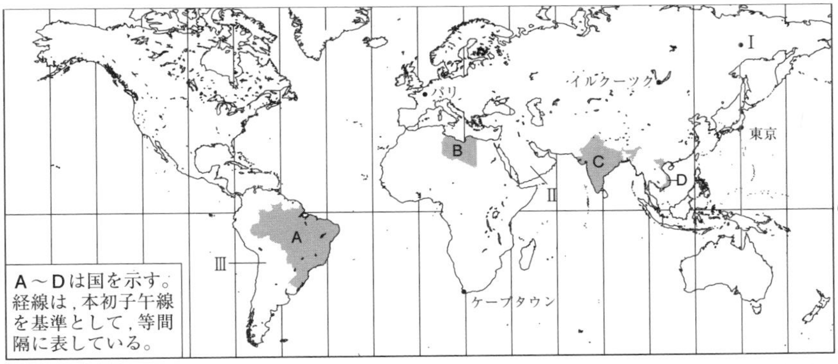

よくでる (1) 次のア～エは，地図中のパリ，ケープタウン，イルクーツク，東京のいずれかの月別平均気温と月別降水量を示している。これについて，各問いに答えなさい。

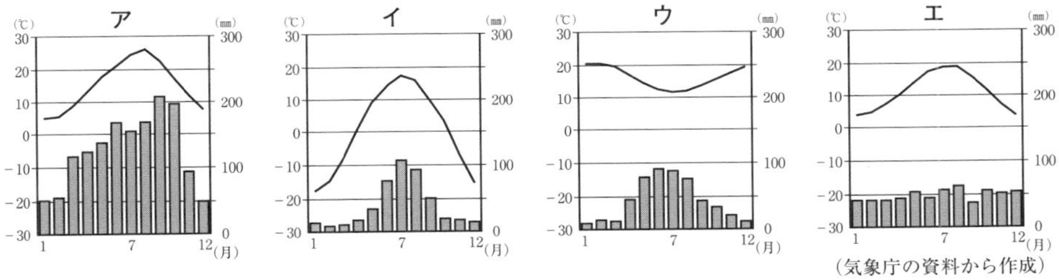

(気象庁の資料から作成)

① パリにあてはまるものを，ア～エから１つ選びなさい。 〈鹿児島県〉

[　　　]

② パリの気候の特徴を，緯度と気温の面から書きなさい。 〈鹿児島県〉

[　　　　　　　　　　　　]

よくでる (2) 地図中のⅠ～Ⅲの地域について，特色ある衣服の説明文を，次のア～ウからそれぞれ選びなさい。 〈富山県・改〉

ア 日中の強い日ざしや砂ぼこりから身を守るため，長袖で丈の長い服を着る。

イ アルパカの毛で衣服やつばのついた帽子を作り，高地の強い紫外線や寒さを防いでいる。

ウ 冬になると厚いコートや毛皮で作った防寒着，帽子を身に付ける。

Ⅰ[　　　] Ⅱ[　　　] Ⅲ[　　　]

(3) 地図中のA～Dのうち，人口に占めるキリスト教徒の割合が最も高い国はどこか。最も適当なものを，A～Dから１つ選び，記号を書きなさい。 〈大分県〉

[　　　]

8 地理分野の融合問題

問題演習

1 資料を参考にして，レアメタル（希少金属）に関する次の説明文のXとYに入る適切な言葉を書きなさい。〈富山県〉

資料1　コバルトの国別生産量の割合(2015年)

順位	国名	割合(%)
1	コンゴ民主共和国	50.0
2	中国	6.1
3	カナダ	5.5
その他		38.4
合計		100.0

資料2　レアアースの生産量の割合(2015年)

順位	国名	割合(%)
1	中国	80.8
2	オーストラリア	9.2
3	アメリカ合衆国	4.5
その他		5.5
合計		100.0

（資料1，資料2『世界国勢図会 2017/18』より作成）

コバルトやレアアースは，レアメタル（希少金属）とよばれている。**資料1**，**資料2**に示されるように，レアメタルは，一般に，生産国が［X］ので，安定的に輸入することが難しい。

そのため，日本では，不要になった家電製品からレアメタルを回収し，［Y］する取り組みが行われている。

X〔　　　　〕　Y〔　　　　〕

2 ＋差がつく

次の図1は，1人当たり国民総所得と第一次産業人口の割合を，図2は，1人当たり国民総所得と第三次産業人口の割合を示している。これらを見て，1人当たり国民総所得が多い国では，産業別人口の割合にどのような特徴が見られるか，第一次・第三次産業の両方にふれながら，「1人当たり国民総所得が多い国では，」の書き出しに続いて，書きなさい。〈茨城県〉

図1
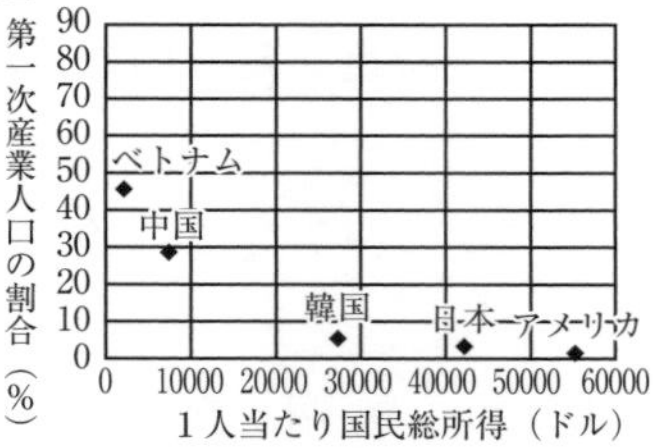

図2
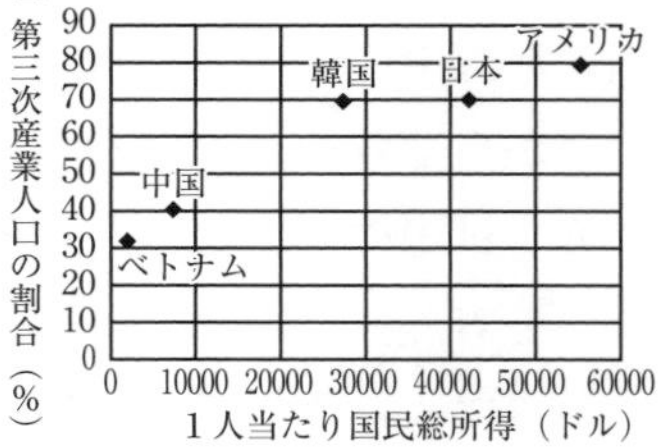

注）国民総所得は，国の内外にかかわらず，国民が一定期間に得た所得の合計を表す。調査年は2014年。

（図1，図2は『データブック　オブ・ザ・ワールド2016・2017』より作成）

〔1人当たり国民総所得が多い国では，　　　　〕

PART
2

歴史分野

1 近代日本のあゆみ

栄光の視点

この単元を最速で伸ばすオキテ

- 近代国家成立への国内の動き，周辺諸国とのつながり，外国の国同士の関係など多くのテーマが出てくる。知識を関連付けて深めていこう。
- 新政府の諸政策，自由民権運動から大日本帝国憲法成立の流れはよく出題されるので種類やちがいを確認しておこう。

● **問われやすいテーマ**

明治維新	五箇条の御誓文，徴兵令，地租改正，文明開化，殖産興業
自由民権運動	自由民権運動・憲法制定の動き，大日本帝国憲法
国際関係	日清戦争，日露戦争，条約改正

覚えておくべきポイント

- **地租改正で，政府（明治政府）の収入は安定。一方で，人々の負担は重いまま**

明治政府は**地券**を発行して土地所有者を確定。年貢が収穫量に対して課せられていたのに対し，土地に対して一定の税金をかけるようになったことから，政府の収入は安定したが，人々の負担は重たいままだったため地租改正反対一揆などがおき，税率は３％から2.5％へ引き下げられた。

- **条約改正へとつながった不平等の内容**

領事裁判権を認め，関税自主権がない。不平等は**陸奥宗光**が**領事裁判権の撤廃**，**小村寿太郎**が**関税自主権を完全回復**するまで続く。日本は朝鮮に対して，日朝修好条規で領事裁判権を認めさせる側に。

- **明治時代と大正時代の違いは把握する**

王政復古の大号令から明治維新，国会開設，日清・日露戦争と不平等条約の改正が明治時代。第一次世界大戦から国際連盟の設立，普通選挙法の制定までが大正時代。

先輩たちのドボン

- **できごとの流れがつながっていないので，並べ替え問題が不得意**

おもだった事件の年代を押さえておけば前後関係を推定できるようになる。自由民権運動から内閣設立，大日本帝国憲法制定，国会開設までのつながりは必須。

要点

☑ 明治維新

(1) 五箇条の御誓文…政府の方針を示す。
(2) 廃藩置県…版籍奉還後，藩に代えて府県を置く。
(3) 文明開化…太陽暦の採用。ガス灯，人力車・馬車，生活の洋風化。福沢諭吉『学問のすゝめ』。

☑ 富国強兵政策

(1) 改革…学制，徴兵令，地租改正。
(2) 殖産興業…新橋・横浜間に鉄道が開通。官営模範工場として富岡製糸場を建設。

☑ 日本の外交・領土の確定

(1) 岩倉遣欧使節団…不平等条約撤廃という本来の目的は果たせなかった。
(2) 北海道…開拓使を置き，屯田兵が開拓。樺太・千島交換条約でロシアと国境を確定。
(3) 朝鮮…征韓論を唱える西郷隆盛，板垣退助は政府を去る。江華島事件をきっかけに日朝修好条規を結ばせる。

☑ 立憲体制樹立の動き

(1) 不平士族の反乱…西郷隆盛の起こした西南戦争の鎮圧で士族の反乱は終わる。
(2) 自由民権運動…①板垣退助が民撰議院設立の建白書を提出。
②国会期成同盟が結成され，明治十四年の政変が起こり，政府は10年後の国会開設を勅諭で示す。
③板垣退助が自由党，大隈重信が立憲改進党を結成。
(3) 内閣制度の創設…初代総理大臣に伊藤博文が就く。
(4) 大日本帝国憲法の制定…プロイセン（ドイツ）の憲法を参考。
(5) 第1回帝国議会…貴族院と選挙で選ばれた衆議院からなる二院制。

☑ 日清・日露戦争とアジア

(1) 日清戦争…朝鮮の甲午農民戦争がきっかけ。下関条約で賠償金と遼東半島や台湾を獲得。
(2) 日清戦争後…ロシア・ドイツ・フランスが日本に遼東半島の返還をせまる（三国干渉），日英同盟。
(3) 日露戦争…日本・ロシアとも戦争継続が不可能に，ポーツマス条約で日本は朝鮮半島の優位権を認めさせる。樺太の南半分（北緯50度以南）と長春以南の鉄道利権（のちの南満州鉄道）などを得たが，一方で賠償金が得られなかったため，これ反発した民衆が日比谷焼き打ち事件を起こす。韓国併合…朝鮮を植民地化。
(4) 辛亥革命…孫文を臨時大総統に中華民国が成立。

☑ 産業・文化

(1) 産業…1880年代の軽工業から始まり，1900年代には重工業が発展し，財閥があらわれる。1901年，官営八幡製鉄所が操業。足尾銅山の鉱毒事件の被害民救済を田中正造が訴える。
(2) 文化…夏目漱石『吾輩は猫である』，樋口一葉『たけくらべ』，森鷗外『舞姫』，北里柴三郎が破傷風血清療法，野口英世が黄熱病の研究。

問題演習

1 右の文章を読んで，次の問いに答えなさい。〈岐阜県〉

明治政府は，江戸を東京に改称し，A中央集権国家を造り上げるための政策を行った。B日清戦争後になると，日本国民の間にはロシアへの対抗心が高まった。

(1) 下線部Aについて，次のあ，いに当てはまる言葉の正しい組み合わせを，あとのア～エから１つ選びなさい。

中央集権国家を造り上げることを目指す明治政府は，1869年，藩主に土地と人民を政府に返させた。しかし，改革の効果はあまり上がらなかった。そこで政府は，1871年に［あ］を行い，各県や府を［い］に治めさせた。

ア　あ：廃藩置県　い：政府が任命した役人
イ　あ：廃藩置県　い：元の藩主
ウ　あ：版籍奉還　い：政府が任命した役人
エ　あ：版籍奉還　い：元の藩主

［　　　］

(2) 下線部Bについて，次のうに当てはまることがらを，「清」の言葉を用いて，簡潔に書きなさい。

資料は，下関条約のおもな内容である。この条約が結ばれた直後に，ロシアはドイツやフランスとともに，日本に対して，獲得した遼東半島を［う］ことを勧告してきた。対抗できる力のなかった日本は，これを受け入れ，遼東半島周辺の清の領土は地図のようになった。その後，ロシアは遼東半島を自らの勢力範囲としていった。

資料

・清は，朝鮮の独立を認める。
・清は，遼東半島，台湾，澎湖諸島を日本に譲り渡す。
・清は賠償金２億両（テール：当時の日本円で約３億1000万円）を支払う。

［　　　　　　　　　　　　　　　　　　　　］

2 日本の近代に結ばれた条約に関連して，次の問いに答えなさい。〈大分県〉

(1) 幕末に結んだ不平等条約の改正を目指して，政府が欧米に派遣した使節団について，①，②の問いに答えなさい。

① この使節団は，政府の有力者の約半分が参加する大規模なものであった。使節団の代表として大使を務めた人物は誰か。人物名を書きなさい。

〔　　　　　〕

② 右の**資料 1** は，この使節団のルートを示したものである。使節団の一員であった伊藤博文が，大日本帝国憲法作成の参考とするため，再び訪れた都市はどこか。最も適当なものを，**資料 1** 中の**ア**～**エ**から１つ選び，記号を書きなさい。

資料1

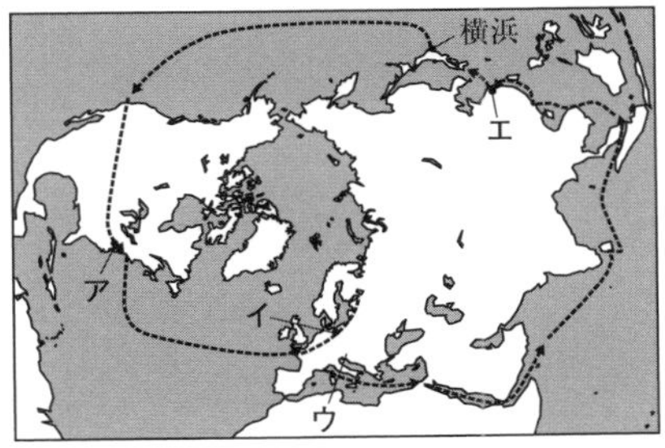

〔　　〕

よくでる (2) 次の**資料 2** は，1876 年に結ばれた日朝修好条規の一部を要約したものである。この条約には，日米修好通商条約と同様に，一方の国のみがもつ権利がある。**資料 2** から読み取れる，権利の名称を**漢字 5 字**で書きなさい。

資料2

第 1 款(かん)	朝鮮は自立した国で，日本と平等の権利をもつ。
第 8 款	朝鮮にある貿易港（釜山(プサン)ほか２港）は，日本の商人や国民を管理する役人をおく。
第 10 款	日本人が朝鮮の貿易港で罪を犯し，朝鮮人に交渉が必要な事件が起こった場合は，日本の領事が裁判を行う。

〔　　　　　〕

3 八幡製鉄所について，次の問いに答えなさい。

よくでる (1) 八幡製鉄所は，ある戦争でわが国が得た賠償金をもとに建設された。賠償金を得たこの戦争の名を書きなさい。〈北海道〉

〔　　　　戦争〕

(2) この製鉄所の立地に最も影響を与えた炭田の場所を，右の地図中の**ア**～**オ**から１つ選びなさい。〈福井県〉

〔　　〕

4 次は，日本の近代化について学習したときの，先生と生徒の会話の一部である。これを読んで，あとの問いに答えなさい。

> 琢磨（たくま）：先生，A大日本帝国憲法が制定されてから今年で130年が経ちますね。
> 先生：幕末の開国からこの憲法が制定されるまで何年くらいかかったと思いますか。
> 琢磨：35年くらいです。
> 先生：そうですね。明治政府によるB近代化政策をきっかけに欧米の文化や生活様式を取り入れる動きも活発となり，「自由」や「権利」といった思想が広まりました。そのことが，国民が政治に参加する権利の確立を求める自由民権運動にも大きな影響を与え，C国会開設や憲法制定へとつながっていきました。

(1) 下線部Aについて，次の資料は，大日本帝国憲法の一部である。a，bに当てはまる語を，それぞれ書きなさい。〈熊本県〉

資料

> 第１条　大日本帝国ハ万世（ばんせい）一系ノ［a］之（これ）ヲ統治ス
> 第３条　［a］ハ神聖ニシテ侵スヘ（ベ）カラス（ズ）
> 第29条　日本臣民ハ［b］ノ範囲内ニ於（お）テ言論著作印行集会及（およ）結社ノ自由ヲ有ス

a［　　　　］　b［　　　　］

(2) 下線部Bについて，次の文は明治政府が行った政策について述べたものである。文中の（　　）に入れるのに適している内容を，「%」の記号を用いて簡潔に書きなさい。〈大阪府〉

> 近代化をすすめる明治政府にとって，安定した歳入の確保は重要な課題であった。明治政府は，土地の所有者に地価の３%を税として現金で納めさせる地租改正を1873（明治６）年から実施した。しかし，江戸時代に比べて人々の税の負担は軽くならなかったため，各地で地租改正に反対する一揆が起こり，1877（明治10）年に税率を３%から（　　　）。

［　　　　　　　　　　　　　　　　］

＋差がつく (3) 下線部Cについて，次のア～ウは，国会開設までにおこったできごとである。年代の古いものから順に，記号で書きなさい。〈熊本県〉

ア　内閣制度が発足し，伊藤博文（いとうひろぶみ）が内閣総理大臣になった。
イ　板垣退助（いたがきたいすけ）らが民撰（みんせん）議院設立建白書を政府に提出し，国会の開設を主張した。
ウ　国会期成同盟が結成され，政府に国会開設の請願書を提出した。

［　　→　　→　　］

5 近代における，交通を中心としたわが国の動きをまとめた右の年表を見て，次の問いに答えなさい。

年	できごと
1872	新橋と［X］の間に初めて鉄道が開通する…A
1906	南満州鉄道株式会社が設立される…B

(1) 年表中のAについて，次の問いに答えなさい。〈山形県〉

① Xにあてはまる地名を書きなさい。［　　　　］

② 年表中のAよりも前におこったできごととして適切なものを，次のア～エから１つ選びなさい。

ア 和歌山県沖でノルマントン号事件がおこる

イ 日本の軍艦が砲撃される江華島事件がおこる

ウ 下関砲台が４か国の連合艦隊に占領される

エ ワシントン会議で列強海軍の軍備が制限される

［　　］

(2) 次は，年表中のBについてまとめたものである。aにあてはまる言葉を書きなさい。〈山形県〉

> 1905年に結ばれたポーツマス条約において，ロシアは，長春と旅順の間の［a］ことを認めた。その後，日本は南満州鉄道株式会社を設立した。

［　　　　　　　　］

思考力 (3) 図１は江戸幕府の直接の支配地からの年貢収入量を，図２は明治政府の収入のうち地租の額を示したものである。図１，図２を比較して，明治政府が地租改正を行った理由について，「地価」という語を用いて，解答欄の書き出しに続いて書きなさい。また，地租改正を実施したとき，土地の所有者に対して発行した証券を何というか，書きなさい。〈茨城県〉

図１　江戸幕府の直接の支配地からの年貢収入量

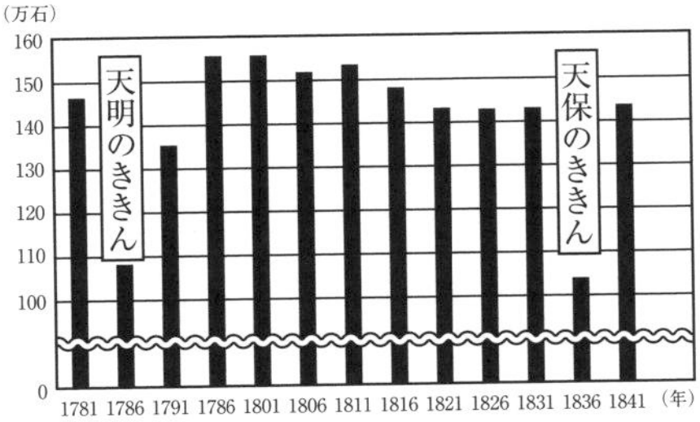

（『角川日本史辞典第二版』より作成）

図２　明治政府の収入のうち地租の額

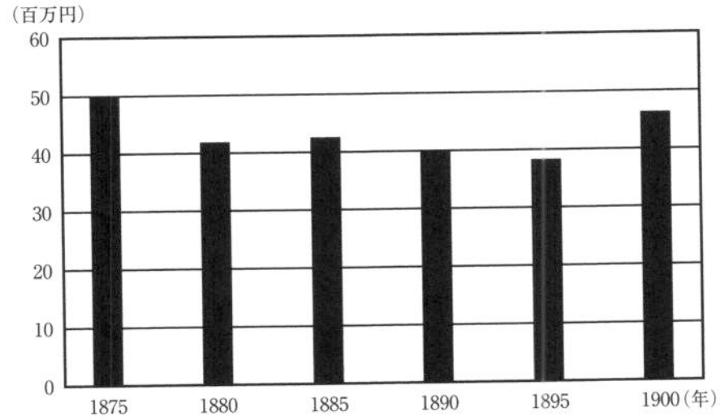

（『数字でみる日本の100年改訂第６版』より作成）

説明［江戸時代の　　　　　　　　］

語［　　　　］

6 次の表を見て，あとの問いに答えなさい。 〈宮城県〉

	日本の教育にかかわるおもなことがら
明治	全国に小学校がつくられ，①欧米諸国で使用していた太陽暦で年間予定が立てられる。
大正	②民主主義の思想が広まり，個性や自主性を尊重する自由教育が取り入れられる。

よくでる (1) 下線部①のように，明治時代には，欧米諸国の文化などを積極的に取り入れることで，都市を中心に日本の伝統的な生活様式が変化していった。明治時代初期にみられた，この風潮を何というか，書きなさい。

〔　　　　　　〕

(2) 下線部②について，大正時代の民主主義に関することがらについて述べた文として**誤っているもの**を，次のア～エから1つ選びなさい。

ア　平塚らいてうなどの女性たちが，女性の地位の向上や政治に参加する権利を求めて活動した。

イ　藩閥の桂太郎内閣が，憲法にもとづく政治を求める護憲運動（憲政擁護運動）により退陣した。

ウ　福沢諭吉が，人間の自由や平等などを尊重する思想を，著書のなかでわかりやすく紹介した。

エ　立憲政友会の原敬が，大臣を自分と同じ政党の党員で構成する，本格的な政党内閣を組織した。

〔　　　〕

7 次のア～エは，日露通好条約，樺太・千島交換条約，ポーツマス条約，サンフランシスコ平和条約のいずれかで定められた日本の北方領土周辺における領土を▭で示したものである。このうち，ポーツマス条約によって定められた領土を示すものはどれか。最も適当なものを，ア～エから1つ選び，記号を書きなさい。 〈大分県〉

よくでる

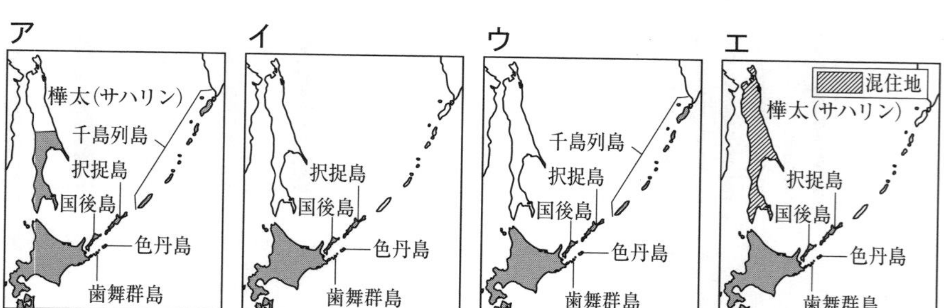

※アは千島列島も含む　※ウは千島列島も含む

〔　　　〕

8 次の問いに答えなさい。

よくでる (1) 廃藩置県が行われた頃の世界の様子を述べた文として適切なものを，次のア～エから１つ選びなさい。〈兵庫県〉

ア　イギリスでは，ピューリタン革命がおきて国王が処刑された。
イ　アメリカが，フランスなどの支援を受けて独立戦争に勝利した。
ウ　フランスでは，革命が始まり人権宣言が発表された。
エ　ドイツが，ビスマルクの指導の下で統一帝国になった。

［　　　］

(2) 大正時代のできごとに関する次のア～ウの説明文の下線部には，**誤っているものが１つある**。誤りのある文の記号を書き，正しい人名または数字に改めなさい。〈熊本県〉

ア　幸徳秋水(こうとくしゅうすい)が，デモクラシーを民本主義と訳し，民意に基づいた政治を大日本帝国憲法の枠内で実現するための方法を説いた。
イ　原敬(はらたかし)が，衆議院の第一党である立憲政友会の党員で閣僚の大部分を占める，初めての本格的な政党内閣を組織した。
ウ　加藤高明(かとうたかあき)内閣のもと，納税額による制限を廃止して，満25歳以上のすべての男子に衆議院議員の選挙権を与える普通選挙法が成立した。

記号［　　　］　正しいもの［　　　　　］

9

思考力 日本の産業革命に関して，右の**資料**のA，Bは1885年と1899年のいずれかを示している。1899年を示しているのはA，Bのどちらか。また，その理由について述べた文として最も適当なものを，次のア～エから１つ選びなさい。〈鹿児島県〉

資料　日本の輸入総額に占める割合（単位：%）

	A	B
綿花	28.2	2.8
綿糸	2.3	17.7

（『日本貿易精覧』から作成）

ア　製糸業が発展し，製品である綿糸の割合が減少しているから。
イ　紡績業が発展し，原料である綿花の割合が増加しているから。
ウ　製糸業が発展し，原料である綿花の割合が減少しているから。
エ　紡績業が発展し，製品である綿糸の割合が増加しているから。

記号［　　　］　理由［　　　］

2 近世社会の発展

栄光の視点

この単元を最速で伸ばすオキテ

- 歴史の分野では，登場人物も多く出題されやすい。政治面で活躍した人物とその業績をまとめておこう。政策の違いを比較しながら理解することも大切。ここから時代の流れを読み取ると真の実力につながる。
- 文化面で登場する人物も多く，いつ活躍したのか，どの作品をつくったのかなどは反復演習し，知識を固めたい。
- 各時代の政治の仕組み，貿易，農村社会のようすなどはよく取り上げられるテーマである。また，近世社会と古代・中世社会との違いも教科書などで確認しておこう。

● 問われやすいテーマ

幕藩体制	幕府の成立, 鎖国への流れ
経済の発達	農業の発展, 五街道と航路の整備, 三都の発達
江戸時代の文化	元禄文化, 化政文化
体制のゆらぎ	幕府の政治改革, 欧米諸国の接近

覚えておくべきポイント

戦乱が終わり，安定した社会へ

関ヶ原の戦いで戦乱が終わり，江戸幕府による政治が260年間続いた。安定した政治にするための，幕府が藩を支配する仕組みや，敷かれていた身分制度をおさえておこう。

身分別人口の割合

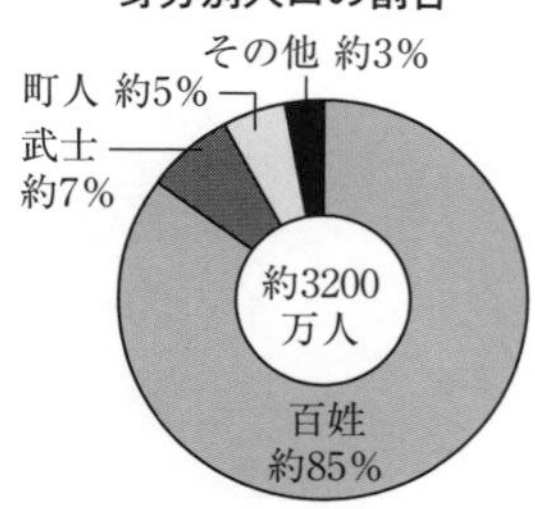

（『近世日本の人口構造』より作成）

鎖国で貿易を統制し，キリスト教を禁止した

島原・天草一揆を含めた，鎖国までの流れは江戸時代の初期でよく問われるところ。また，オランダと中国との貿易だけでなく，朝鮮とは対馬藩が，琉球とは薩摩藩が，アイヌとは松前藩が貿易などを行ったことも忘れずに。

農業の発達で，農作物の貨幣による取り引きが増えた

農業が発達し，商品作物の貨幣による取り引きが活発になり，年貢（米）に収入を頼る幕府の収入は不安定になった。幕府政治の立て直しを行った人物と政策のつながりは頻出なので，何も見なくても表に書けるくらいになっておこう。

要点

☑ 江戸幕府の成立

大名の配置

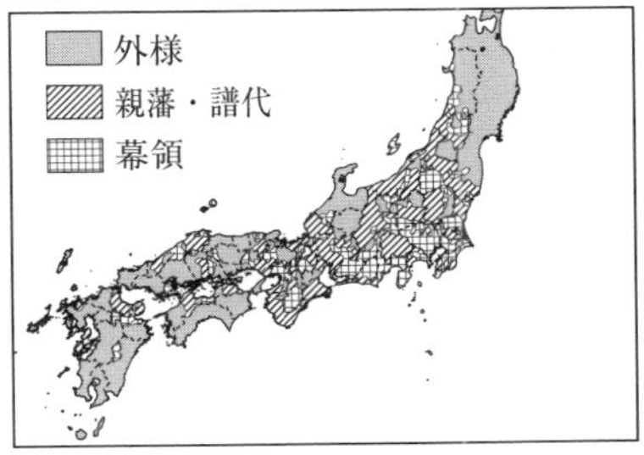

(1) 幕藩体制…幕府と藩が土地と人民を統治する支配体制をいう。外様大名は江戸から遠いところに配置。大名は武家諸法度で統制された。農民は五人組で年貢の納入などで連帯責任を負った。

(2) 鎖国…島原・天草一揆のあとポルトガル船の来航を禁止し，オランダ商館を長崎の出島に移した。

☑ 幕府の改革

徳川綱吉	朱子学をもとに政治を行う文治政治。貨幣改鋳
徳川吉宗(享保の改革)	新田開発。公事方御定書で裁判の基準を定め，目安箱を設置。上げ米の制を実施
田沼意次	株仲間に税を納めさせた→天明のききんで百姓一揆や打ちこわし
松平定信(寛政の改革)	米を備蓄。旗本・御家人の借金を帳消し。朱子学以外の学問を禁止
水野忠邦(天保の改革)	株仲間を解散→江戸・大阪周辺を幕府領にしようとして改革は失敗

☑ 交通・産業の発達

五街道と主な航路

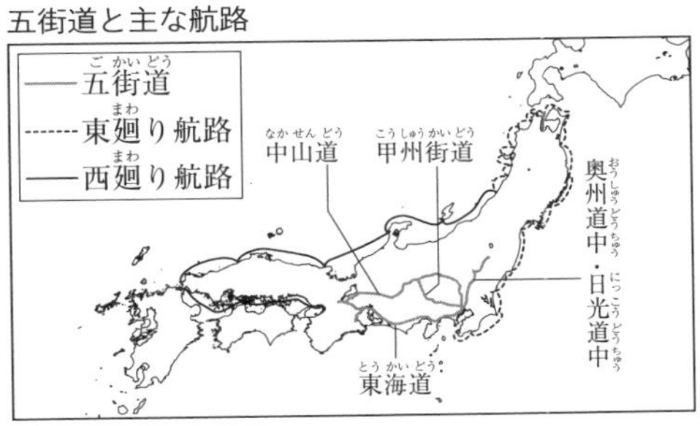

(1) 交通…五街道での往来がさかんに。海上では西廻り航路・東廻り航路で大阪に各藩の蔵屋敷が置かれ，年貢や特産品が集められた。大阪から全国へ送られたことから商業の中心地として，天下の台所と呼ばれた。

(2) 農業…新田開発や新しい農具の発明（千歯こき・備中ぐわ・唐箕）で 農業生産力が高まった。また，商品作物の生産が発達。

(3) 工業…18 世紀には地主や商人が，原料・器具を貸し，生産物を買いとる問屋制家内工業，19 世紀には労働者を一か所に集め，分業で生産する工場制手工業（マニュファクチュア）が開始。

☑ 文化・学問

	元禄文化	化政文化
時代	17世紀末から18世紀初め	19世紀初め
中心	上方(京都や大阪)の町人	江戸の町人
代表作	俳諧(『奥の細道』松尾芭蕉)，人形浄瑠璃の脚本(近松門左衛門)，浮世絵(「見返り美人図」菱川師宣)	俳諧(与謝蕪村，小林一茶)，錦絵(「富嶽三十六景」葛飾北斎，「東海道五十三次」歌川(安藤)広重)

(1) 学問…国学は本居宣長『古事記伝』。蘭学は杉田玄白『解体新書』など。伊能忠敬は正確な日本地図を作成。

(2) 学校…町人や農民は寺子屋で実用的な読み・書き・そろばんを，武士は藩校で儒学を学んだ。

問題演習

1

江戸時代初期に関する，次の問いに答えなさい。

(1) 徳川家康が外交政策としておこなったことについて，最も適切なものはどれか，次のア～エから1つ選びなさい。〈滋賀県〉

ア　対馬藩のなかだちで朝鮮との国交を回復し，朝鮮からの使者と会見した。

イ　大名や商人に勘合符を発行することにより，貿易を統制下においた。

ウ　キリシタン大名とともにローマ教皇のもとへ4人の少年を派遣した。

エ　ポルトガル人，イギリス人の後から来たスペイン人にも貿易の許可を与えた。

〔　　　〕

(2) 江戸時代の都市を結ぶ交通について述べた次の文XとYについて，その正誤の組み合わせとして適切なものを，あとのア～エから1つ選びなさい。〈兵庫県〉

X　手紙などを運ぶ飛脚が，街道を盛んに行き来した。

Y　木綿や酒などが，菱垣廻船や樽廻船で江戸から大阪へ大量に送られた。

ア　X：正　Y：正　　イ　X：正　Y：誤

ウ　X：誤　Y：正　　エ　X：誤　Y：誤

〔　　　〕

(3) 鎖国により，日本人の海外渡航は禁止されていたが，国内には4つの窓口が開かれ，他の国や地域との交易や交流を行っていた。右の資料は，その4つの窓口と，それぞれの窓口を通して交易や交流を行っていた国名や地域名を示したものである。これについて，次の問いに答えなさい。〈奈良県〉

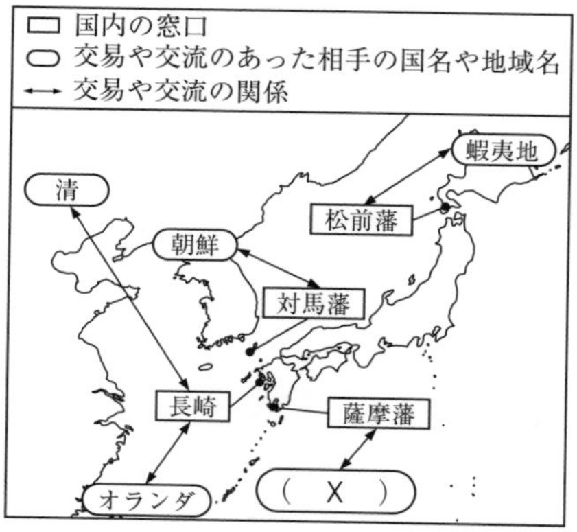

必ず得点　① 資料中のXは，薩摩藩に武力で征服されたが独立国としての体制は残され，薩摩藩の管理の下で，将軍や国王の代がわりごとに江戸へ使節を送った。Xに当てはまる国名を書きなさい。

〔　　　　　〕

よくでる　② 松前藩は，蝦夷地で独自の文化を築いていた人々と交易を行っていた。この人々を何というか。その名称を書きなさい。

〔　　　　　〕

③ オランダとの交易は，長崎の出島に限定して行われており，オランダ船が来航した時に，幕府は風説書を提出させていた。これを提出させた幕府の目的を簡潔に書きなさい。

[ ]

2 差がつく

右の年表中のW～Zにあてはまるできごとを，次のア～エから１つ選びなさい。〈埼玉県〉

1543	・ポルトガル人が鉄砲を伝える
1573	・室町幕府がほろびる
1582	・ W
1603	・江戸に幕府が開かれる
1612	・ X
1635	・日本人の海外渡航・帰国を禁止する
1637	・ Y
1639	・ Z
1641	・オランダ商館を長崎の出島に移す

ア　キリシタン大名の大友宗麟などが，四人の少年使節をローマ教皇のもとに派遣する
イ　神の使いとされた天草四郎という少年を大将にした島原・天草一揆が起こる
ウ　ポルトガル船の来航を禁止する
エ　幕府が，幕領にキリスト教禁止令を出す

W[ ]　X[ ]　Y[ ]　Z[ ]

3

江戸時代の産業について，次の問いに答えなさい。

(1) 江戸時代に五街道に沿って「将軍のおひざもと」とよばれた都市から甲州街道を使い信濃国（しなののくに）（長野県）を通って「天下の台所」とよばれた都市に向けて旅をするときに，甲州街道の次に通る街道を，次のア～エから一つ選び，記号で書きなさい。〈山梨県〉

ア　東海道　　イ　中山道（なかせんどう）
ウ　奥州（おうしゅう）街道（奥州道中）　　エ　日光街道（日光道中）　[ ]

よくでる (2) 江戸時代に見られた農業の様子について，適切な文を次のア～エから２つ選びなさい。〈石川県〉

ア　同じ田畑で米と麦を交互に栽培する二毛作が始まった。
イ　牛馬や鉄製の農具を使った農業が始まった。
ウ　千歯こきが発明され，効率よく脱穀ができるようになった。
エ　干したいわしを，肥料用に購入するようになった。

[ ][ ]

(3) 江戸時代に広まった，問屋制家内工業について説明しなさい。〈オリジナル〉

[ ]

4　次の問題に答えなさい。

(1)　次の資料は，江戸時代の第３代将軍のときに出されたある法令の一部をわかりやすくなおしたものである。第３代将軍のときに制度として定められた資料中の下線部の内容を書きなさい。また，第３代将軍の名前を書きなさい。
〈埼玉県〉

資料

> 一　大小の大名は，参勤交代するよう定めるものである。…
> 一　500 石積み以上の船をつくってはならない。

（『御触書寛保集成（おふれがきかんぽうしゅうせい）』より一部要約）

内容〔　　　　　　　　　　　　　　　　　　　　〕

名前〔　　　　　　〕

思考力

(2)　次の資料に関して述べた文として最も適当なものを，あとのア～エから１つ選びなさい。
〈島根県〉

資料　島原・天草一揆の5年後に，萩藩主が島原藩主に送った手紙

> 幕府の老中様より，萩藩（現在の山口県）を治める私へのお手紙にて，島原・天草の土地が荒れているので，私の領地からも両方の土地へ百姓を送るよう，仰せ付けられました。
> 萩藩は，数年前から牛が次々に死んでしまい，百姓らは疲れ果て，近年は収穫が良くありません。しかし，百姓 30 人ほど島原・天草に送ることにしました。

（『天草島原の乱とその前後』より引用。読みやすく改めてある）

ア　一揆が起きた島原・天草地方は，現在の大分県にある。
イ　一揆後，萩藩と島原藩は激しく対立していた。
ウ　萩藩は，幕府の命令にそむいて，百姓を島原・天草地方に移住させた。
エ　一揆後，島原・天草地方は百姓が不足し，土地が荒廃していた。

〔　　　〕

(3)　右の文章は，江戸時代に行われた政治改革の１つを説明したものである。この改革を行った人物として，最も適当なものを，次のア～エから１つ選びなさい。

> 財政難克服のために，武士の倹約を命じるとともに，新田開発を進めた。また，公事方御定書（くじかたおさだめがき）という裁判の基準となる法令集を定めた。

〈京都府・改〉

ア　徳川綱吉（とくがわつなよし）　イ　徳川吉宗（とくがわよしむね）　ウ　松平定信（まつだいらさだのぶ）　エ　水野忠邦（みずのただくに）

〔　　　〕

5 思考力

次の図1は，江戸時代の大阪の町と物流のようすを示したものである。また，図2は，江戸時代の大阪に設けられた諸藩の蔵屋敷のようすを示したものである。大阪が「天下の台所」と呼ばれる都市に発展したのはなぜか。その理由を，図1，図2から読み取れることにふれ，蔵屋敷がどのような施設であったかを明らかにして，簡単に書きなさい。 〈岩手県〉

図1

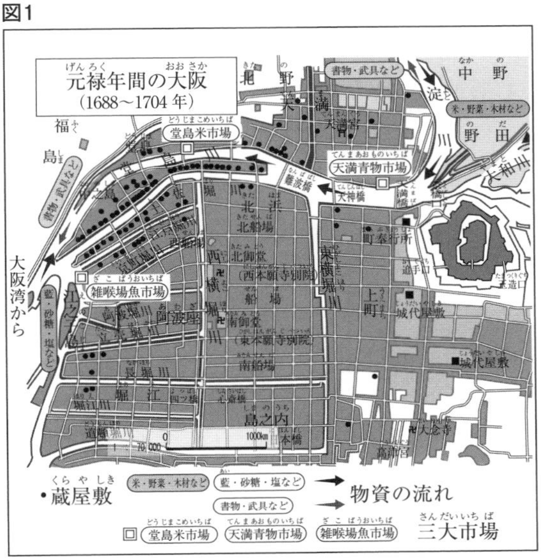

図2

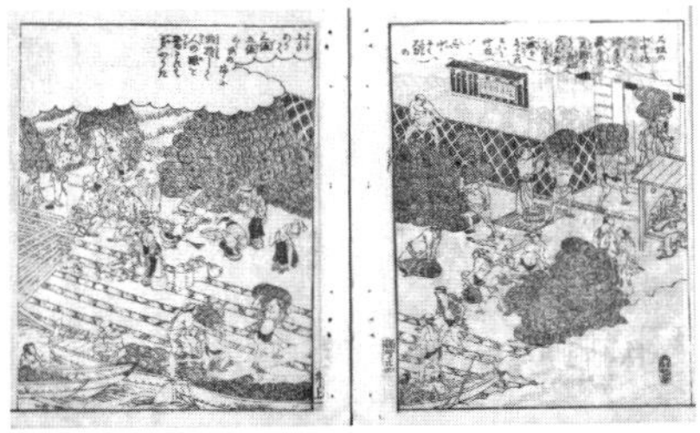

[ ]

6 思考力

図は，幕府が1600年以来発行してきた小判と，1695年から新しく造りかえた小判の，1両の重量と金含有量を，それぞれ示したグラフである。また，**資料**は，6代将軍と7代将軍に仕えた儒学者の新井白石によって書かれたものの一部である。小判を造りかえることで幕府の収入が増えた理由を，図と資料を関連づけて説明しなさい。 〈熊本県〉

図

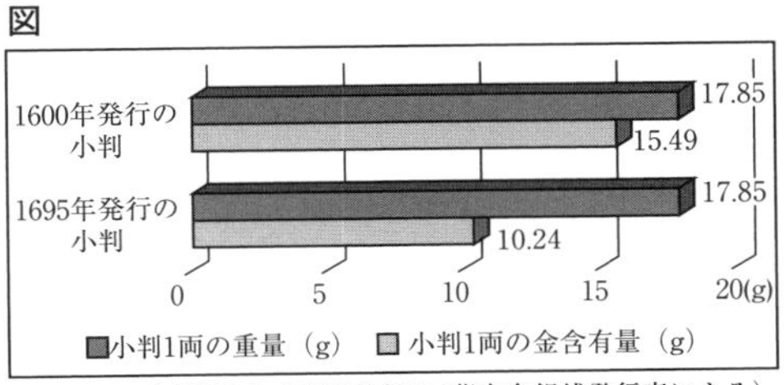

（『岩波日本史辞典』江戸幕府金銀銭発行表による）

資料

先代の将軍様の時代，…（中略）…元禄8（1695）年の9月から金貨や銀貨が新たに造りかえられた。それ以来，毎年幕府が得た差額の利益は，総計で約500万両となり，…（中略）…。

（『折りたく柴の記』現代語訳による）

[ ]

7 思考力

江戸幕府は，おもに百姓からの年貢(ねんぐ)によって財政をまかなっていた。次の資料は，江戸幕府の8代から12代までのそれぞれの将軍の在職期間と将軍の就任年における幕領（幕府が直接支配する地域）の石高と幕領の年貢高をそれぞれ示したものである。あとの文は，この資料からわかることを述べようとしたものである。文中の二つの〔　　〕内にあてはまる言葉を，ア～ウから1つ，エ，オから1つ，それぞれ1つ選びなさい。〈香川県〉

将軍	在職期間（年）	就任年における幕領の石高（万石）	就任年における幕領の年貢高（万石）
8代　徳川吉宗(よしむね)	1716 ～ 1745	409	139
9代　徳川家重(いえしげ)	1745 ～ 1760	463	177
10代　徳川家治(いえはる)	1760 ～ 1786	446	169
11代　徳川家斉(いえなり)	1787 ～ 1837	436	144
12代　徳川家慶(いえよし)	1837 ～ 1853	423	139

10代将軍徳川家治から12代将軍徳川家慶において，将軍の在職期間が最も長いのは〔 ア　徳川家治　　イ　徳川家斉　　ウ　徳川家慶 〕である。また，8代将軍徳川吉宗と9代将軍徳川家重のそれぞれの就任年における幕領の石高に占める年貢高の割合を比べると，就任年における幕領の石高に占める年貢高の割合が高いのは，〔エ　徳川吉宗　　オ　徳川家重 〕の就任年である。

〔　　　〕と〔　　　〕

8

田沼意次は，商工業者の力を利用した政策を推進した。この政策について述べた次の文のAにあてはまる語と，Bにあてはまる内容をそれぞれ書きなさい。〈長崎県〉

> 田沼意次は，商人や職人（手工業者）の同業者組合である［A］の結成を奨励(しょうれい)し，特権を与えるかわりに，［B］。

A〔　　　　　　〕

B〔　　　　　　　　　　　　　　〕

9 江戸時代の文化に関する，次の問いに答えなさい。

(1) 元禄文化について，次の問に答えなさい。 〈オリジナル〉

① 「好色一代男」などが代表作で，浮世草子に町人の生活をえがいた人物を書きなさい。 〔　　　　〕

② 「国姓爺合戦」などが代表作で，人間性を重視した人形浄瑠璃の脚本を手がけた人物を書きなさい。 〔　　　　〕

(2) 化政文化が栄えた頃の様子について述べた文として適切なものを，次のア～エから１つ選びなさい。 〈兵庫県・改〉

ア　スペインやポルトガルとの南蛮貿易で，ガラス製品が日本にもたらされた。

イ　李参平をはじめとする朝鮮人陶工により，有田焼がつくられるようになった。

ウ　朱印船貿易により，多くの日本人が，東南アジア各地に渡った。

エ　長崎に来たシーボルトが，多くの医学者を育てた。 〔　　〕

よくでる (3) 「解体新書」が出版されたのと同じごろ，日本古来の伝統を評価する「古事記伝」を書き，国学を大成した人物を書きなさい。 〈宮崎県・改〉

〔　　　　〕

10 あさぎさんと友人のけんたくんは，江戸時代の享保（きょうほう）の改革と天保（てんぽう）の改革の時期に行われた政策の【内容】の一つを取り上げ，その目的について，次の〔条件〕に従ってそれぞれレポートを作成した。あさぎさんのレポートの【内容】にあてはまる文を，けんたくんのレポートにならって書きなさい。 〈佐賀県〉

〔条件〕
・【内容】は具体的に一つだけ取り上げること。
・【内容】の中に政策を行った人物名を書くこと。

あさぎさんのレポート

享保の改革の時期に行われた政策
【内容】
（空欄）
目的
庶民の投書を受け付け，政治の参考にしようとした。

けんたくんのレポート

天保の改革の時期に行われた政策
【内容】
水野忠邦（ただくに）は，株仲間を解散させた。
目的
物価の上昇を抑（おさ）えようとした。

〔　　　　　　　　　　　　　　　　〕

3 武家政治の展開

栄光の視点

この単元を最速で伸ばすオキテ

- 幕府の組織について，鎌倉幕府と室町幕府のちがうところを教科書の図で確認しておこう。
- 商工業者の活動や農民の生活は各時代にまたがるテーマとしてよく出題される。町衆，農村の自治組織の惣は頻出。

● 問われやすいテーマ

鎌倉時代まで	平清盛，源平の争い，奥州藤原氏，守護・地頭，承久の乱，御成敗式目(貞永式目)，元寇，徳政令，鎌倉仏教，定期市
南北朝時代	建武の新政
室町時代	日明貿易，応仁の乱，土一揆，惣，戦国大名

覚えておくべきポイント

鎌倉時代の承久の乱が武士の政治が広まる転換点

源頼朝から3代続いた将軍家が絶え，これをチャンスと考えた後鳥羽上皇が承久の乱を起こしたが敗北。承久の乱後，鎌倉幕府は京都に六波羅探題，**西日本に幕府の配下である御家人を地頭として配置**したことで，幕府勢力が拡大した。

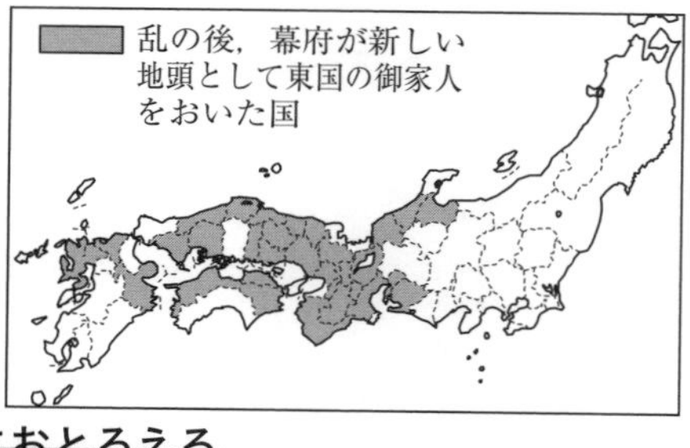

鎌倉幕府は元寇後，室町幕府は応仁の乱後におとろえる

鎌倉時代は，分割相続で領地が小さくなった御家人を救済するために，元寇後に幕府が出した徳政令で，かえって社会が混乱。室町時代は，将軍のあとつぎ問題から起こった応仁の乱以降，下剋上の風潮が広まる。1つの時代であってもそれぞれターニングポイントをおさえておこう。

先輩たちのドボン

資料が文字ばかりで，見たことがないので読まない

近年,「読んで考えさせる問題」が増える傾向にある。中でも，習ったことがなかったり，見たことがなかったりする文章を読ませる問題が多くなっている。しかし，歴史で問われることは変わらないので，落ち着いて読めば，解けるようになる。

要点

鎌倉時代まで

(1) 平清盛…武士で初めての太政大臣。日宋貿易を行い，神戸の大輪田泊を改築。
(2) 平氏の滅亡…平氏は壇ノ浦の戦い（山口県）で滅ぶ。
(3) 源頼朝…各地に守護と地頭を置く。1192年征夷大将軍に任命される。将軍と御家人は御恩と奉公の関係で結ばれた。
(4) 承久の乱…後鳥羽上皇が挙兵。上皇側が敗北。幕府は六波羅探題を京都に設置し，西国に勢力を拡大。
(5) 御成敗式目（貞永式目）…北条泰時が定めた。
(6) 元寇（文永・弘安の役）…元のフビライ・ハンが服属を求め，北条時宗が拒否。元・高麗連合軍が2度襲来。
(7) 永仁の徳政令…御家人の生活苦を救うため，借金を帳消しにする。→かえって経済が混乱。
(8) 鎌倉文化…兼好法師『徒然草』，東大寺南大門金剛力士像。

鎌倉幕府のしくみ

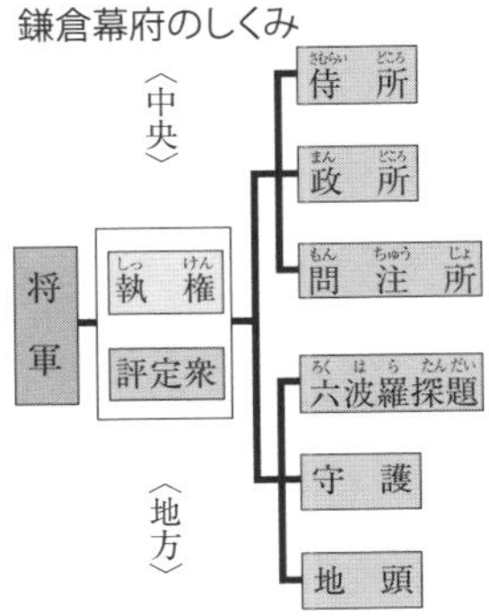

南北朝時代

(1) 建武の新政…鎌倉幕府を倒し，後醍醐天皇の貴族中心の政治に武士が不満。
(2) 南北朝…後醍醐天皇は吉野に逃れ（南朝），足利尊氏は京都に天皇を立て（北朝），将軍になる。

室町時代

(1) 政治組織…守護が守護大名に成長，将軍を補佐する管領には有力守護大名が任命。
(2) 足利義満…京都室町の花の御所で政治を行う。南北朝を合一。明と日明貿易を行う。
(3) 足利義政…義政のあとつぎ問題などから応仁の乱が起こる。
(4) 戦国大名…下剋上の風潮が広まり，実力者が領国を支配した。分国法を制定。
(5) 室町文化…北山文化－足利義満が金閣を建てる。観阿弥・世阿弥親子が能を大成。東山文化－足利義政が銀閣を建てる。銀閣の敷地にある東求堂は書院造。雪舟が水墨画を大成。

室町幕府のしくみ

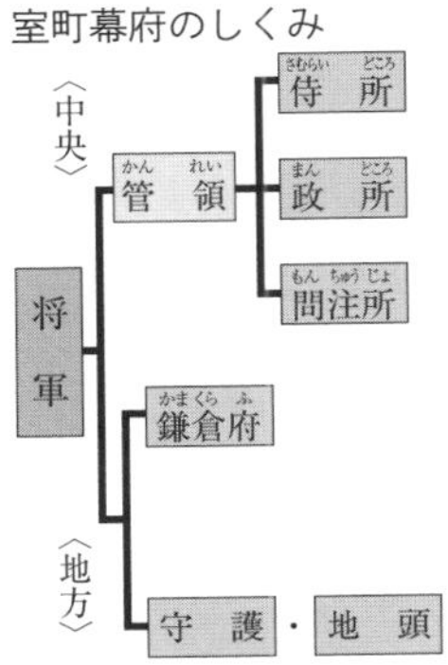

鎌倉・室町時代の社会・産業

(1) 経済…輸入された宋銭・明銭が定期市で流通。問（問丸），馬借・車借が運搬で活躍，京都や奈良では土倉・酒屋が金融業を営む。商工業者は同業者ごとに座をつくり営業を独占。
(2) 農村…二毛作が広まる。農村では自治組織の惣が発達し，寄合できまりをつくった。

問題演習

1 平安時代末期から戦国時代までを中世という。中世に関する次の問いに答えなさい。

(1) 中世の様子について述べたものとして**適当でないもの**を，次のア～エから１つ選びなさい。 〈沖縄県〉

ア　農業では二毛作が広まり，年貢などの物資を運ぶ馬借や問（問丸）といった運送業者が活躍し，商品を交換する市が定期的に開かれた。

イ　土倉や酒屋と呼ばれる高利貸しが富を蓄え，幕府は彼らに税を課すことで重要な財源とした。

ウ　倭寇が松浦や対馬などを根拠地として活発に活動し，朝鮮半島や中国の沿岸を襲った。

エ　大阪は商業の中心として「天下の台所」とよばれ，蔵屋敷での年貢米や特産物の取引で発展した。

〔　　　〕

(2) 中世の人々の生活についての**図**，**資料**，**地図**を見て，あとの問いに答えなさい。 〈長野県〉

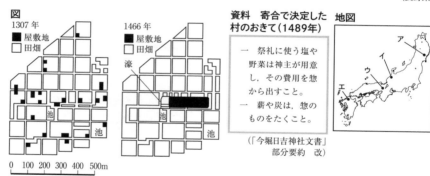

図

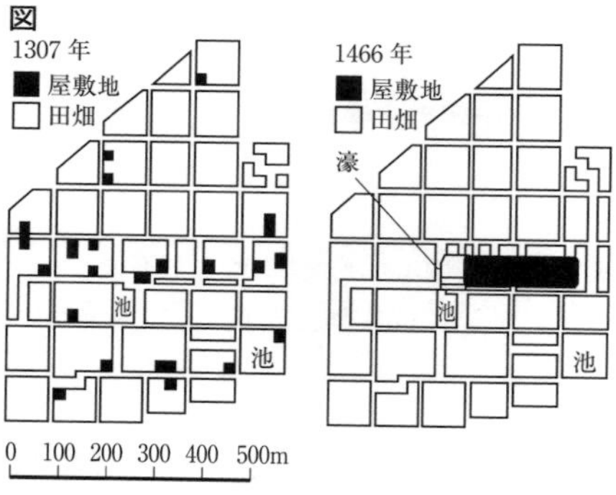

（「若槻荘の歴史」等より作成）

資料　寄合で決定した村のおきて（1489年）

一　祭礼に使う塩や野菜は神主が用意し，その費用を惣から出すこと。

一　薪や炭は，惣のものをたくこと。

（「今堀日吉神社文書」部分要約　改）

地図

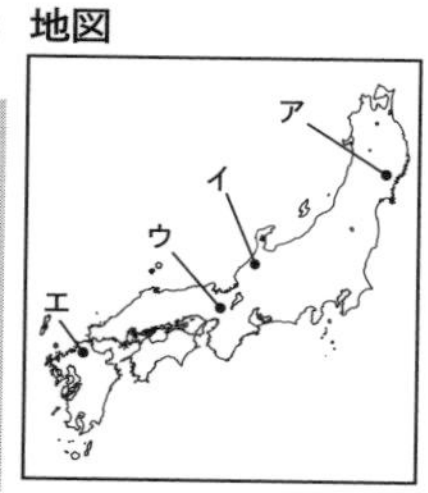

思考力

① **図**，**資料**をもとに，中世の村について述べた文として適切なものを，次のア～エからすべて選びなさい。

ア　図では，１か所にあった屋敷地は，しだいに点在する集落になった。

イ　図では，点在した屋敷地がまとまり，濠（ほり）がめぐらされるようになった。

ウ　村のおきては，荘園領主がすべて定めたものであった。

エ　農民の生活や神社の運営について規定した村のおきてがあった。

〔　　　　　〕

よくでる

② 信仰で結び付いた農民や武士たちが一揆を起こし，守護をたおして約100年間にわたって自治が行われた場所を，**地図**のア～エから１つ選びなさい。

〔　　　〕

＋差がつく (3) **資料**は，中世の団結した農民たちの行動の様子が書かれたものである。農民たちがこのような行動をとった目的は何か，**資料**にある酒屋と土倉が共通して営んでいた仕事の内容にふれて書きなさい。〈石川県〉

資料

農民たちが一斉に暴動を起こした。徳政と言いたて，酒屋・土倉などを襲い，さまざまなものを勝手に奪いとった。

（「大乗院日記目録」より。表現はわかりやすく改めた）

[　　　　　　　　　　　　]

2 鎌倉時代に関連する，次の問題に答えなさい。

(1) 鎌倉幕府において，将軍と御家人は，御恩と奉公による主人と家来の主従関係によって結ばれていた。御家人は奉公としてどのようなことを行ったか，具体的に１つ書きなさい。〈山形県〉

[　　　　　　　　　　　　]

(2) 鎌倉幕府をたおすため兵をあげた人物とそのできごとの組み合わせとして，正しいものを，次のア～エから１つ選びなさい。〈宮城県〉

ア　天武天皇－壬申の乱　　イ　後鳥羽上皇－壬申の乱

ウ　天武天皇－承久の乱　　エ　後鳥羽上皇－承久の乱　[　　]

よくでる (3) 次の文の空欄に当てはまる機関の名を書きなさい。〈岐阜県〉

武士の政権である鎌倉幕府は，承久の乱の後，京都に［　　］を置いて朝廷を監視した。

[　　　　]

✔必ず得点 (4) 元について，次の問いに答えなさい。

① 元を訪れ，『東方見聞録（とうほうけんぶんろく）』の中で日本を「黄金の国ジパング」と紹介したイタリア人はだれか，書きなさい。〈和歌山県〉

[　　　　]

② 元に関する次の［　　］の文中のa・bに当てはまる語をそれぞれ書きなさい。〈茨城県〉

皇帝となった［ a ］は都を大都（だいと）（現在の北京（ペキン））に移し，国号を元（げん）と定めた。［ a ］は，日本を従えようと使者を送ったが，鎌倉幕府（かまくらばくふ）の執権（しっけん）の［ b ］が要求を拒否したため，1274（文永11）年に文永（ぶんえい）の役（えき）がおこった。

a [　　　　]　b [　　　　]

3

クラスの歴史的分野の学習で，鎌倉時代についてテーマを決めて調べることとなった。次の問いに答えなさい。

思考力 (1) 裕太さんは，武士の政権である鎌倉幕府について調べていく中で，北条泰時が御成敗式目を定めたことに興味をもち，次のように発表原稿をまとめた。**資料1，2**をもとに，**ア**・**イ**に入る適切な内容を書きなさい。

〈宮崎県〉

資料1　承久の乱に関する資料

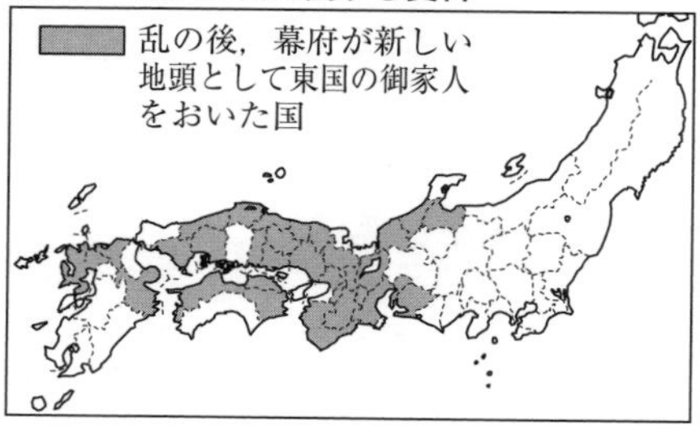
乱の後，幕府が新しい地頭として東国の御家人をおいた国

資料2　荘園領主と地頭に関する資料

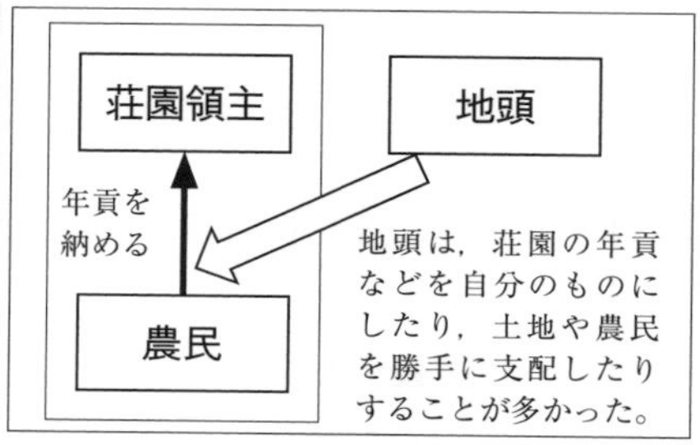
荘園領主
地頭
年貢を納める
農民
地頭は，荘園の年貢などを自分のものにしたり，土地や農民を勝手に支配したりすることが多かった。

裕太さんの発表原稿（一部）

北条泰時が御成敗式目を定めたのは，資料1から，承久の乱の後に，新しい地頭がおかれ，鎌倉幕府の支配が［ ア ］ことによって，資料2から，領地の支配権をめぐり，［ イ ］ため，裁判を公平に行うための基準が必要になったからだと思います。

ア［　　　　　　　　　　　　　　　　］

イ［　　　　　　　　　　　　　　　　］

思考力 (2) 鎌倉幕府について調べた花子さんは，この時代の御家人の生活について調べたところ，先生が**資料3，4**を示してくれた。13世紀は**資料3**のような領地の相続の方法が一般的であったが，14世紀前半には**資料4**のような相続の方法が見られるようになった。なぜ，このような変化が起きたのか，変化の内容とその理由を書きなさい。

〈福井県〉

資料3

亡くなった夫から相続した土地を次のように相続させる。
…豊後(ぶんご)国（大分県）大野郡の荘園の志賀村の半分は，子どもAが相続し，残りの半分は，子どもBが相続する。豊後国大野郡の荘園の上村の半分は，子どもCが相続し，残りの半分は，子どもDが相続する。…　(1240年)

（志賀文書より作成）

変化の内容

[　　　　　　　　　　]

理由

[　　　　　　　　　　]

資料4

…領地は，すべて跡取りの子に譲ることとする。…今後は，子孫の一人に相続させること。…（1330年）

（山内首藤(すどう)家文書より作成）

4 次の問いに答えなさい。

よくでる (1) 栄西や道元が宋から伝えた仏教は武士に受け入れられ，幕府によって保護された。この仏教の特色を述べたものとして最も適切なものを，次のア～エから１つ選びなさい。〈奈良県〉

ア　南無阿弥陀仏と一心に念仏を唱える。
イ　念仏の札の配布や踊念仏によって布教する。
ウ　座禅によって自分でさとりを開く。
エ　南無妙法蓮華経と題目を唱える。

[　　]

(2) 右の資料は，日明貿易で使用された勘合を模式的に示したものである。勘合が使用された目的を簡潔に書きなさい。〈奈良県〉

[　　　　　　　　　　]

必ず得点 (3) 室町幕府において，将軍を補佐する役職を何というか，次のア～エから１つ選びなさい。〈山口県〉

ア　摂政　　イ　執権
ウ　管領　　エ　老中

[　　]

思考力 (4) 右の資料は，琉球王国の都である首里の位置と，琉球王国の交易路を示したものである，琉球王国がさかえた理由を，この王国の位置に着目して説明しなさい。〈山口県〉

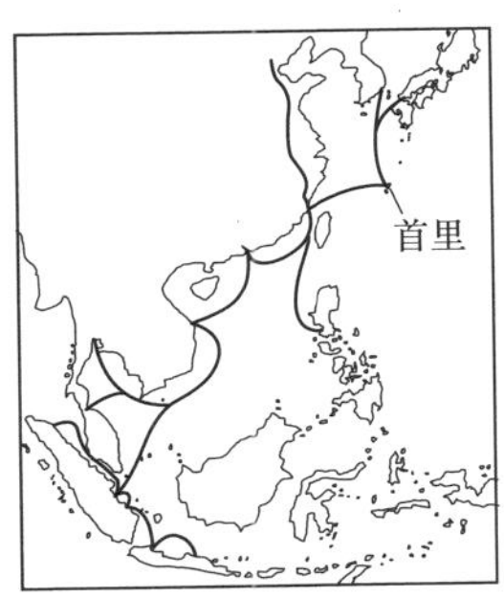

[　　　　　　　　　　]

5 日明貿易について，右の資料を見て，次の問いに答えなさい。

(1) 資料は，日明貿易の開始前に，明の皇帝が，日本に送った文書の一部を要約したものである。資料の下線部に当たる人物を，次のア～エから1つ選びなさい。〈静岡県〉

> 私が即位してから，多くの周辺諸国の王があいさつにきた。大義に背くものでなければ，礼をもって対応しようと思う。今ここに日本国王の<u>源道義</u>（げんどうぎ）が，貢（みつ）ぎ物をおくってきた。たいへんうれしく思う。
>
> （『善隣国宝記』より，一部を要約）

ア 平清盛（たいらのきよもり）　イ 北条時宗（ほうじょうときむね）
ウ 後醍醐（ごだいご）天皇　エ 足利義満（あしかがよしみつ）

〔　　　〕

＋差がつく (2) 日明貿易は，日本と明の外交関係が変化したことによって始まった。日本と明の外交関係はどのように変化したか。資料から読み取れる，外交関係が変化するきっかけとなった日本の行動が分かるように，簡単に書きなさい。〈静岡県〉

〔　　　　　　　　　　　　〕

(3) 日明貿易に関して，日本からの輸出品と日本への輸入品の組み合わせとして最も適するものを，次のア～エから1つ選びなさい。〈神奈川県〉

ア 輸出品：生糸　輸入品：銅銭
イ 輸出品：生糸　輸入品：硫黄や刀剣
ウ 輸出品：銅　輸入品：銅銭
エ 輸出品：銅　輸入品：硫黄や刀剣

〔　　　〕

6 次の問いに答えなさい。

(1) 939年から瀬戸内地方を中心に朝廷の政治に不満をもち，反乱をおこした人物を書きなさい。〈オリジナル〉〔　　　　　〕

(2) 平氏が滅んだ戦いの名前を書きなさい。〈オリジナル〉〔　　　　　〕

(3) 右の図は，鎌倉時代・室町時代・江戸時代いずれかの幕府のしくみの一部をあらわした略図である。Ⅰ・Ⅱ・Ⅲにあてはまる語句の組み合わせとして正しいものを，次のア～エから1つ選びなさい。〈沖縄県〉

図

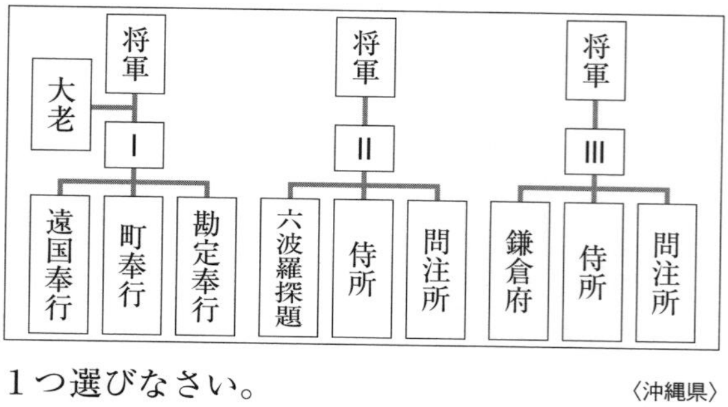

ア Ⅰ：老中 Ⅱ：執権 Ⅲ：管領
イ Ⅰ：老中 Ⅱ：老中 Ⅲ：執権
ウ Ⅰ：執権 Ⅱ：老中 Ⅲ：管領
エ Ⅰ：管領 Ⅱ：執権 Ⅲ：老中

〔　　〕

(4) 室町時代，農村では農民たちが自治的な組織をつくり，寄合(よりあい)をひらいて村のきまりを定めたり，年貢(ねんぐ)をまとめて領主に納めたりした。農民たちがつくったこの自治的な組織は何と呼ばれているか。漢字１字で書きなさい。〈大阪府〉

〔　　〕

(5) 室町時代，多くの貴族や僧が地方に移り住んだ。次の文章は，当時の都の様子が書かれた文章の一部を分かりやすく書き直したものである。貴族や僧が地方に移り住んだ理由と，彼らが地方に与えた文化的な影響について，**資料**中にある「この乱」の名前と，当時の都の状況を明らかにしながら，それぞれ簡潔に書きなさい。〈栃木県〉

資料

予想さえしなかった。永遠に栄えると思われた花の都が，今やきつねやおおかみのすみかとなってしまって，偶然残った東寺や北野神社さえも灰や土になろうとは。昔にも世が乱れる例はあったが，この乱では仏法も破壊し，諸宗も皆絶えてしまった。

移り住んだ理由〔　　〕

文化的な影響〔　　〕

(6) 武士によって右の資料が定められた目的を，当時広がっていた**風潮を表す語**を用いて書きなさい。〈秋田県〉

一　けんかをした者は，たとえどのような理由であっても処罰する。
一　許可なく他国へ贈り物や手紙を送ることは，一切禁止する。（部分要約）

〔　　〕

(7) 日本で戦国大名が活躍したころ，ドイツでは宗教改革が始まった。これを始めた人物を書きなさい。〈オリジナル〉

〔　　〕

4 古代国家のあゆみと東アジア

栄光の視点

この単元を最速で伸ばすオキテ

- 天皇を頂点とする国家がつくられ，農民には重い負担が課せられるようになった。この2つの視点から何がおこったかを整理しておこう。
- 聖徳太子，中大兄皇子（天智天皇），聖武天皇といった，政治の中心人物については，できごとと関連付けて流れを理解しよう。

● **問われやすいテーマ**

飛鳥時代	冠位十二階の制度，十七条の憲法，大化の改新，白村江の戦い
奈良時代	農民の負担，天平文化，正倉院，墾田永年私財法
平安時代	最澄と空海，遣唐使の停止，摂関政治，院政，国風文化

覚えておくべきポイント

- **聖徳太子の政治のあとで大化の改新**

蘇我氏は**聖徳太子**の政治の時は協力していたが，その後，力をもちすぎて，中大兄皇子らに**大化の改新**で倒された。

- **人々は，口分田がもらえたけれども税なども重い**

戸籍に基づいて6歳以上の男女に**口分田**があたえられた一方で，租・調・庸や防人といった負担が重く，逃亡する者も現れた。残った田が荒れて収穫が下がったことなどから，**墾田永年私財法**の制定，荘園の増加へとつながる。

先輩たちのドボン

- 中国と朝鮮半島がよくわからない。

日本と地図をセットにしておさえると見分けがつく。

大和政権-広開土王碑　　中大兄皇子-白村江の戦い　　聖武天皇-遣唐使

要点

飛鳥時代

(1) 聖徳太子…推古天皇の摂政。冠位十二階の制度で家柄によらず能力・功績で人材を採用し，十七条の憲法で役人の心構えを示した。小野妹子を遣隋使として派遣。
(2) 大化の改新…中大兄皇子と中臣鎌足が蘇我氏を倒し，公地公民を行う。
(3) 大宝律令…律令による政治が行われる。
(4) 飛鳥文化…仏教の影響を受けた最初の文化。法隆寺は現存する世界最古の木造建築物。

律令体制

(1) 政治体制…人々には班田収授法によって6歳以上の男女に口分田が与えられる。一方で重い負担に苦しむ。
(2) 墾田永年私財法…新たに開墾した土地の所有を認める。有力な貴族や寺社が，のちに荘園と呼ばれる私有地を拡大→公地・公民の原則がくずれる。

人々の負担

租…稲，収穫の約3%
調…地方の特産物，絹，綿
庸…布（労役の代わり）
　→庸と調は都まで運ぶ
雑徭…地方で労役60日以内
兵役…衛士（都の警備）
　　防人（北九州の防衛）

奈良時代

(1) 平城京…唐の都の長安をモデルに，ごばんの目状。
(2) 聖武天皇…仏教の力で国を守ろうと考え，国ごとに国分寺・国分尼寺，都に東大寺を置き，大仏の建造を命じる。
(3) 天平文化…唐の影響を受けた仏教文化。正倉院には聖武天皇の宝物など。
(4) 仏教や書物…鑑真が来日して唐招提寺を開く。歴史書の『古事記』，『日本書紀』，地方の伝承の記録の『風土記』，幅広い層の人々の歌を集めた『万葉集』。

平安時代

(1) 桓武天皇…仏教勢力の政治介入を嫌い，都を平安京に。坂上田村麻呂を征夷大将軍に任じ，東北地方の蝦夷を平定。
(2) 仏教…最澄が天台宗を開き，比叡山に延暦寺。空海が真言宗を開き，高野山に金剛峯寺。
(3) 摂関政治…藤原氏が娘を天皇のきさきにして，生まれた天皇の摂政や関白に就いて権力をふるう。11世紀前半の藤原道長とその子藤原頼通のころが全盛期。
(4) 院政…白河天皇は位を子にゆずった後も上皇として権力をふるった。

寺院の位置

(5) 国風文化…894年，菅原道真の提案で遣唐使の派遣を停止。このころ，日本の風土にあった文化が生まれる。貴族は寝殿造の住宅に住み，服装も和風にかわる。かな文字によって，紫式部『源氏物語』，清少納言『枕草子』などの作品が生まれる。
(6) 浄土教…阿弥陀仏にすがって極楽浄土に生まれかわろうとする教え。藤原頼通は極楽浄土の世界を宇治の平等院鳳凰堂につくった。

問題演習

1 思考力

聖徳太子に関して，右の**資料1**において，600年と607年の遣隋使の間に冠位十二階の制度と十七条の憲法が定められた理由についての仮説中の空欄に入る適切な内容を，**資料2・3**を関連づけて書きなさい。

資料1　聖徳太子の政治

年	おもなできごと
600	隋に使節を送る
603	冠位十二階の制度を定める
604	十七条の憲法を定める
607	ふたたび隋に使節(小野妹子)を送る

〈宮崎県・改〉

資料2　遣隋使に関する資料

600年の遣隋使は，隋の皇帝から倭(わ)国の様子を聞かれて説明したが，皇帝からあざ笑われ，政治のやり方について指導された。

資料3　隋に関する資料(一部)

・6世紀の末に中国を統一し，大帝国をつくった。
・律令という法律を整えた。
・役人を学科試験で選ぶ制度を始めた。

仮説

600年と607年の遣隋使の間に，冠位十二階の制度と十七条の憲法が定められたのは，**資料2**，3から［　　　］ことが必要だと考えられたからだろう。

［　　　　　　　　　　］

2

古代の人々の負担について，次の問いに答えなさい。

思考力

(1)　人々の負担は戸籍に基づいて決められていたが，桓武天皇の時代には，性別が実態と合わない戸籍が多く見られるようになった。戸籍がつくられるときに，人々が性別についていつわったのはなぜか。その**理由**を，右の資料から読み取れることにふれ，性別をどういつわったのかを明らかにして，簡単に書きなさい。　〈岩手県〉

	負担の内容
租(そ)	男女が口分田の収穫の約3%の稲を納める。
調(ちょう)	男子が地方の特産物を納める。
庸(よう)	男子が都での労働のかわりに布を納める。
雑徭(ぞうよう)	男子が地方での労働を課される。
兵役(へいえき)	21歳以上の男子3～4人に一人が徴兵される。

［　　　　　　　　　　］

思考力 (2) 右の資料は，奈良時代の税制度に関連するものである。資料が何を示しているかの説明として最も適当なものを，次のア〜エから１つ選び，記号を書きなさい。〈大分県〉

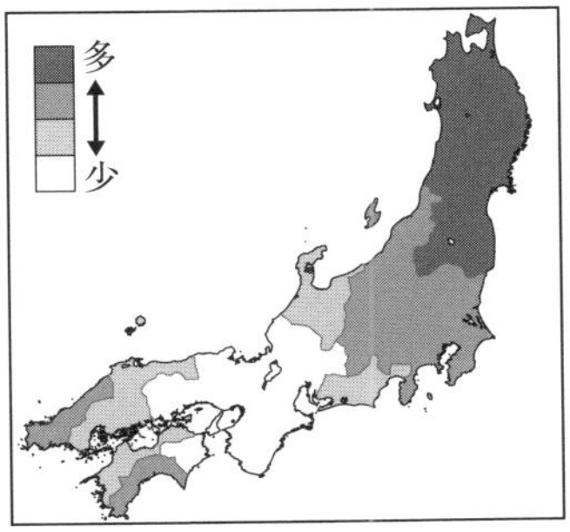

ア　都から近い地域ほど，都で労役(ろうえき)を課せられる日数が多くなることを示している。
イ　都から近い地域ほど，税として納める稲の収穫量が多くなることを示している。
ウ　都から遠い地域ほど，特産品を都まで運ぶ日数が多くなることを示している。
エ　都から遠い地域ほど，兵役(へいえき)を課せられる年数が多くなることを示している。
〔　　　〕

3 奈良時代について，次の問いに答えなさい。

よくでる (1) 次のア〜エは，律令国家の成立に向け，行われたことについて述べたものである。これらのできごとを年代の古い順に並べるとどのようになるか。その記号を順に書きなさい。〈和歌山県〉
ア　全国の土地と人民を国のものとし，天皇がそれらを支配する方針を打ち出した。
イ　都が大津宮(おおつのみや)に移され，初めて全国の戸籍がつくられた。
ウ　中国の都にならい，碁盤の目のように区画された藤原京(ふじわらきょう)がつくられた。
エ　天皇の命令に従うべきことなどを説いた十七条(じゅうしちじょう)の憲法(けんぽう)が定められた。
〔　→　→　→　〕

(2) 口分田に関する次の問いに答えなさい。〈石川県〉

思考力 ① 右の資料は，当時の戸籍の一部である。この戸籍にもとづいて，口分田が与えられたのは，資料にある６人のうち何人か，人数を書きなさい。
〔　　　〕

資料　721年につくられた戸籍

夫	孔王部真熊(あなほべまくま)	四十九歳
妻	孔王部大根売(おねめ)	五十一歳
男	孔王部古麻呂(こまろ)	十四歳
女	孔王部佐久良売(さくらめ)	二十九歳
女	孔王部猪売(いめ)	二十歳
女	孔王部嶋津売(しまづめ)	三歳

（「正倉院文書」より。表現はわかりやすく改めた）

必ず得点 ② 朝廷は，口分田が不足してくると墾田永年私財法を出して，開墾した土地の私有権を認めた。これにより貴族や寺社などが私有地を広げていったが，このような土地を何というか，書きなさい。
〔　　　〕

4 古代の歴史について，次の問いに答えなさい。 〈島根県〉

(1) 6世紀に仏教をもたらすなど，日本と関わりが深く，白村江の戦いの前に滅んだ朝鮮半島の国を，次のア～エから1つ選びなさい。

ア 隋　イ 百済　ウ 渤海　エ 高麗　〔　　〕

(2) 略地図にある山城や水城が建設された理由を，次の形式に合うように，20字以内で書きなさい。ただし，**白村江の戦いで日本が敗れた国**を明らかにすること。

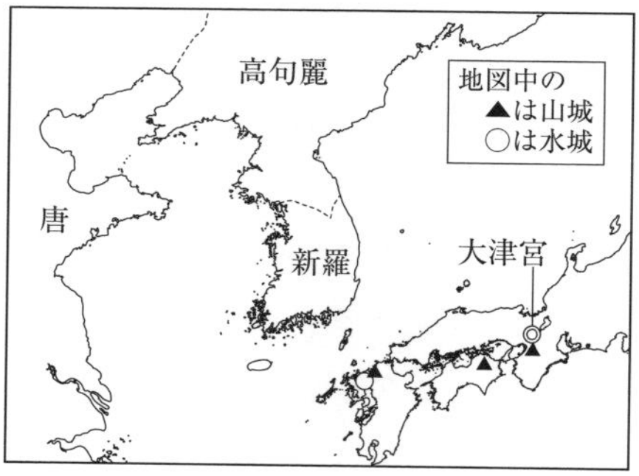

白村江の戦いに敗れた日本は，（20字以内）必要があったから。

(3) 資料1～3は，年代の古い順に並んでいる。唐から帰国した最澄が，天台宗をひらいた時期を，あとのア～エから1つ選びなさい。 差がつく

資料1

一にいわく，和をもって貴しとなし，さからうことなきを宗とせよ。
二にいわく，あつく三宝を敬え。三宝とは，仏・法・僧なり。
三にいわく，詔をうけたまわりては必ずつつしめ。

資料2

防人の歌（『万葉集』より）
から衣　すそに取りつき
泣く子らを　置きてぞ来ぬや
母なしにして

資料3

一　女性が養子をとることは，律令では許されないが，頼朝公のとき以来現在に至るまで，子どものいない女性が土地を養子にゆずることは，武士社会のしきたりとして数えきれないほどある。

ア 資料1より前の時期　イ 資料1，2の間の時期
ウ 資料2，3の間の時期　エ 資料3より後の時期　〔　　〕

5 次のア～エは，遣唐使が始まってから停止するまでの期間のできごとである。起こった順にア～エを並べなさい。 〈徳島県〉

よくでる

ア 墾田永年私財法が出された。
イ 坂上田村麻呂の軍が蝦夷の拠点を攻めた。
ウ 大宝律令が定められた。
エ 天武天皇が壬申の乱で勝利した。

〔　→　→　→　〕

6 次の文章を読んで，あとの問いに答えなさい。

西アジアやインドの文化は，シルクロードを通ってＡ日本に伝わった。Ｂ平安時代になると多くの文学作品が生まれ，後に絵巻物の題材ともなった。

よくでる (1) 下線部Ａに関して，右の図のような宝物が納められた東大寺の建築物を何というか，漢字３字で書きなさい。〈兵庫県〉

［　　　　］

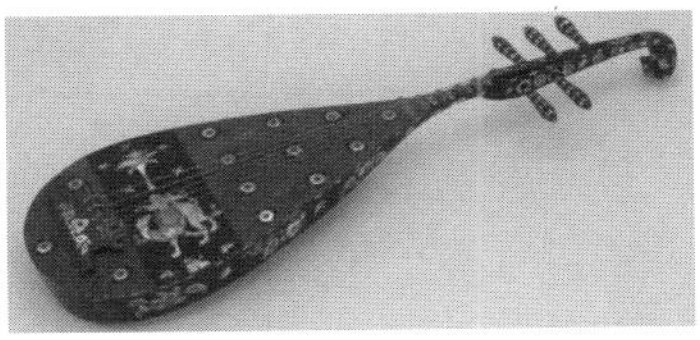

(2) 図のようなものが，(1)の建築物に納められた時代の，国際色豊かな文化を何というか，書きなさい。〈徳島県・改〉［　　　文化］

よくでる (3) 下線部Ｂに関して，この頃の世界の様子について述べた文として適切なものを，次のア～エから１つ選びなさい。〈兵庫県〉

ア　白村江の戦いの後に，新羅が朝鮮半島を統一した。
イ　唐が滅亡し，その後，宋が中国を統一した。
ウ　モンゴル帝国のフビライは，都を大都に移した。
エ　イエズス会が海外に宣教師を派遣した。［　　］

7 次のカードは，歴史上のできごとについて，ひとみさんの学級でまとめたものの一部である。これらを見て，あとの各問いに答えなさい。〈三重県〉

【Ａ班】 奈良(なら)時代に，国家のおこりや天皇の由来などを説明する歴史書や①全国の国ごとの記録がまとめられた。

【Ｂ班】 平安時代に，②最澄(さいちょう)と空海(くうかい)は，新しい仏教の教えを日本に伝えた。

必ず得点 (1) 下線部①について，全国の国ごとに，自然，産物，伝説などを記録したものを何というか，その名称を漢字で書きなさい。［　　　　］

(2) 下線部②について，**資料**は，ひとみさんがまとめたものの一部である。**資料**のＸ，Ｙにあてはまる言葉の組み合わせはどれか，次のア～エから１つ選びなさい。

資料

最澄は，唐にわたり，仏教を学んだ。その後，比叡山(ひえいざん)に［Ｘ］を建てて，［Ｙ］を広めた。

ア　Ｘ：延暦寺(えんりゃくじ)，　Ｙ：天台宗(てんだいしゅう)
イ　Ｘ：金剛峯寺(こんごうぶじ)，Ｙ：天台宗
ウ　Ｘ：延暦寺，　Ｙ：真言宗(しんごんしゅう)
エ　Ｘ：金剛峯寺，Ｙ：真言宗

［　　］

5 二つの世界大戦と日本

栄光の視点

この単元を最速で伸ばすオキテ

- 日本の歴史の経過にヨーロッパとアジア諸国の動きがからんで大変複雑で覚える項目も多い単元。大きな流れをまずおさえ，日本と外国の関係の変化をみよう。
- 国民の生活が出てくるのは，大正時代のラジオ放送など，戦時下の生活，戦後の高度経済成長のころの生活の３つが基本。

● 問われやすいテーマ

第一次世界大戦	三国同盟と三国協商, 日本参戦, 講和条約
大戦間の日本	シベリア出兵と米騒動(こめそうどう), 原敬(はらたかし), 普通選挙法, 治安維持(いじ)法
大戦間の世界	国際連盟(れんめい), アジアの民族運動, 世界恐慌(きょうこう)と諸国の動き
第二次世界大戦	軍部の台頭, 満州(まんしゅう)事変, 日中戦争, 太平洋戦争, 戦時の生活

覚えておくべきポイント

第一次世界大戦に日本は参戦，シベリア出兵と二十一か条の要求も行う

日英同盟を理由に日本も第一次世界大戦に参加。また，欧米が戦争に注力する中で中国に二十一か条の要求を行う。ロシア革命後に，社会主義の影響が世界に広まることを恐れたシベリア出兵も行う。第一次世界大戦と一言でまとめられた裏での日本の動きは確認しておく必要がある。

第一次世界大戦時の対立

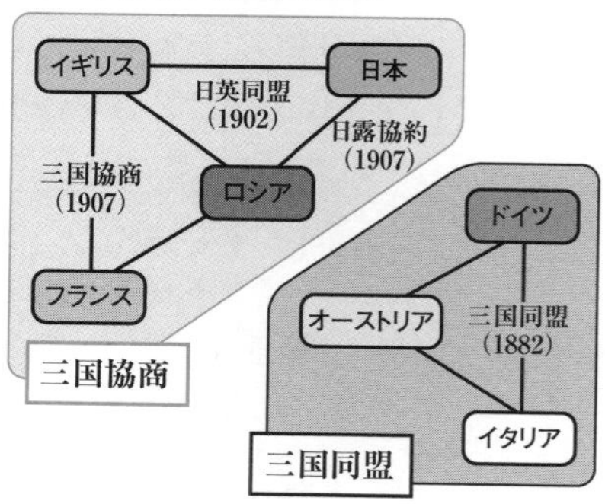

第一次世界大戦後は，国際協調の世界に入った

国際連盟では日本は常任理事国であり，新渡戸稲造(にとべいなぞう)が事務局次長となった。日本は満州国を認められなかったこと，ドイツはベルサイユ条約反対を唱えるヒトラーが率いるナチスが政権を握ったことから両国は後に脱退。国際連盟は，大国の不参加，主要国の脱退で十分な平和維持の機能を果たせず。

第二次世界大戦のできごとは日本と世界を並行して確認

ドイツのポーランド侵攻で始まった第二次世界大戦は，日本のポツダム宣言受諾(じゅだく)で終結。戦争中は，日独伊三国同盟を結んだあと太平洋戦争が始まったことや，原子爆弾が広島，長崎に落とされたことをおさえるのも基本。

要点

☑ 第一次世界大戦

(1) 原因…三国同盟と三国協商が対立。バルカン半島は「ヨーロッパの火薬庫」。
(2) 日本…日英同盟を理由に参戦。中国に二十一か条の要求を認めさせる。輸出が増え，重化学工業が発展（大戦景気）。
(3) ロシア革命…レーニンは初めての社会主義政権（ソビエト社会主義共和国連邦）を樹立。日本はシベリア出兵を行う。→米騒動へ発展。
(4) パリ講和会議…ベルサイユ条約でドイツは賠償金の支払いと軍備縮小を課せられる。

☑ 第一次世界大戦後の世界

(1) 国際協調…アメリカ大統領ウィルソンの提唱で国際連盟を設立。ワシントン会議。
(2) インド…ガンディーが非暴力・非服従の抵抗運動をおこす。

☑ 大正デモクラシー

(1) 原敬内閣…護憲運動の広がりのあと，初めて本格的な政党内閣を組織。
(2) 第二次護憲運動…憲政会の加藤高明（かとうたかあき）が内閣を組織。
(3) 社会運動…労働争議，小作争議が起こる。平塚らいてう，市川房枝が女性解放運動を起こす。差別問題の解消を目指し全国水平社を結成。
(4) 文化…吉野作造（よしのさくぞう）が民本主義を提唱。新聞，雑誌の出版，ラジオ放送の開始。

☑ 世界恐慌と対策

(1) 世界恐慌…ニューヨークの株価の暴落から起こる。
(2) アメリカ…ニューディール政策によって雇用と生産力を回復。
(3) フランスとイギリス…他国を排除するブロック経済を実施し，植民地との関係を強める。
(4) イタリアとドイツ…ファシズムが台頭。
(5) ソ連…スターリンの独裁体制の下で五か年計画。
(6) 日本…関東大震災後に世界恐慌の打撃を受ける（昭和不況）。満州事変を起こす。国際連盟に非難され国際連盟から脱退。五・一五事件，二・二六事件で軍部が台頭。

鉱工業生産指数
（年平均，1929＝100）

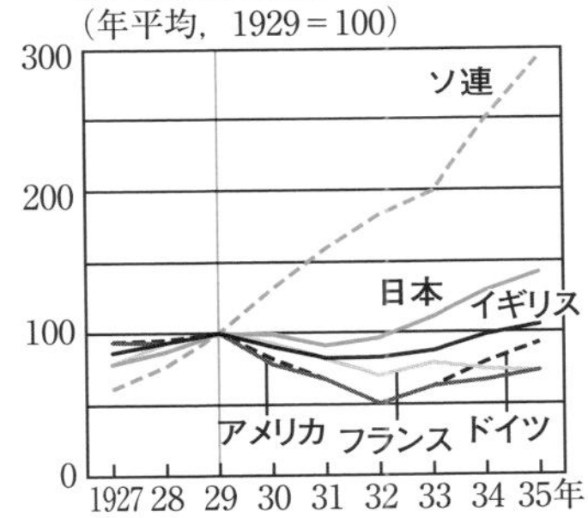

（『明治以降 本邦主要経済統計』）

☑ 第二次世界大戦

(1) ヨーロッパ…ドイツがポーランドに侵攻（しんこう）。
(2) 中国…蔣介石（しょうかいせき）が国民政府軍を率い，国共合作が行われる。
(3) 日本…日中戦争が始まり，国家総動員法を制定。政党をすべて解散して大政翼賛会（たいせいよくさんかい）にまとめる。日独伊三国同盟を結んだあと太平洋戦争を開始。
(4) 終戦…ドイツとイタリアが降伏したあと，日本は広島・長崎に原子爆弾を投下される。ポツダム宣言を日本が受諾。

問題演習

1 思考力

第一次世界大戦に関して，右の**資料Ⅰ**は，日本の参戦を決定した内閣の外務大臣の発言である。また，**資料Ⅱ**は，この戦争が終結した年以降に掲載された新聞記事の一部である。資料中のあ～うにあてはまるものの組み合わせとして最も適するものを，次の**ア**～**ク**から１つ選びなさい。〈神奈川県〉

資料Ⅰ

一つは，あからの依頼に基づく同盟のよしみと，一つは，この機会にいの根拠地を東洋から一掃して日本の地位を高める利益から参戦を断行するのが良策と信ずる。

（『加藤高明（全二巻）下巻』加藤高明伯伝編纂委員会編）

資料Ⅱ

協約案の内容　う会議
太平洋の領域保全と
将来における戦争防止
第一　太平洋諸領域の領土保全を
確定し締約国は他の締約国
の領土保全を侵撃せぬこと。
…
第四　本協定批准と共にあと
の同盟は廃棄すること。

（東京毎日新聞）

ア　あ：米国　い：独逸　う：ワシントン
イ　あ：米国　い：独逸　う：パリ
ウ　あ：米国　い：露西亜　う：ワシントン
エ　あ：米国　い：露西亜　う：パリ
オ　あ：英国　い：独逸　う：ワシントン
カ　あ：英国　い：独逸　う：パリ
キ　あ：英国　い：露西亜　う：ワシントン
ク　あ：英国　い：露西亜　う：パリ

〔　　　〕

2

右の略年表を見て，次の問いに答えなさい。〈栃木県〉

思考力

(1)　Aの時期における，日本の生活や文化の様子を表したものを，次の**ア**～**エ**から１つ選びなさい。

年	おもなできごと
1914	第一次世界大戦に参戦 ↕ A
1931	満州事変がおこる
1938	第12回東京大会(1940)開催権を返上…B

ア　「ぜいたくは敵だ」などのスローガンのもと，米の配給制も始まり，戦時色が強まった。
イ　テレビが普及し，プロ野球中継が多くの国民の娯楽として人気を集めた。
ウ　太陽暦が採用され，都市では西洋風のレンガ造りの建物もみられるようになった。
エ　文化の大衆化が進むにつれ，新聞や雑誌が多く発行され，ラジオ放送も始まった。

〔　　　〕

よくでる (2) Bのできごとに関して，次の文中の空欄に当てはまるものを，あとのア～エから１つ選びなさい。

> 1936年に，日本はオリンピックの開催権を得たが，その後，［　　］ため，開催権を返上した。

ア　朝鮮戦争が始まった　　イ　日中戦争がおこった
ウ　シベリア出兵が行われた　　エ　日英同盟が解消された

〔　　　〕

3 次の文章は，ある生徒が第一次世界大戦後の様子についてまとめたものである。あとの問いに答えなさい。

> 1918年に第一次世界大戦が終わり，1919年にパリ講和会議が開かれ，（　A　）が結ばれた。この条約で（　B　）は領土を縮小され，植民地を失い，巨額（きょがく）の賠償金（ばいしょうきん）や軍備縮小を課されることになった。1920年には国際連盟（こくさいれんめい）が発足し，４か国が常任理事国となった。

(1) Aにあてはまる条約名を書きなさい。〈青森県〉　〔　　　〕

(2) Bについて，次の問いに答えなさい。

①　Bにあてはまる国名を書きなさい。　〔　　　〕

思考力 ②　右の資料は，Bで，第一次世界大戦後に札束で遊ぶ子どもの様子を表している。当時，この国の経済はどのような状況であったか，資料を参考にして，次の語句をすべて用いて書きなさい。〈青森県〉

物価　貨幣の価値

〔　　　〕

(3) 国際連盟に関する次の文中のX・Yに入る語句の組み合わせとして適切なものを，あとのア～エから１つ選びなさい。〈兵庫県〉

> ［X］が事務局次長を務めた国際連盟は，アメリカの［Y］大統領の提案をもとに設立された。

ア　X：新渡戸稲造　Y：ウィルソン
イ　X：陸奥宗光　Y：リンカン（リンカーン）
ウ　X：陸奥宗光　Y：ウィルソン
エ　X：新渡戸稲造　Y：リンカン（リンカーン）

〔　　　〕

4 次の問いに答えなさい。

(1) 次の文は，右のカード中の下線部について述べたものである。A，Bにあてはまる語句の組み合わせとして正しいものを，あとのア～エから１つ選びなさい。〈石川県〉

> 原敬内閣のときに，第一次世界大戦が終了した。

> シベリア出兵を見こして商人が大量に米を（ A ）ことで，米価が急に（ B ）なった。このため，富山で暴動が起こり，この動きは全国に拡大した。こうした中で，新たに原敬が首相に指名され，「平民宰相」として国民の期待を集めた。

ア A：販売した B：安く イ A：販売した B：高く
ウ A：買い占めた B：安く エ A：買い占めた B：高く

〔　　　〕

思考力 (2) 右の**資料**は，大戦開始から大戦終了２年後までの，日本の国別輸出総額を示している。a～cは，次のア～ウのいずれかである。a，bにあてはまる国はどれか，ア～ウからそれぞれ１つ選びなさい。〈石川県〉

ア アメリカ イ イギリス
ウ ロシア（ソ連）

資料 （単位：千円）

	a	b	c
大戦開始年	33,086	1,968	196,539
1年後	68,494	11,239	204,142
2年後	102,658	33,421	340,245
3年後	202,646	13,515	478,537
大戦終了年	142,866	162	530,129
1年後	111,453	464	828,098
2年後	97,797	209	565,017

（『明治大正国勢総覧』より作成）

a〔　　　〕 b〔　　　〕

(3) 第一次世界大戦終了後，非暴力・不服従を唱えて活動したガンディーについて述べた次の文のC・Dにあてはまることばの組み合わせとして最も適当なものを，あとのア～エから１つ選びなさい。〈鹿児島県〉

> （ C ）の民族運動の指導者であり，（ D ）の支配に対する抵抗運動を展開した。

ア C：ベトナム D：イギリス イ C：ベトナム D：フランス
ウ C：インド D：イギリス エ C：インド D：フランス

〔　　　〕

5 満州事変について，次の問いに答えなさい。

よくでる (1) 満州事変の後，国際連盟は，満州国を承認せず，わが国に対し軍隊の引きあげを勧告した。わが国は，その勧告に対しどのような反応をし，どのような対応をとったか。「勧告」と「国際連盟」という２つの語句を使い，簡単に書きなさい。〈北海道〉

［　　　　　　　　］

思考力 (2) 満州に関して，右の資料１において，長野県の満州への移民が最も多かった理由についての仮説中のＸ・Ｙに入る適切な内容を，資料２・３を関連付けて書きなさい，ただし，Ｘには「まゆ」「収入」という語を使うこと。〈宮崎県・改〉

資料1　満州への移民が多い4県

順位	都道府県名	人数（人）
1	長野	37859
2	山形	17177
3	熊本	12680
4	福島	12673

（『長野県満州開拓史総編』他より作成）

資料2　長野県の農家とまゆの価格に関する資料

世界恐慌が起こる前，長野県の多くの村は，農家の70%以上が※養蚕（ようさん）を行い，農業収入の80%近くを養蚕にたよるようになっていた。

※蚕（かいこ）を飼育して，まゆを作らせること

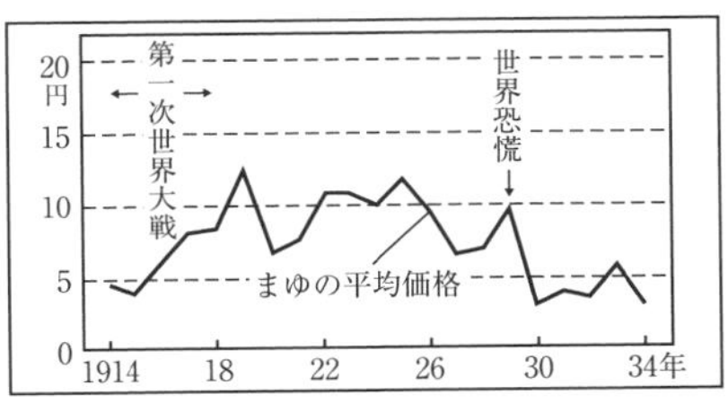

（「長野県上田商工会議所資料」他より作成）

資料3　移民による満州での開拓の様子

満州事変ののち，日本は「満州に行けば大地主になれる」という宣伝を行い，国の方針として，未開墾の広大な土地があった満州への移民を進めた。長野県や県内の村も移民を呼びかけ，貧しい農家の多くを送り出した。

（「満蒙開拓平和記念館資料」他より作成）

加奈子さんの仮説

長野県の満州への移民の数が日本で最も多かったのは，資料２から養蚕への依存度が高かった農家が，世界恐慌によって，［Ｘ］ため，資料３から，［Ｙ］からだろう。

Ｘ［　　　　　　　　］

Ｙ［　　　　　　　　］

6 現代の日本と世界

栄光の視点

この単元を最速で伸ばすオキテ

- 公民分野，地理分野と重なるテーマとなる部分が多く，実際の入試では複合問題として出題されることも多い単元。しかし，１問１問は独立しているため，歴史的なできごとをおさえておけば，必ず解ける。見た目の複雑さに惑わされず，歴史として問題に取り組んでいこう。
- 学校の授業などでは，時間の関係で授業時間が少なくなってしまうことも多く，苦手としがちな単元。まずは，高度経済成長の時期と内容をしっかりおさえ，その前が戦後のようす，その後はバブルのようすと割り切ろう。余裕があれば，オリンピックや万国博覧会（万博）がテーマになりやすいので調べておくとよい。

問われやすいテーマ

戦後	戦後改革, 日本国憲法
日本の外交	サンフランシスコ平和条約, 日米安全保障条約, 日ソ共同宣言 日韓基本条約, 日中共同宣言, 沖縄の復帰, 日中平和友好条約
日本の経済	高度経済成長, 石油危機, バブル経済
世界の動き	朝鮮戦争, 冷戦体制, PKO

覚えておくべきポイント

農地改革は「小作農」を増やそうとした視点をおさえる

農地改革は，日本の民主化が進められる中で地主がもっている土地を政府が買い上げ，小作人に安く売り渡した政策。戦後改革の中で，資料を使ったりしながら問われることが最も多いので絶対に答えられる自信がもてるまで見直そう。

農地改革前後のようす

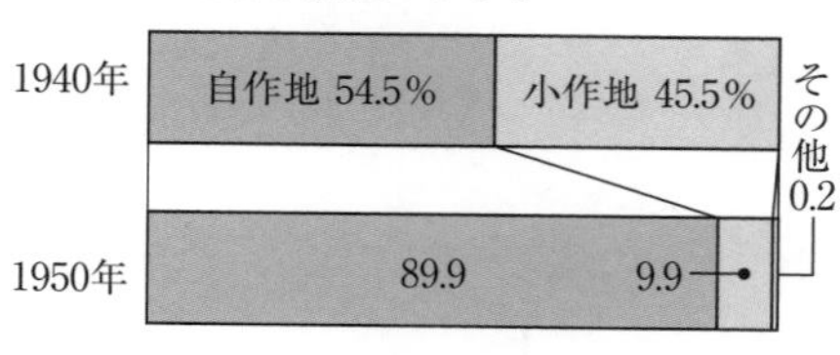

（『完結昭和国勢総覧』ほか）

高度経済成長→石油危機→バブル経済

高度経済成長で，家庭用電化製品が増え，自動車が普及し，生活が豊かになったが，1973 年の石油危機で景気が悪化した。1980 年代後半からは，株価や地価が実際より大きく泡のようにふくらむバブル経済がおこったが，1990 年代に入り，一気にしぼんだ。携帯電話やインターネットの発達はそのあと。

要点

☑ 日本の民主化

(1) GHQ（連合国軍最高司令官総司令部）…マッカーサーを最高司令官として戦後改革を指示。
(2) 戦後改革…選挙権の拡大，経済改革（財閥解体，労働組合法・労働基準法制定），教育の民主化（教育基本法制定），農地改革。
(3) 日本国憲法…国民主権，基本的人権の尊重，平和主義。

☑ 戦後の世界体制

(1) 国際連合…国際連盟の反省から，安全保障理事会を置き，5 常任理事国に強い権限。
(2) 冷戦…アメリカを中心とする資本主義国とソ連を中心とする社会主義国が対立。朝鮮戦争が起こる。

☑ 国際社会への復帰・外交

(1) サンフランシスコ平和条約…独立を回復。同時に日米安全保障条約を結ぶ。沖縄は 1972 年までアメリカの軍政下におかれる。
(2) 外国との関係回復…ソ連，韓国，中国などとも国交を回復。

☑ 日本の経済成長

(1) 高度経済成長…年平均 10%を超える経済成長率を記録。生活が大きく変わる。石油危機まで続く。

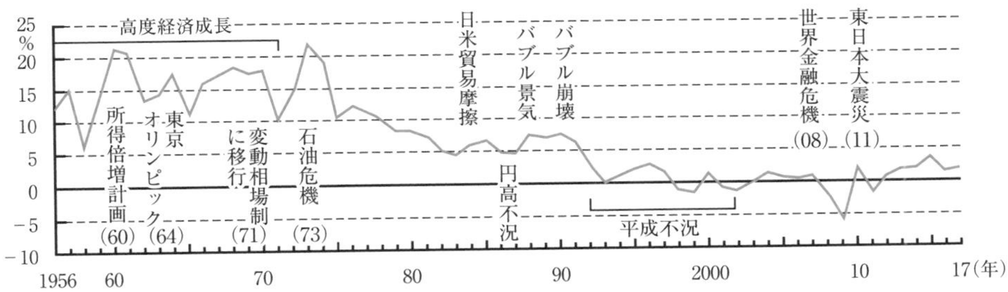

(2) 公害の発生…各地で深刻な問題となる。公害対策基本法の制定，環境庁（現在は環境省）の設置。
(3) 名神高速道路や，東海道新幹線が開通→東京オリンピック開催。
(4) バブル経済…1980 年代後半から地価や株価が実際の価格より大きく上昇。好景気となるが，1990 年代初めにバブルが崩壊→不況に。

☑ 冷戦後の世界

(1) 冷戦の終結…マルタ会談で冷戦の終結を宣言。ベルリンの壁崩壊→ドイツが統一。ソ連が解体。
(2) 湾岸戦争…クウェートに侵攻したイラクを多国籍軍が攻撃。
(3) PKO 協力法…日本も自衛隊がＰＫＯに参加するように。

問題演習

1 第二次世界大戦後，わが国は，混乱の中から復興し，後に経済の急速な発展を成し遂げた。これについて，次の問いに答えなさい。〈大阪府〉

思考力 (1) 第二次世界大戦後，政府は地主から農地を買い上げ，小作農に安く売り渡し，自作農を増やす農地改革を行った。次の表は，1944（昭和 19）年，1946（昭和 21）年，1949（昭和 24）年，1955（昭和 30）年における，わが国の農家総数と自作農の農家数を示したものである。あとのア～エのうち，それぞれの年における農家総数に占める自作農の農家数の割合を示したものとして最も適しているものはどれか，1つ選びなさい。

	1944年	1946年	1949年	1955年
農家総数	5,536,508	5,697,948	6,246,913	6,042,945
自作農の農家数	1,728,529	1,869,298	3,564,118	4,199,620

（『完結昭和国勢総覧』により作成）

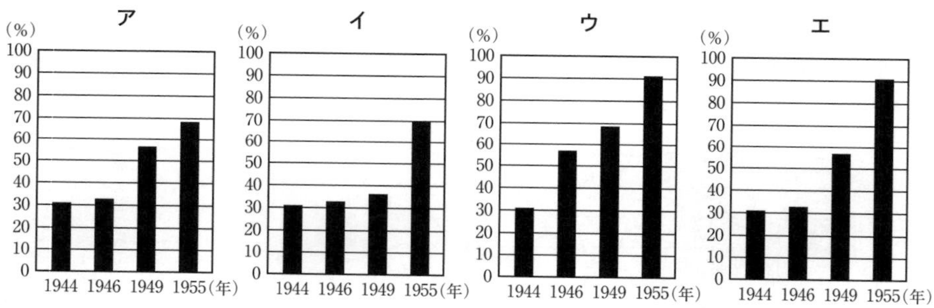

〔　　　〕

(2) 20 世紀後半，わが国は，世界有数の経済大国へと急速に成長したが，経済の低迷も経験した。次の（ⅰ）～（ⅲ）は，20 世紀後半にわが国で起こったできごとについて述べた文である。（ⅰ）～（ⅲ）をできごとが起こった順に並べかえると，どのような順序になるか。あとのア～カから1つ選びなさい。

（ⅰ）原油価格が高騰し，石油危機と呼ばれる経済の混乱が起こった。
（ⅱ）地価や株価などが急激に上昇するバブル経済が崩壊した。
（ⅲ）東京・新大阪間に東海道新幹線が開通した。

ア （ⅰ）→（ⅱ）→（ⅲ）　イ （ⅰ）→（ⅲ）→（ⅱ）
ウ （ⅱ）→（ⅰ）→（ⅲ）　エ （ⅱ）→（ⅲ）→（ⅰ）
オ （ⅲ）→（ⅰ）→（ⅱ）　カ （ⅲ）→（ⅱ）→（ⅰ）

〔　　　〕

2　次の文を読んで，あとの問いに答えなさい。〈奈良県〉

> ポツダム宣言を受諾し降伏したことで，連合国軍による占領の下，アメリカを中心とするA連合国軍総司令部の指令によりB民主化と非軍事化が進められた。

必ず得点 (1) 下線部Aの最高司令官として，戦後の改革を主導した人物は誰か。その人物名を書きなさい。

[　　　　　]

よくでる (2) 下線部Bの政策として行われたものを，次のア～エからすべて選びなさい。

ア　教育基本法の制定　　イ　労働運動の制限
ウ　治安維持法の制定　　エ　農地改革の実施

[　　　　　]

3　現代について，次の問いに答えなさい。〈島根県〉

(1) 日本の敗戦後，中国では中国国民党（国民政府）と中国共産党との間で内戦が再発した。内戦に敗れた中国国民党はどこにのがれたか。正しいものを，右の地図中のア～エから1つ選びなさい。

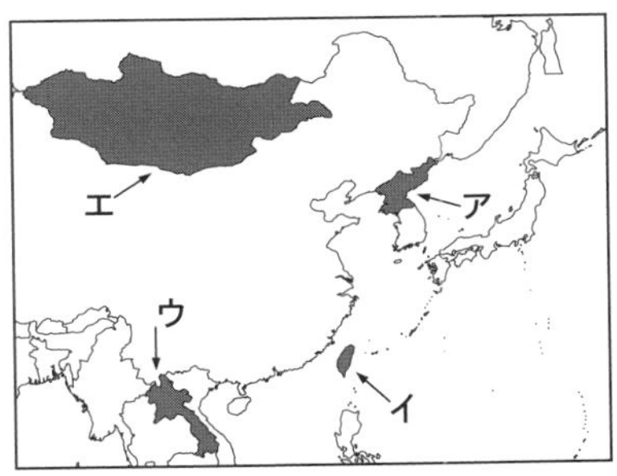

[　　　]

差がつく (2) 次の図は沖縄で使用された切手を示している。このように変更されたのはなぜか。次の資料からわかる理由を，15字以上，25字以内で説明しなさい。ただし，資料中の空欄にあてはまる国名を用いること。

1972年以前の例

（1961年発行）

1972年以降の例

（1985年発行）

資料　佐藤栄作内閣が結んだ協定

> ［　　　］は，（中略）琉球諸島及び大東諸島に関し（中略）すべての権利及び利益を，この協定の効力発生の日から日本国のために放棄する。

4 思考力

1945年に，戦争は終結した。**資料**において，農業従事者にしめる女性の割合が，戦争が終わった後に小さくなったのはなぜだと考えられるか，書きなさい。

資料

	1944年	1947年
農業に従事する女性の数	約771万人	約861万人
農業従事者にしめる女性の割合	58.6%	51.8%

（「長期経済統計」より作成）

〈石川県・改〉

[　　　　]

5 よくでる

次の文は第二次世界大戦後の日本と中国の国交正常化について述べたものである。文中のA，Bにあてはまる語句の組み合わせとして，正しいものをあとのア〜エから1つ選びなさい。〈沖縄県〉

> 1972年，［ A ］首相の中国訪問により，［ B ］が発表され，日本と中国の国交が正常化した。

ア　A：田中角栄　B：日中平和友好条約
イ　A：田中角栄　B：日中共同声明
ウ　A：佐藤栄作　B：日中平和友好条約
エ　A：佐藤栄作　B：日中共同声明

[　　　　]

6 思考力

右のメモは，1956年から1976年までの間の日本の様子を記したものである。メモを参考にして，この間の日本の経済成長率を示したグラフとして最も適当なものを，次のア〜エから1つ選び，記号を書きなさい。〈大分県〉

> ○高度経済成長によって，国民の所得が増えた。
> ○東京で，アジア初のオリンピック・パラリンピックが開催された。
> ○第四次中東戦争の影響により，石油価格が大幅に上昇した。

ア
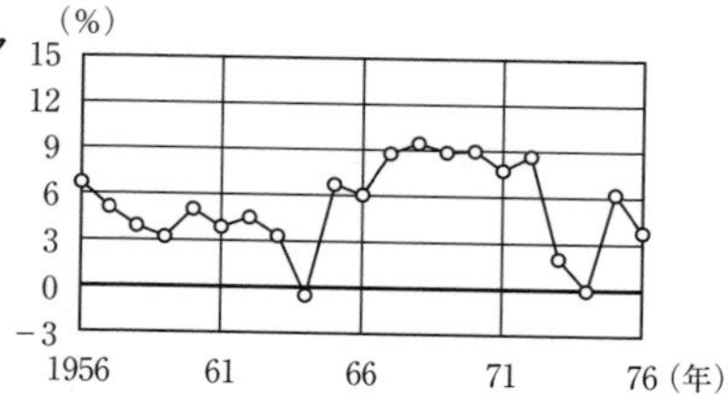

イ
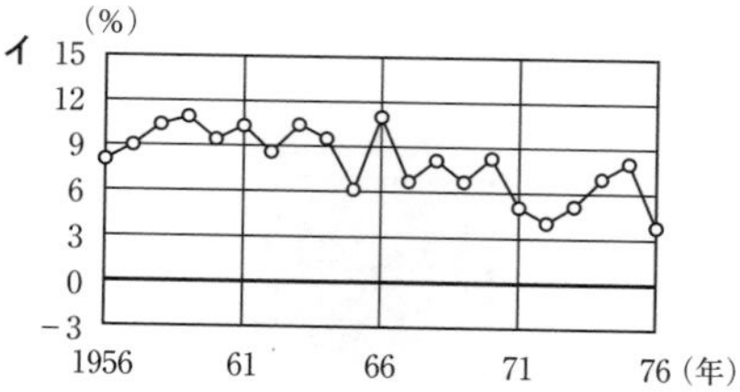

ウ
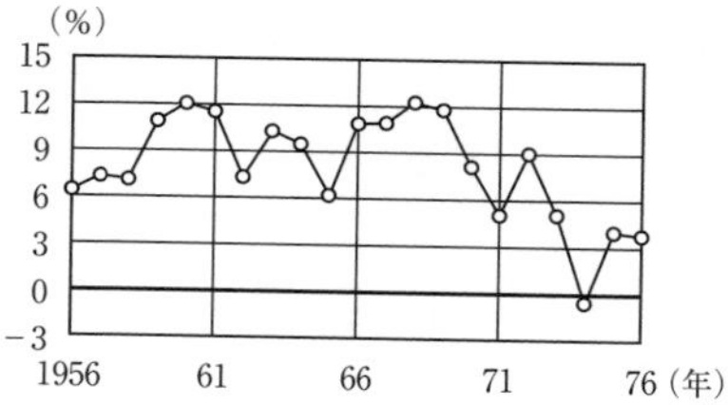

エ
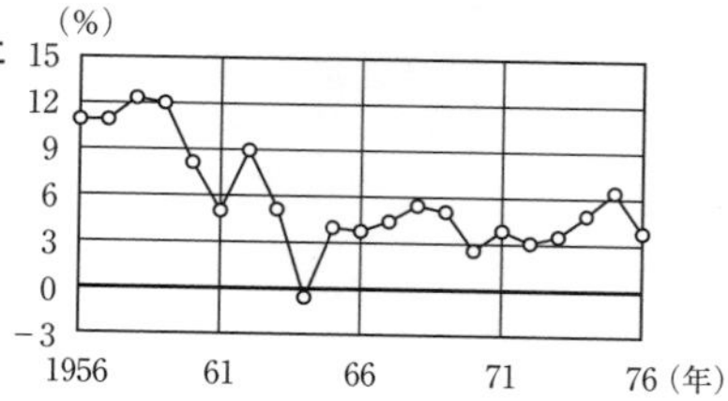

[　　　　]

7 国際連合や冷戦の時代に関して，次の問いに答えなさい。

(1) 国際連合の発足以降のできごとについて説明した，次の［　］中のAにあてはまる**首相の名字のみを漢字**で書き，Bにあてはまるものとして最も適するものを，あとのア～エから1つ選びなさい。〈神奈川県〉

> 日本は，［ A ］内閣のときに，サンフランシスコ平和条約を結び，独立を回復することになった。また，これと同時期に［ B ］ことになった。

ア　極東国際軍事裁判が東京で開始される
イ　アメリカ軍が引き続き日本に駐留する
ウ　国際連合への日本の加盟が認められる
エ　沖縄がアメリカから日本に返還される

A［　　　　内閣］
B［　　　］

よくでる (2) 国際連合の発足以降のできごとを説明したものとして最も適するものを，次のア～エから1つ選びなさい。〈神奈川県〉

ア　北京(ペキン)郊外における軍事衝突をきっかけに，日中戦争が始まった。
イ　大陸における日本の行動が承認されず，日本は国際連盟を脱退した。
ウ　ソ連との協力関係を強化しようと考えた日本は，日ソ中立条約を結んだ。
エ　北朝鮮が武力による統一を目指して韓国に侵攻し，朝鮮戦争が始まった。

［　　　］

(3) 次の文章を読んで，あとの問いに答えなさい。〈青森県・改〉

> 1945年10月には国際連合(こくさいれんごう)が創られ，安全保障理事会では5か国が常任理事国となった。敗戦後，日本は連合国軍によって占領(せんりょう)され，連合国軍最高司令官総司令部(れんごうこくぐんさいこうしれいかんそうしれいぶ)（GHQ）の指令で戦後改革(せんごかいかく)が行われたが，1951年にサンフランシスコ平和条約を結び，<u>翌年に条約が発効したことで，独立を回復した。</u>

① 国際連盟と国際連合のいずれもの発足時からの常任理事国として共通する2つの国名を書きなさい。

［　　　　　］［　　　　　］

② 下線部の後の日本の外交関係のできごととして**適切でないもの**を，次のア～エから1つ選びなさい。

ア　日英通商航海条約(つうしょうこうかい)が結ばれた。　イ　日ソ共同宣言(にっ きょうどうせんげん)が調印された。
ウ　日韓基本条約(にっかんきほん)が結ばれた。　エ　日中共同声明(にっちゅうきょうどうせいめい)が発表された。

［　　　］

8

次の年表を見て，あとの問いに答えなさい。 〈鳥取県〉

年	日本に関するできごと
1964	東海道新幹線の開通，東京オリンピックの開催
1967	公害対策基本法の制定
1970	大阪万国博覧会の開催
1971	環境庁の設置
1972	札幌(さっぽろ)オリンピックの開催，日中共同声明の調印
1978	(　　)の締結

思考力 (1) 下線部は，日本で初めて開催された万国博覧会である。そのテーマは何か，年表中の期間の日本に関するできごとを参考にして，次のア～エから一つ選び，記号で答えなさい。

ア 「現代生活の中の芸術と技術」　イ 「宇宙時代の人類」
ウ 「人類の進歩と調和」　エ 「海－その望ましい未来」

〔　　〕

(2) 次の資料は，年表中の（　　）の条約の一部を示したものである。（　　）にあてはまる条約として，最も適切なものを，あとのア～エから一つ選び，記号で答えなさい。

> 第１条
> 両締約国は，主権及び領土保全の相互尊重，相互不可侵，内政に対する相互不干渉，平等及び互恵並びに平和共存の諸原則の基礎の上に，両国間の恒久的な平和友好関係を発展させるものとする。

ア 日中平和友好条約　イ 日韓基本条約
ウ サンフランシスコ平和条約　エ 日米安全保障条約 〔　　〕

9

高度経済成長について，次の問いに答えなさい。

思考力 (1) 高度経済成長の期間に，日本の人口分布は大きく変化した。グラフ１は，1955年から1970年における，全国の市（東京都特別区を含む）と町村の，人口の推移を示している。グラフ２は，1955年から1970年に

グラフ１

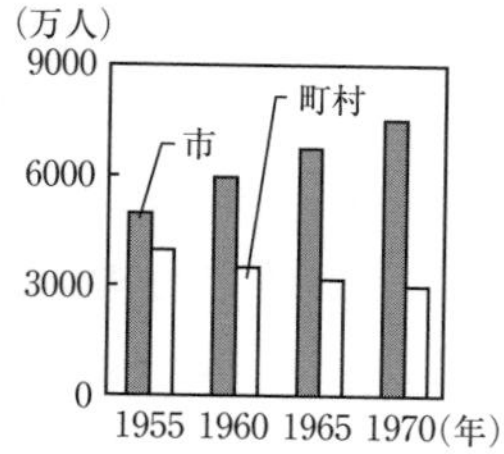

注『数字でみる日本の100年』により作成

グラフ２

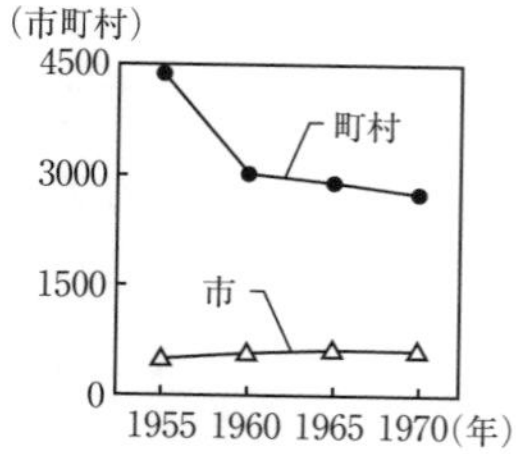

注１『数字でみる日本の100年』により作成
注２ 東京都特別区は１市とする。

おける，全国の市数と町村数の推移を示している。グラフ1，グラフ2から考えられる，町村の人口が減った理由を，2つ簡単に書きなさい。

〈静岡県〉

[　　　　　　　　　　　　　　　　　　]
[　　　　　　　　　　　　　　　　　　]

思考力 (2) 太郎さんたちは，高度経済成長により交通と流通がどのように変わったのかを調べ，左下のグラフを作成した。グラフは，1955年と1975年の日本国内の鉄道，船舶，自動車による交通機関別の貨物輸送量をそれぞれ示している。太郎さんたちはグラフから1955年に比べて1975年では自動車だけでなく，船舶の貨物輸送量も伸びていることに気付いた。高度経済成長により船舶の貨物輸送量が伸びたのはなぜだと考えられるか。その理由を，右下のカードをもとに簡潔に書きなさい。 〈広島県〉

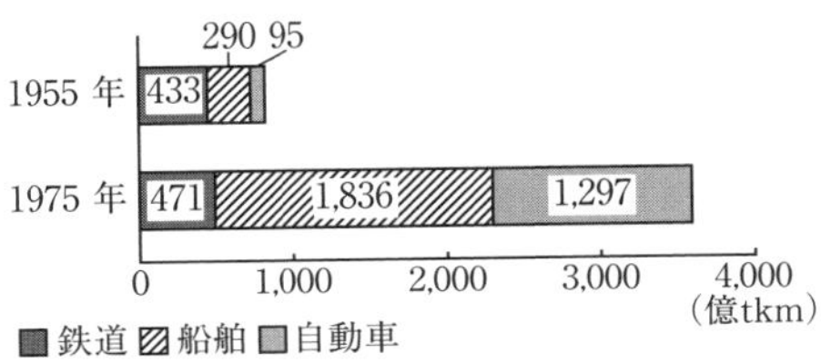

(『数字でみる日本の100年 改訂第6版』による。)

tkm：貨物の輸送量を示す単位。
1 tkmは，1 tの貨物を1 km運んだことを示す。

> 高度経済成長期になると鉄鋼などの重化学工業が発展し，国民の所得も増え家庭電化製品や自動車も普及し始めました。大量生産・大量消費が進み，さまざまな物資の輸送量が増大しました。東海道新幹線や高速道路が開通し，移動にかかる時間も短縮されました。

[　　　　　　　　　　　　　　　　　　]

10 次の問いに答えなさい。

よくでる (1) 石油危機が起こった理由を，次の2語を用いて書きなさい。 〈青森県〉

産油国　　価格

[　　　　　　　　　　　　　　　　　　]

(2) 冷戦に関する次の文章中のA，Bにあてはまる語をそれぞれ書きなさい。 〈オリジナル〉

> 1989年にアメリカのブッシュ大統領とソ連のゴルバチョフ共産党書記長が［A］で会談し，冷戦の終結を宣言しました。しかし，冷戦後も，民族や宗教の対立などから各地で地域紛争が起こり，中東では1991年に［B］戦争が勃発(ぼっぱつ)しました。

A [　　　　　]　B [　　　　　]

7 近代ヨーロッパとアジア

栄光の視点

この単元を最速で伸ばすオキテ

- 欧米の市民革命や人権思想は公民分野と合わせて出題されることが多い。歴史か公民かという枠にとらわれずにできごとを理解しておくと，解きやすくなる。
- 開国以降のできごとは年代を並び替える問題としてよく出題される。できごとのつながりをみていこう。

● 問われやすいテーマ

ヨーロッパ	市民革命, アヘン戦争
日本の開国	異国船打払令, 日米和親条約, 日米修好通商条約, 開港した港
幕府の終わり	尊王攘夷論, 倒幕, 大政奉還, 戊辰戦争

覚えておくべきポイント

イギリスは中国に流出した銀を三角貿易で回収

アヘンの流入を中国（清）が取り締まったことから起きたアヘン戦争は，イギリスが勝利。これを知った日本は鎖国をゆるめ，アジア貿易をねらうアメリカと日米和親条約締結へと至った。

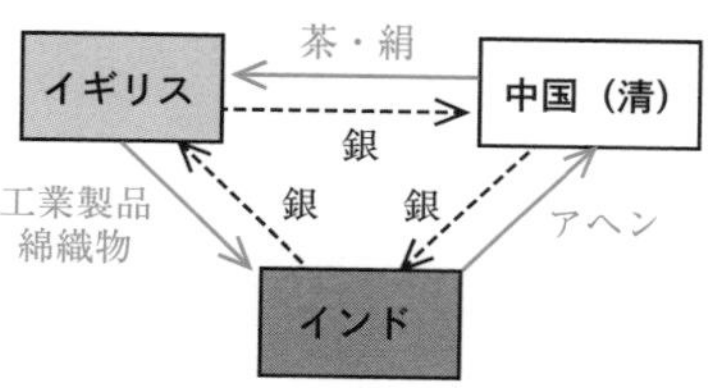

要点

- **市民革命**…独立宣言→南北戦争（アメリカ），フランス革命・人権宣言（フランス）。
- **産業革命**…18 世紀半ばにイギリスで蒸気機関を原動力にした機械工業が始まる。資本主義経済が広まり，アジアへ進出。

日本の開国

(1) ペリー来航…日米和親条約，日米修好通商条約締結。
(2) 安政の大獄…井伊直弼が批判勢力を処罰。
(3) 尊王攘夷運動…外国の脅威を感じて攘夷が難しいと考え，倒幕への動きが進み，薩長同盟が結ばれる。
(4) 大政奉還…15 代将軍徳川慶喜は天皇に政権を返上。→王政復古の大号令。
(5) 戊辰戦争…新政府軍と旧幕府軍との間で鳥羽・伏見の戦いで開始。五稜郭の戦いで終結。

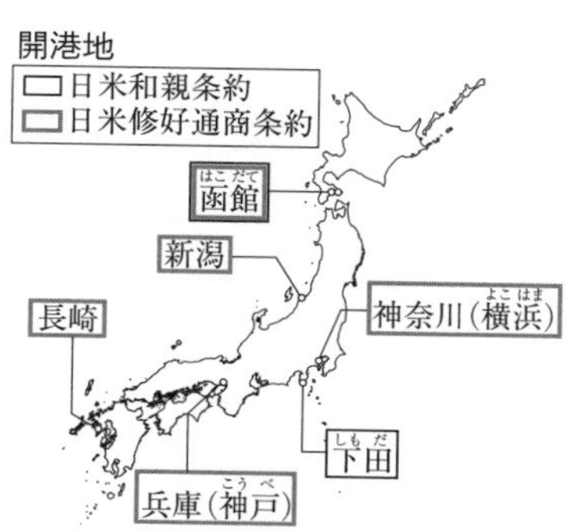

問題演習

1 日本の開国に関する次の問いに答えなさい。

(1) 18世紀から19世紀にかけて，我が国に通商を求める諸外国の船が現れた。次の（ⅰ）～（ⅲ）は，19世紀前半に起こったできごとについて述べた文である。（ⅰ）～（ⅲ）をできごとが起こった順に並べかえると，どのような順序になるか。あとのア～カから1つ選びなさい。〈大阪府〉

（ⅰ）ロシア使節のレザノフが長崎に来航した。

（ⅱ）アヘンの取り引きをめぐり，イギリスと中国の清（しん）が戦争を始めた。

（ⅲ）幕府が，接近する外国船を追い払うことを命じる異国船打払令（外国船打払令）を出した。

ア （ⅰ）→（ⅱ）→（ⅲ）　イ （ⅰ）→（ⅲ）→（ⅱ）
ウ （ⅱ）→（ⅰ）→（ⅲ）　エ （ⅱ）→（ⅲ）→（ⅰ）
オ （ⅲ）→（ⅰ）→（ⅱ）　カ （ⅲ）→（ⅱ）→（ⅰ）

〔　　　〕

＋差がつく (2) 次の**資料1**は1825年に，**資料2**は1842年に幕府が出した外国船に対する方針です。幕府が**資料1**から**資料2**に方針を変えるきっかけとなった外国のできごとを，関係する2か国の国名を用いて，簡潔に書きなさい。〈和歌山県〉

資料1

> どこの港でも，外国船が入港するのを見たのなら，有無を言わさず，いちずに打ち払え。逃亡したら追う必要はない。つかまえるか，または打ち殺してもかまわない。（一部要約）

資料2

> 外国船が難破（なんぱ）して漂流し，薪（まき）や水，食糧を求めてきたとき，事情を考えず，いちずに打ち払っては失礼なので，よく様子を見て必要な品を与え，帰るように言い聞かせよ。（一部要約）

〔　　　　　　　　　　〕

よくでる (3) 1853年に来航したペリーに開国を求められた江戸幕府は，翌年アメリカと条約を結び，下田と函館（はこだて）を開港することとした。この条約を何というか，書きなさい。〈長崎県・改〉 〔　　　〕

(4) 江戸時代の終わりごろ，下関（しものせき）を通航する船への貸付金などの金融業で利益をあげていた藩を，次のア～エから1つ選びなさい。〈和歌山県〉

ア 薩摩（さつま）藩　イ 長州（ちょうしゅう）藩　ウ 土佐（とさ）藩　エ 肥前（ひぜん）藩　〔　　　〕

2　18～19世紀の世界に関する次の問いに答えなさい。

よくでる　(1)　次の資料は，1789年にフランス革命が始まってまもなく，革命を支持する人々がつくった国民議会によって発表されたある宣言の一部を要約したものである。この宣言は何と呼ばれるか。その呼び名を書きなさい。〈香川県〉

> 第1条　人は生まれながらに，自由で平等な権利をもつ。
> 第3条　主権の源は，もともと国民にある。

〔　　　　　　〕

(2)　19世紀のイギリスとフランスの歴史について述べた次の文X，Yの正誤の組み合わせとして正しいものを，あとア～エから1つ選びなさい。〈佐賀県〉

X　イギリスは，アヘン戦争で清に勝利し，南京(なんきん)条約を結んで清から香港を手に入れた。

Y　フランスは，ワシントン率いるアメリカと奴隷制をめぐって対立し，南北戦争で戦った。

ア　X：正　Y：正　　イ　X：正　Y：誤
ウ　X：誤　Y：正　　エ　X：誤　Y：誤　　〔　　〕

思考力　(3)　19世紀半ばのインドについて，次のグラフは，ある商品についてAまたはBのいずれか一方で，この商品がアジアから西の方向へ向かった輸出額の推移を表し，もう一方で，この商品がイギリスから東の方向へ向かった輸出額の推移を表している。これについて説明した，あとの［　　］中のⅠ，Ⅱにあてはまるものの組み合わせとして最も適するものを，あとのア～エから1つ選びなさい。〈神奈川県〉

グラフ

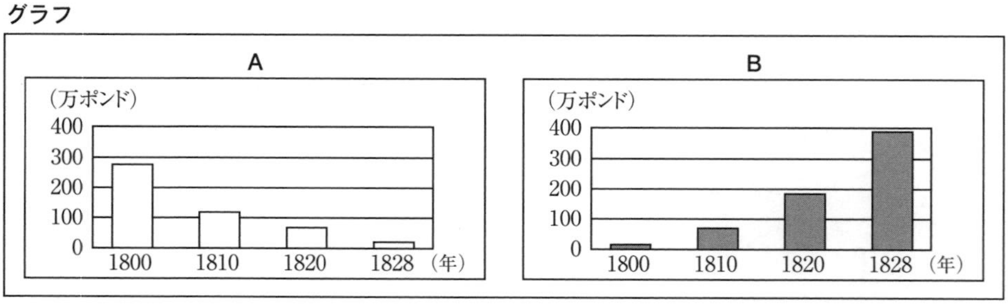

（松井 透『世界市場の形成』をもとに作成）

> グラフからは，［Ⅰ］へ向かった［Ⅱ］の輸出額が次第に減少していることがわかる。この間，インドでは手工業に携わる多くの職人が職を失うとともに，イギリスに対する不満が高まっていった。

ア　Ⅰ：イギリスから東の方向　Ⅱ：綿花
イ　Ⅰ：イギリスから東の方向　Ⅱ：綿織物
ウ　Ⅰ：アジアから西の方向　Ⅱ：綿花
エ　Ⅰ：アジアから西の方向　Ⅱ：綿織物　〔　　〕

3　思考力

次の**資料1**は，1864年に幕府が出したきまりの一部である。幕府がこのきまりを出したのはなぜだと考えられるか，**資料1**と**資料2**をもとに，農民が桑を栽培した理由を含めて書きなさい。〈石川県〉

資料1

近年，田に桑を植え付ける者が多くなっている。五穀をなくして蚕を育ててはならない。（略）田に新しく桑を植えてはならない。

（注）五穀は米，麦，あわ，きび，豆のこと。
（『大日本維新史料』より。表現はわかりやすく改めた）

資料2　横浜での生糸の取り扱い数量と取り扱い額

年度	数量(単位:箇)		額(単位:両)	
	国内向け	貿易向け	国内向け	貿易向け
1857年	514	——	24,160	——
1863年	238	26,552	28,560	3,420,820

（『横浜市史』より作成）

〔　　〕

4　次の問いに答えなさい。

必ず得点　(1)　1792年，わが国の漂流民を送り届けるとともに江戸幕府に通商を求めて根室（ねむろ）に来航したロシアの使節はだれか。人名を書きなさい。〈大阪府〉

〔　　〕

(2)　日本が1858年にアメリカとの間で結んだ条約名と，開港した港の組み合わせとして適切なものを，次のア～エから1つ選びなさい。〈兵庫県〉

ア　日米和親条約－神奈川（横浜）
イ　日米修好通商条約－下田
ウ　日米和親条約－新潟
エ　日米修好通商条約－兵庫（神戸）　〔　　〕

＋差がつく　(3)　江戸末期に関して，次のア～エのできごとを年代の古い順に並べかえなさい。〈栃木県〉

ア　鳥羽・伏見で戦いがおき，戊辰戦争が始まった。
イ　徳川慶喜が大政奉還を行った。
ウ　イギリスなどが，長州藩の下関砲台を占領した。
エ　薩長同盟が結ばれた。

〔　→　→　→　〕

8 世界の動きと天下統一

栄光の視点

この単元を最速で伸ばすオキテ

- 鉄砲とキリスト教の伝来を軸に，前後の国内と外国のようすを整理。
- 織田信長→豊臣秀吉→徳川家康の政策のちがいをおさえる。

◉ 問われやすいテーマ

世界の動き	十字軍，ルネサンス，宗教改革，新航路の開拓
安土桃山時代	鉄砲伝来，キリスト教伝来，天下統一まで，安土桃山文化

覚えておくべきポイント

鉄砲伝来から天下統一

外国では，十字軍→ルネサンス→宗教改革との流れをおさえる。日本と海外のつながりは，鉄砲とキリスト教の伝来から貿易推進となり，やがて江戸時代の鎖国という流れを知っておく。国内政治は，戦乱の世が鉄砲導入などによって天下統一という安定へ向かい，国家収入も太閤検地で安定し始めた。

要点

ヨーロッパの動き

(1) エルサレムをめぐる動き…イスラム教徒に占領されたため奪還しようと十字軍遠征→失敗。
(2) ルネサンス…古代ギリシャやローマの文化の復興。
(3) 宗教改革…プロテスタントの台頭。カトリックではザビエルなどがイエズス会をつくる。
(4) 大航海時代…香辛料を求めた結果，アジアなどに至る航路が開かれる。

新航路

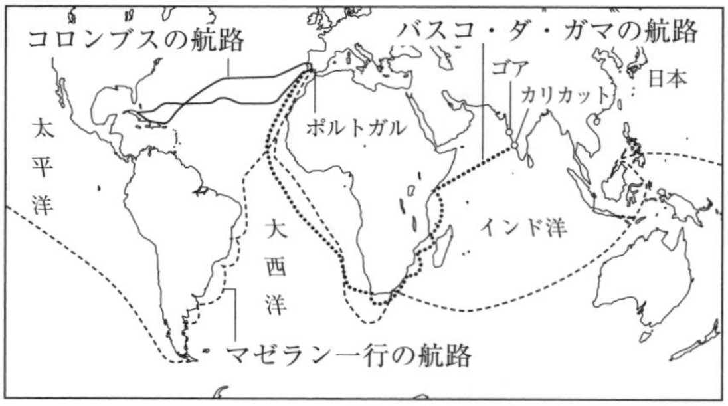

安土桃山時代

(1) 織田信長…長篠の戦いで鉄砲を活用。室町幕府を滅ぼす。安土城下で楽市・楽座を実施。
(2) 豊臣秀吉…太閤検地と刀狩→兵農分離。海外貿易は許すも宣教師を海外追放。朝鮮出兵を行う。
(3) 徳川家康…関ヶ原の戦いに勝利し江戸幕府を開く。
(4) 安土桃山文化…海外貿易によって南蛮文化が伝わる。狩野永徳「唐獅子図屏風」，千利休は茶の湯を大成，出雲の阿国が歌舞伎踊り。

問題演習

1　次の問いに答えなさい。

〈三重県〉

よくでる (1)　十字軍の遠征の影響で，14 世紀に西ヨーロッパで起きたことについて述べた文はどれか，最も適当なものを，次のア〜エから１つ選びなさい。

ア　ローマ帝国は，キリスト教徒を迫害（はくがい）したが，その後，キリスト教を国の宗教として認めた。

イ　古代ギリシャやローマの文化を手がかりに，人間のいきいきとした姿が文学や美術で描（えが）かれ始め，ルネサンス（文芸復興）が花開いた。

ウ　バスコ・ダ・ガマの船隊がインドに到達（とうたつ）して，ヨーロッパとインドが初めて海路で直接つながった。

エ　カトリック教会内部の改革運動が盛んになり，イエズス会は，勢力回復のためにアジアやアメリカなどにキリスト教を伝えた。

［　　　］

よくでる (2)　右の**資料**は，16 世紀のヨーロッパでも知られていた日本の銀山の場所を示した地図である。**資料**に示した□銀山は，2007 年に世界文化遺産に登録された。資料に示した空欄にあてはまる地名は何か，最も適当なものを次のア〜エから１つ選びなさい。

資料

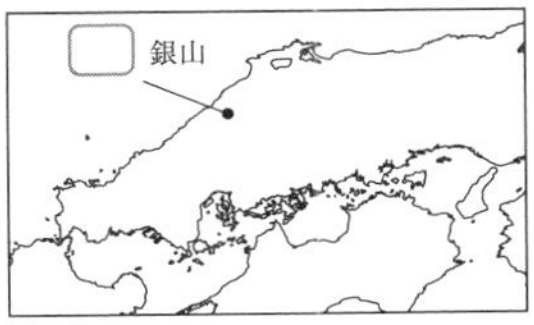

ア　足尾（あしお）　イ　生野（いくの）　ウ　石見（いわみ）　エ　別子（べっし）　［　　　］

2　鉄砲の伝来について，次の問いに答えなさい。

(1)　鉄砲は，中国の船に乗った「ある国」の人物が種子島（たねがしま）に流れ着いた際に伝えたといわれている。「ある国」の位置を示しているものを，**地図**のア〜エから１つ選びなさい。〈長崎県〉　［　　　］

地図

（注）地図中の国境線は現在のものである。

(2)　日本に鉄砲が伝来したころに，世界で起きたできごととして最も適当なものを，次のア〜エから１つ選び，記号を書きなさい。

〈オリジナル〉

ア　ドイツのルターが，教会の制度を批判し，宗教改革が始まった。

イ　唯一神を信じるイスラム教がムハンマドによって開かれた。

ウ　チンギス＝ハンが，モンゴルを統一した。

エ　イギリスでピューリタン革命が起こった。

［　　　］

3

右の**表**は，織田信長が活躍したころから豊臣(とよとみ)氏が滅亡するまでの時期におこったできごとを，年代順に並べたものである。次の問いに答えなさい。

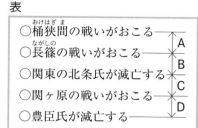

表

○桶狭間(おけはざま)の戦いがおこる
　　A
○長篠(ながしの)の戦いがおこる
　　B
○関東の北条氏が滅亡する
　　C
○関ヶ原の戦いがおこる
　　D
○豊臣氏が滅亡する

図

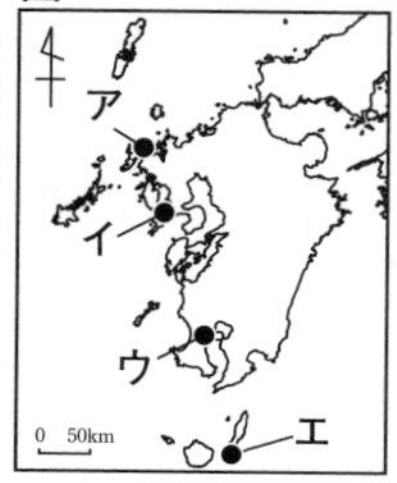

(1) 明智光秀(あけちみつひで)が織田信長を滅ぼしたのは，**表**のA～Dのどの時期か，１つ選びなさい。〈熊本県〉

〔　　　〕

✔必ず得点

(2) 長篠の戦いで効果的に使用された鉄砲が，1543年に伝えられた場所を，**図**中に●で示したア～エから１つ選びなさい。〈熊本県・改〉

〔　　　〕

(3) 長篠(ながしの)の戦いより前に起きたできごとを，次のア～エから一つ選び，記号で書きなさい。〈山梨県〉

ア　太閤(たいこう)検地が始まる。　　イ　武家諸法度(ぶけしょはっと)が制定される。
ウ　加賀の一向一揆(いっこういっき)が始まる。　　エ　本能寺の変が起こる。

〔　　　〕

4

思考力

次の**資料１**は，室町幕府の将軍の命令を伝えたものの一部である。また，**資料２**は，織田信長が発した楽市・楽座令の一部である。信長が楽市・楽座令を発した目的について説明した，あとの［　　］中のあにあてはまる語句を，**資料１**中の――線から読み取れる商人の特権の内容がわかるように６字以内で書き，いにあてはまるものとして最も適するものをAまたはBから１つ選びなさい。〈神奈川県〉

資料１

石清水八幡宮(いわしみずはちまんぐう)に従属する油座の商人たちに対しては，税が免除される。また，散在する土民たちが勝手に油の原料となる荏胡麻(えごま)を売買しているので，今後は，彼らの油器を破壊せよ。

（「離宮八幡宮文書」）

資料２

一　安土(あづち)の城下は楽市とするので，座の規制や雑税などは，すべて免除する。
一　領国内で徳政令が実施されたとしても，この町では免除する。

（「近江(おうみ)八幡市共有文書」）

資料1の命令などにより，座の商人たちは，有力者の保護下で商売をすることができた。しかし，**資料2**にあるように，信長は，座の商人たちが製造や販売を［あ］を否定し，［い］などの命令を出すことで，各地から人を集め，座の影響力を排除して城下町の商業を繁栄させることなどを目指した。

A　徳政令が実施されたとしても，この町では借金を帳消しにすることはない

B　徳政令が実施されたとしても，この町では借金はすべて帳消しとなる

あ〔　　　　　　　　　　〕　い〔　　　〕

5　次の問いに答えなさい。

(1)　狩野永徳が屏風絵をえがいたころの文化に関する説明として最も適切なものを，次のア～エから１つ選びなさい。〈宮崎県〉

ア　松尾芭蕉が，各地を旅しながら俳諧（かい）で新しい作風を生み出した。

イ　千利休が，質素と静かさを重んじるわび茶の作法を完成した。

ウ　観阿弥・世阿弥の親子が，田楽や猿楽を能として発展させた。

エ　兼好法師が，「徒然草」でいきいきとした民衆の姿を取り上げた。

〔　　　〕

(2)　豊臣秀吉について説明した，次の文中のⅠ，Ⅱに当てはまる語の組み合わせとして正しいものを，あとのア～エから１つ選びなさい。〈栃木県〉

豊臣秀吉は刀狩や太閤検地などを通して，［Ⅰ］の政策を進めて身分制社会の土台をつくった。また，狩野永徳らに［Ⅱ］のふすまや屏風に絵を描かせるなど，経済力を背景に豪華な文化を育んだ。

ア　Ⅰ：兵農分離　Ⅱ：銀閣　　イ　Ⅰ：宗門改め　Ⅱ：銀閣

ウ　Ⅰ：兵農分離　Ⅱ：大阪城　　エ　Ⅰ：宗門改め　Ⅱ：大阪城

〔　　　〕

(3)　豊臣秀吉について，次の問いに答えなさい。〈石川県〉

必ず得点

①　次の略地図のア～エのうち，この人物が築き，天下統一を進める拠点とした城の位置を示しているものを１つ選びなさい。

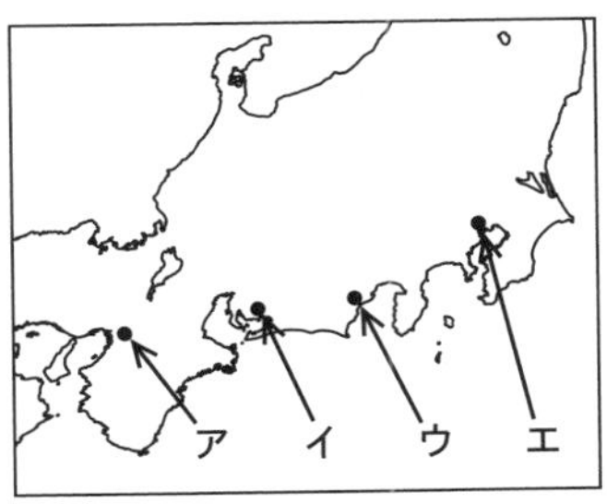

〔　　　〕

②　この人物は，兵農分離を進める上でいくつかの政策を行ったが，そのうちの１つを書きなさい。〔　　　　　　　　　　〕

9 文明のおこりと日本のはじまり

栄光の視点

この単元を最速で伸ばすオキテ

- 世界の古代文明は，場所とつくられたものを関連付けておく。
- 弥生時代と古墳時代の日本と中国とのつながりを整理する。

● 問われやすいテーマ

古代文明	文明がおこった場所，使われた文字や建造物
縄文時代まで	貝塚，土偶，たて穴式住居，三内丸山遺跡
弥生時代	奴国=後漢，卑弥呼=魏，吉野ヶ里遺跡
古墳時代	渡来人，前方後円墳，ワカタケル大王

覚えておくべきポイント

古代文明はとにかく場所と内容

地図を見て左から順に文明の名称を覚える形でも構わないので，場所と文明名をまちがえないこと，そして使われた文字や建造物も間違えないように。

古代文明発祥の地

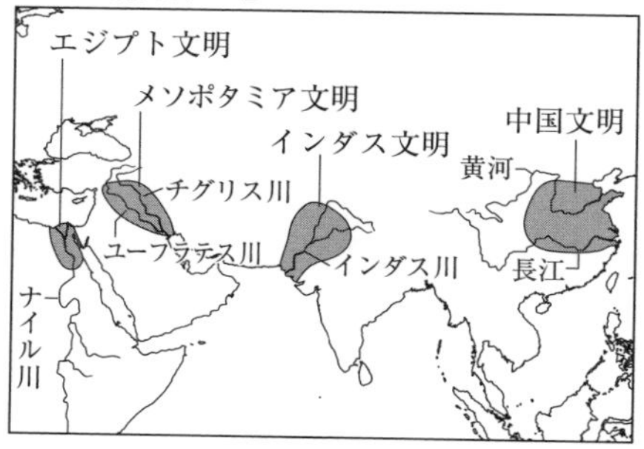

土偶で祈って埴輪でかざる

縄文時代に豊かな恵みを祈ったのは土偶，古墳時代に古墳の周囲に置いたのは埴輪。

要 点

世界の動き

(1) 古代文明…エジプト文明，メソポタミア文明，インダス文明，中国文明。
(2) 宗教のおこり…紀元前５世紀ごろにインドでシャカが仏教，紀元前後にエルサレムでイエスがキリスト教，７世紀にアラビア半島でムハンマドがイスラム教。

日本の動き

(1) 縄文時代…氷河期が終わる約１万年前からで，狩りや漁，採集の生活。たて穴式住居に住む。
(2) 弥生時代…稲作が広まる。石包丁，高床倉庫。青銅器や鉄器も大陸から伝わる。
(3) 古墳時代…大和政権が支配を拡大。朝鮮半島から渡来人が来日し，大陸の漢字や仏教，織物，土木技術などを伝える。

問題演習

1

次の問いに答えなさい。

(1) 図中のＡ～Ｄと古代文明の名称の組み合わせとして正しいものを，次のア～エから１つ選びなさい。〈沖縄県〉

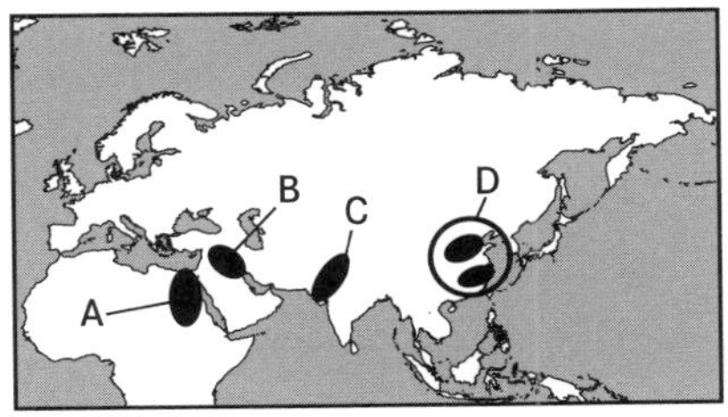

ア　A：メソポタミア　B：エジプト　C：インダス　D：中国
イ　A：インダス　B：エジプト　C：中国　D：メソポタミア
ウ　A：エジプト　B：メソポタミア　C：インダス　D：中国
エ　A：エジプト　B：メソポタミア　C：中国　D：インダス

〔　　　〕

思考力 (2) メソポタミア文明の説明として最も適当なものを，次のア～エから１つ選びなさい。〈大分県〉

ア　この文明では，ナイル川の定期的なはんらんによって運ばれた土が，農業を発達させていた。
イ　この文明では，上下水道や公衆浴場などの公共施設を持つ都市が，計画的に建設されていた。
ウ　この文明では，亀の甲や牛の骨に記録する文字と，独特の形をした青銅器がつくられていた。
エ　この文明では，月の満ち欠けにもとづく太陰暦と，くさび形文字が発明され使用されていた。

〔　　　〕

(3) イスラム教に関する最も適当なものを，次のア～エから１つ選びなさい。〈沖縄県〉

ア　人は身分にかかわらずみな平等であり，さとりを開けばだれでも苦しみから救われる。
イ　神の前ではみな平等であり，神を信じる者はだれでも救われると説き，『新約聖書』を聖典とする。
ウ　思いやりのこころで行いを正し，親子・兄弟などの秩序を重んじ，道徳を中心とする政治で国は治まる。
エ　唯一神を信じ，互いに助け合うなど正しい行いをすることの大切さを説き，『コーラン』を聖典とする。

〔　　　〕

2　縄文時代，弥生時代に関する次の問いに答えなさい。

(1)　次の文章は，縄文時代の日本列島の様子についてまとめたものの一部である。文章中のⅠ・Ⅱにあてはまる語の組み合わせとして最も適当なものを，あとのア～エのうちから一つ選び，その符号を書きなさい。〈千葉県〉

> 今から約１万年前に氷期が終わると，海面が［　Ⅰ　］し，日本列島は，ほぼ現在の姿になった。気候は［　Ⅱ　］になり，食料となるシカ・イノシシなどの動物や木の実などが豊かになった。

ア　Ⅰ：上昇　Ⅱ：温暖　　イ　Ⅰ：下降　Ⅱ：温暖
ウ　Ⅰ：上昇　Ⅱ：寒冷　　エ　Ⅰ：下降　Ⅱ：寒冷　　〔　　　〕

よくでる　(2)　稲作が広まった弥生時代の生活について述べた文として正しいものを，次のア～エから１つ選びなさい。〈徳島県〉

ア　都の東西におかれた市で，さまざまな品物が売り買いされるようになった。

イ　大陸の技術を用いて，かたくて丈夫な須恵器がつくられるようになった。

ウ　自然の豊かな実りなどを願って，土偶がつくられるようになった。

エ　祭りの道具として，銅鐸や銅剣などが用いられるようになった。

〔　　　〕

3　右の年表を見て，次の問いに答えなさい。

西暦	できごと
57	A倭(わ)の奴国(なこく／なのくに)の王が後漢(ごかん)に使いを送る
	⇕B
478	倭王C武(ぶ)が中国の南朝(なんちょう)に使いを送る

〈長野県〉

思考力　(1)　下線部Aについて，右下のカードにかかわって述べた文のうち，適切なものを，次のア～エから２つ選びなさい。

ア　奴国は朝鮮半島北部にある小国であった。

イ　奴国の支配者は，中国の皇帝から奴国の支配を認められた。

ウ　周辺国の支配者は，家臣の立場で中国と外交を行った。

エ　周辺国の支配者は，中国と対等の立場で外交を行った。

カード

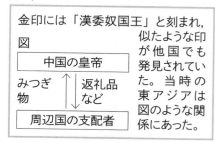

> 金印には「漢委奴国王」と刻まれ，似たような印が他国でも発見されていた。当時の東アジアは図のような関係にあった。
>
> 図
>
> 中国の皇帝
> ↑みつぎ物　↓返礼品など
> 周辺国の支配者

〔　　　〕〔　　　〕

(2) 年表中のBの時期について，次の問いに答えなさい。

① 次の［　］の文は，年表中のBの時期についての先生と生徒との会話である。文中のⅠ・Ⅱに当てはまる語を書きなさい。〈茨城県〉

先生：3世紀になると，中国では漢(かん)がほろび，魏(ぎ)・呉(ご)・蜀(しょく)の三国に分かれて争っていました。
生徒：このころ倭には［Ⅰ］という国があり，魏に使いを送っていたんですよね。
先生：はい，その国の女王は卑弥呼(ひみこ)といい，魏の皇帝から［Ⅱ］の称号と金印を授けられました。

Ⅰ［　　　　］　Ⅱ［　　　　］

② この頃の朝鮮半島について，次の［Ⅲ］に当てはまる国の名を書きなさい。ただし，［Ⅲ］には，右の略地図の［Ⅲ］と同じ国の名が入る。〈岐阜県〉

朝鮮半島では，高句麗と，4世紀頃におこった［Ⅲ］，新羅の三国が，互いに勢力を争った。大和政権が，［Ⅲ］や，伽耶（任那）地域の国々と結んで，高句麗や新羅と戦ったことが，好太王（広開土王）碑に記されている。

5世紀の朝鮮半島

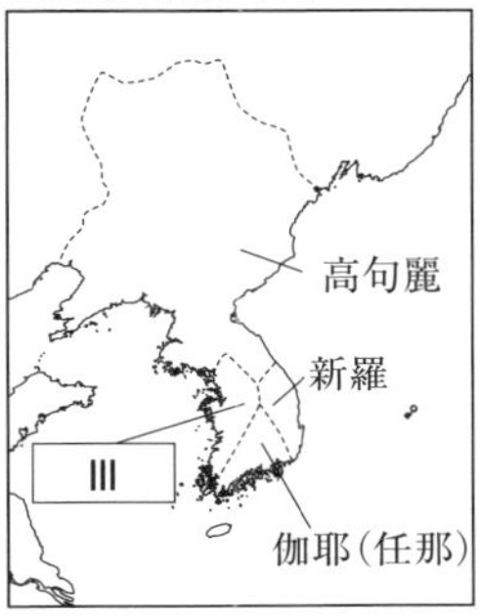

［　　　　］

(3) 下線部Cについて，次の問いに答えなさい。

① 倭王武は，埼玉県で出土した鉄剣に刻まれている［　］大王(おおきみ)という名で呼ばれた人物に当たると考えられている。［　］に当てはまる最も適当な言葉を，**カタカナ**で書きなさい。〈愛媛県〉

［　　　　］

② 次の図は，古墳時代におきた日本国内の動きを考察したものである。図中の［Ⅳ］に入る語句を**漢字4字**で書きなさい。〈富山県〉

【3世紀後半】［Ⅳ］墳がつくられはじめ，その分布は主に大和地方に集中した。
→（背景）
【4～5世紀】
・大仙古墳など，巨大な［Ⅳ］墳がつくられた。
・［Ⅳ］墳の分布が全国各地へ広がった。

【考えられること】　ヤマト(大和)王権(政権)の支配が拡大し，勢力を強めた。

［　　　　墳］

10 歴史分野の融合問題

問題演習

1 次の表は，A，B，C，Dの各年代について，畿内，北海道，南関東（現在の東京都，神奈川県を含む地域）の三つの地域それぞれの人口を推定したものである。次の問いに答えなさい。〈愛知県・改〉

	A 725年	B 1600年	C 1804年	D 1900年
北海道	−	7.1	54.5	949.3
X	422.8	1304.6	3490.5	5629.0
Y	457.3	2284.6	2420.8	3242.3

（注）表中の「−」は，人口を推定できないことを示している。
（鬼頭宏『人口から読む日本の歴史』）

(1) 右の資料は，表中のAの年代とほぼ同じ時期に作成された文書の内容の一部を書き記したものである。この資料から読み取ることができる内容と，Aの年代の社会のようすについて説明した文として最も適当なものを，次のア〜エから１つ選びなさい。

下総国葛飾郡大嶋郷戸籍
甲和里戸主孔王部小山　年四十八歳
（略）
男　孔王部忍羽　年二十二歳
男　孔王部忍秦　年七歳
男　孔王部広国　年五歳
女　孔王部大根売　年二十七歳
女　孔王部古富根売　年十九歳
女　孔王部若大根売　年十五歳

ア　文書には，土地の面積や地価が記されており，それをもとに税が課せられていた。
イ　文書には，地頭の乱暴な行為が記されており，それをもとに農民は地頭を領主に訴えた。
ウ　文書には，性別や年齢が記されており，それをもとに土地が支給されていた。
エ　文書には，惣のおきてが記されており，それをもとに農民は自治を行った。

〔　　　〕

思考力 (2) 次の文章は，表中のXについて述べたものである。文章中の ① に入るものをア・イから選び， ② に入る言葉を書きなさい。

表中のXは， ① であると判断できる。その理由は，人口がYよりも大きく増加していて，この地域に ② からである。

ア　畿内　　イ　南関東

①〔　　　〕

②〔　　　〕

差がつく (3) 表中CからDまでの期間に北海道の人口が増加した要因を，「開拓」「屯田兵」「防備」の３つの語を用いて説明しなさい。

〔　　　〕

PART

3

公民分野

1 現代の民主政治と社会

栄光の視点

この単元を最速で伸ばすオキテ

- 日本の政治のしくみをあつかっている単元。入試で必ずといっていいほど，出題される範囲。
- 政治は日々変化する。直接問われなくても，題材として時事問題が使われる事も多い。「聞いたことがない」とならないようにニュースを見ておこう。

● **問われやすいテーマ**

政党政治・選挙	公職選挙法，選挙制度，ドント方式，一票の格差
国会	国権の最高機関，国会の種類，衆議院の優越，弾劾(だんがい)裁判
内閣	連帯責任，内閣不信任・衆議院の解散，最高裁判所長官の指名
裁判所	司法権の独立，違憲立法審査権，裁判の種類，裁判員裁判
地方自治	民主主義の学校，直接請求権，地方財政・地方交付税交付金

覚えておくべきポイント

- **立法・行政・司法の三権をそれぞれ国会・内閣・裁判所に属させて相互の抑制と均衡(きんこう)をはかる**

三権分立は，右の図のようになっている。

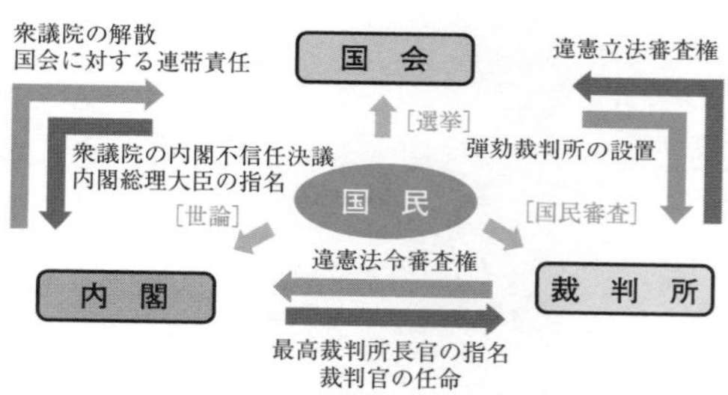

- **政党政治や選挙には興味をもつ**

投票率の変化を表したグラフや表の読み取り問題からはじまり，選挙のしくみ，ドント方式の計算，一票の格差の考え方など多種多様に問われる。

要 点

☑ **政党政治・選挙**

(1) 政党政治…政権担当の政党が**与党**(よとう)，それ以外が**野党**(やとう)。複数政党で**連立政権**。
(2) 選挙の４原則…①普通選挙，②平等選挙，③直接選挙，④秘密選挙。
(3) 選挙制度…小選挙区制は**死票**が多い。
(4) **一票の格差**とその解消に向けた定数是正(ぜせい)。

(5) 日本の選挙（定数は 2019 年 8 月現在）公職選挙法の改正で選挙権は 18 歳から。

衆議院	定数465人	小選挙区289人	比例代表176人	4年任期，解散あり
参議院	定数248人	選挙区148人	比例代表100人	6年任期，3年ごとに半数を改選

※ 2020 年 3 月現在。2022 年から，参議院は定数 245，選挙区 147 人，比例代表 98 人となる予定

☑ 国会

(1) 位置付け…国権の最高機関，唯一の立法機関。

(2) 国会の種類…①常会（通常国会）…1 月に召集，会期は 150 日。②臨時会（臨時国会）。③特別会（特別国会）。④参議院の緊急集会。

(3) 仕事…法律の制定，予算の議決，条約の承認，弾劾裁判所の設置，憲法改正を発議。

(4) 衆議院の優越

- 参議院が否決した法律案も衆議院での出席議員の3分の2以上の再可決で法律となる。
- 内閣不信任決議。
- 予算の先議。　・予算の議決・条約の承認・内閣総理大臣の指名。

(5)　法律が制定されるまで（衆議院が先議の場合）

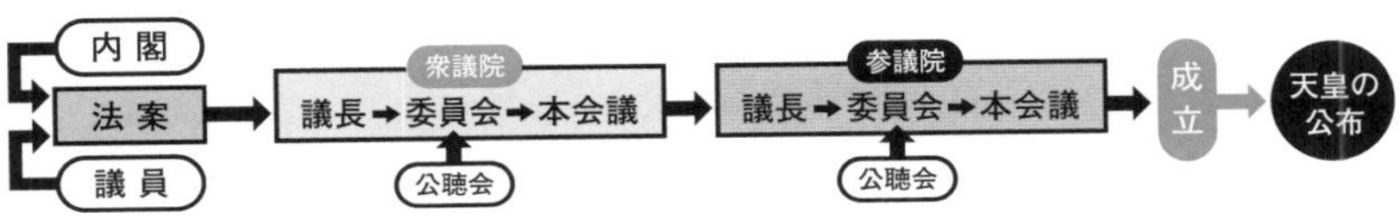

☑ 内閣

(1) 位置付け…内閣総理大臣は国会が指名，天皇が任命。総理が国務大臣を任命。閣議を開く。

(2) 議院内閣制…内閣は，国会に対し連帯して責任を負う。

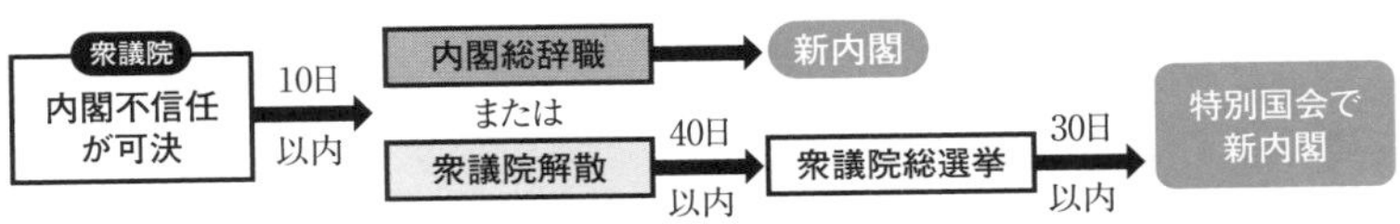

(3) 仕事…法律の執行，法律案・予算案の作成，条約の締結，政令の制定，天皇の国事行為に対する助言と承認，最高裁判所長官の指名・裁判官の任命。

(4) 行政改革…中央省庁を 1 府 12 省庁に再編，内閣府を置く。規制緩和。

☑ 裁判所

(1) 組織…最高裁判所の長官は内閣の指名で天皇が任命し，その他の裁判官は内閣が任命。最高裁判所は終審裁判所，「憲法の番人」。違憲立法審査権，違憲法令審査権。

(2) 司法権の独立…裁判官は，独立してその職権を行い，憲法・法律にのみ拘束される。

(3) 裁判…三審制。民事裁判と刑事裁判。裁判員制度…国民が裁判に参加。裁判官とともに判決。

☑ 地方自治

(1) 組織…首長（都道府県知事，市町村長）と地方議会。首長と議員は住民の直接選挙で選ばれる。任期はそれぞれ 4 年。首長は，議会で不信任決議が可決された時，辞職か，議会を解散。

(2) 仕事…首長は予算案などを議会に提出。地方議会は条例の制定，予算の決定など。

(3) 住民参加…直接請求権。

(4) 地方財政…おもな歳入は，地方税，地方債と国からの地方交付税交付金と国庫支出金。

直接請求権

種類	必要な署名数	提出先
条例の制定・改廃の請求	有権者の50分の1以上	首長
監査請求		監査委員
議会の解散請求	有権者の3分の1以上	選挙管理委員会
議員・首長の解職（リコール）		

問題演習

1 選挙について，次の問いに答えなさい。

よくでる (1) 次の文の（　　）に当てはまる数字を，ア，イから１つ選びなさい。また，［　　］にあてはまる語句を書きなさい。〈北海道〉

> 現在，日本の選挙は，満（ア　18　　イ　20）歳以上のすべての国民が投票できる普通選挙や，１人１票の［　　］選挙などの原則のもとで行われている。

記号［　　　］　語句［　　　　］

(2) 選挙権を得る年齢や，選挙区など，日本の選挙の方法について定めた法律を何というか，書きなさい。〈和歌山県〉　［　　　　］

思考力 (3) 選挙に関して，右の資料は，比例代表制のしくみを理解するために作成したものである。定数４として，ドント式で議席を配分した場合，B党の当選者数は何人か。また，小選挙区制と比較した比例代表制の特徴を，次の書き出しの語句に続けて書きなさい。ただし，「票」「意見」という語句を使うこと。〈鹿児島県・改〉

政党名	A党	B党	C党
候補者数	4人	3人	2人
得票数	1200票	900票	480票

当選者数［　　　］

特徴［小選挙区制に比べ　　　　］

思考力 (4) 今日の選挙の課題の一つに一票の価値が不平等なことがあげられる。一票の価値が不平等な状態になっている理由を，「議員一人あたり」という語句を用いて書きなさい。〈長崎県〉

［　　　　］

2 国会の働きについて，次の問いに答えなさい。

必ず得点 (1) 次の文は，日本国憲法第41条の条文である。［　　］にあてはまる語句を書きなさい。〈福島県〉

> 国会は，国権の［　　］機関であつて，国の唯一の立法機関である。

［　　　　］

よくでる (2) 国会の仕事の１つとして最も適当なものを，次のア～エから１つ選びなさい。〈福島県〉

ア　弾劾裁判所の設置　　イ　条約の締結
ウ　予算案の作成　　エ　法律の違憲審査　［　　］

3 国会について，次の問いに答えなさい。

よくでる (1) 内閣が必要と認めたとき，または衆議院，参議院いずれかの議院の総議員の4分の1以上の要求があった場合に召集される国会を，次のア～エから1つ選びなさい。〈青森県〉

ア 常会（通常国会）　イ 特別会（特別国会）
ウ 臨時会（臨時国会）　エ 参議院の緊急集会

〔　　〕

表 衆議院の召集日と会期（平成24年～29年）

衆議院の召集日		会期
平成24年	1月24日	常会
	10月29日	臨時会
	12月26日	特別会
平成25年	1月28日	常会
	8月2日	臨時会
	10月15日	臨時会
平成26年	1月24日	常会
	9月29日	臨時会
	12月24日	特別会
平成27年	1月26日	常会
平成28年	1月4日	常会
	8月1日	臨時会
	9月26日	臨時会
平成29年	1月20日	常会
	9月28日	臨時会
	11月1日	特別会

（衆議院ホームページより作成）

思考力 (2) 右の表は，衆議院の召集日と会期をまとめたものである。表の期間中，衆議院の解散に伴う総選挙は何回行われたか，数字で書きなさい。〈岐阜県・改〉

〔　　〕

(3) 下の図は，国会において法律が制定されるしくみを示そうとしたものである。図中のXは，それぞれの議院に所属する議員全員で構成され，Xで法律案などが議決される。図中のXに共通してあてはまる語句を書きなさい。〈香川県・改〉

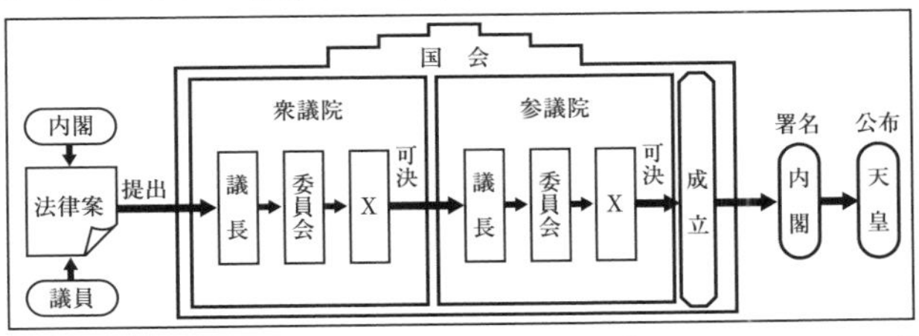

〔　　〕

思考力 (4) 日本国憲法では，予算の議決や内閣総理大臣の指名などで，衆議院と参議院の議決が異なる場合，衆議院の優越が認められている。その理由を，「任期」「解散」という語句を用いて，50字以内で書きなさい。〈新潟県〉

思考力 (5) 右の資料は，衆議院と参議院での投票結果である。この投票結果に基づいて，衆議院と参議院が異なる国会議員を指名し，両院協議会を開いても意見が一致しなかった場合に，内閣総理大臣として指名される議員を，資料中のa～d議員の中から一人選び，その記号を書きなさい。また，その理由も書きなさい。〈青森県〉

資料

	a議員	b議員	c議員	d議員
衆議院	151票	233票	63票	18票
参議院	150票	65票	17票	10票

記号〔　　〕 理由〔　　〕

4 内閣について，次の問いに答えなさい。

よくでる (1) 内閣について述べた次の文中の［　　］に当てはまる語を漢字４字で書きなさい。 〈大阪府〉

> 内閣は，内閣総理大臣及びその他の［　　］によって組織され，［　　］は内閣総理大臣によって任命される。

［　　　　］

(2) わが国では議院内閣制が採用されている。議院内閣制とはどのようなしくみかを，30 字以上 40 字以内で書きなさい。ただし，「信任」「責任」という語句を使うこと。 〈鹿児島県〉

(3) 内閣について述べた文として正しいものを，次のア～エから１つ選びなさい。 〈長崎県〉

ア　国政調査権を発動して証人喚問（しょうにんかんもん）をおこなう。
イ　天皇の国事行為に対して助言と承認をおこなう。
ウ　行政裁判において第一審（だいいっしん）の裁判をおこなう。
エ　外国と結んだ条約の承認をおこなう。　［　　］

よくでる (4) 衆議院は，内閣が行う行政が信頼できないと判断した場合には，内閣不信任の決議を行うことができる。次の文は，衆議院が内閣不信任の決議案を可決した場合について述べたものである。文中の［　　］に入れるのに適している内容を，「以内」という語を用いて書きなさい。〈大阪府〉

> 衆議院が内閣不信任の決議案を可決すると，内閣は，［　　］か，総辞職をしなければならない。

［　　　　］

思考力 (5) 近年，簡素で効率的な行政を目指す行政改革が進められ，行政機関の許認可権を見直して自由な経済活動をうながす規制緩和がおこなわれてきた。規制緩和の例としてあてはまらないものを，次のア～エから１つ選びなさい。 〈香川県〉

ア　株式会社が保育所を設置できるようになると，保育所が増える。
イ　電気事業が自由化されると，利用者は電力会社を選ぶことができるようになる。
ウ　派手な色の看板を掲げられないようにすると，景観が保たれて観光客が増える。
エ　航空業界に新規参入ができるようになると，価格競争がおこり運賃が安くなる。　［　　］

5 裁判所について，次の問いに答えなさい。

(1) 日本の最高裁判所に関して述べた文として適切なものを，次のア～エから１つ選びなさい。〈京都府〉

ア　最高裁判所長官は，国会が指名する。
イ　最高裁判所の裁判官は，国民審査の対象となる。
ウ　最高裁判所では，民事裁判は行われない。
エ　最高裁判所の審理には，裁判員が参加する。　〔　　　〕

よくでる (2) 日本の裁判制度では三審制がとられている。三審制によって当事者の人権を守ることができると考えられているのはなぜか，書きなさい。〈石川県〉

〔　　　　　　　　　　　　　　　　〕

(3) 公正で中立な裁判が行われるためには，司法権の独立が重要となる。次の文は，日本国憲法の司法権の独立に関する条文の一部である。文中の［X］，［Y］に当てはまる語の正しい組み合わせを，次のア～エから１つ選びなさい。〈静岡県〉

> すべて裁判官は，その［X］に従ひ独立してその職権を行ひ，この憲法及び［Y］にのみ拘束される。

ア　X－良心　Y－国会　　イ　X－良心　Y－法律
ウ　X－信条　Y－国会　　エ　X－信条　Y－法律　〔　　　〕

(4) 我が国の裁判の種類のうち，貸したお金を返してもらえないなど，個人や企業などの間で争う裁判を何というか，書きなさい。〈岩手県〉

〔　　　　　〕

思考力 (5) 我が国における裁判について述べた次の文の［　　　］に適当な言葉を書き入れて文を完成させなさい。ただし，［　　　］には，下の［語群］の言葉の中から１つ選び，その言葉と，「国民」「くじ」という２つの言葉の，合わせて３つの言葉を含めること。〈愛媛県〉

> 我が国では，主権者である国民の感覚を裁判に反映させるために，2009年から新しい制度が導入された。この制度では，［　　　］が，重大な犯罪にかかわる刑事裁判の第一審に参加して裁判を行うこととされている。

［語群］**傍聴人，裁判員**

〔　　　　　　　　　　　　　　　　〕

6

右の図は，三権分立のしくみを示している。これを見て，次の問いに答えなさい。

よくでる (1) 図中のⅠ～Ⅲの内容として適切なものを，次からそれぞれ１つずつ選びなさい。〈富山県〉

ア　命令，規則，処分の違憲・審査

イ　弾劾裁判所の設置

ウ　衆議院の解散

Ⅰ〔　　　〕 Ⅱ〔　　　〕

Ⅲ〔　　　〕

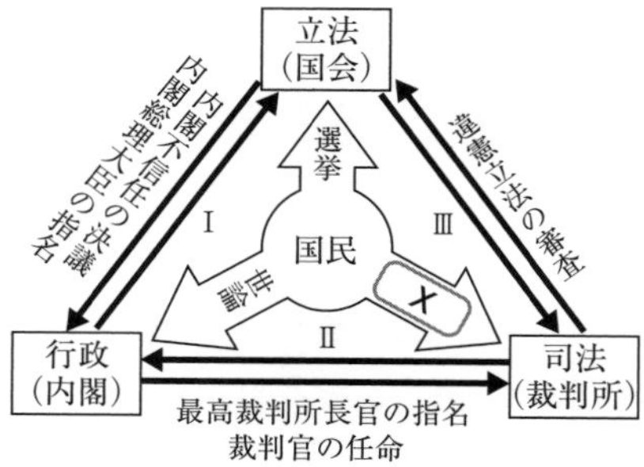

(2) 図中の X には，国民が最高裁判所裁判官に対して，任命が適切かどうかを直接判断することを表す語句が入る。X に入る適切な語句を書きなさい。〈富山県〉

〔　　　　〕

よくでる (3) 図のようなしくみをとる目的を，「権力」という語句を用いて書きなさい。〈茨城県〉

〔　　　　　　　　〕

7

地方自治のしくみについて，次の問いに答えなさい。

(1) 次の資料は，地方自治のしくみを示したものである。資料中の X ，Y に当てはまる語句を書きなさい。〈大分県〉

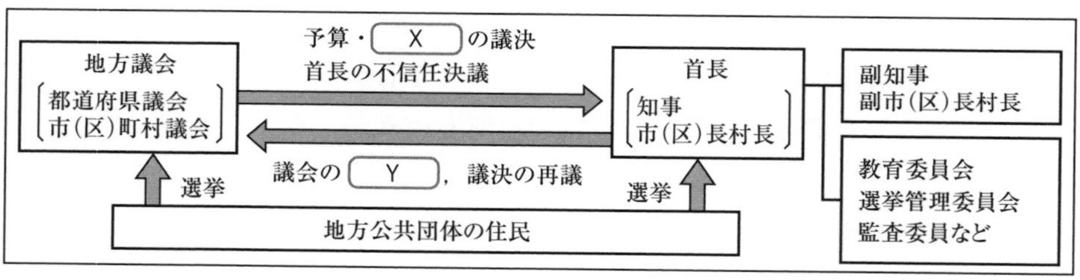

X〔　　　　〕　Y〔　　　　〕

よくでる (2) 右の表は，有権者が90,000人のＦ市で，条例の制定や改廃の請求をする場合に，必要な有権者の署名数と，請求先を示したものである。X ，Y に当てはまる数字と用語の組み合わせとして，正しいものを，次のア～エから１つ選びなさい。〈新潟県〉

	必要な有権者の署名数	請求先
条例の制定や改廃	X 以上	F市の Y

ア　X－1,800　Y－市長　　イ　X－1,800　Y－選挙管理委員会

ウ　X－30,000　Y－市長　　エ　X－30,000　Y－選挙管理委員会

〔　　〕

8 地方自治について，次の問いに答えなさい。

(1) 現在のわが国における地方自治体の首長や地方議会について述べたものとして，正しいものを，次のア～エから１つ選びなさい。〈長崎県〉

ア　地方議会は，首長の不信任決議をすることができない。

イ　地方議会は，地方自治体の予算を審議し決定する。

ウ　首長は，地方議会によって選出される。

エ　首長は，いかなる場合も地方議会を解散できない。

〔　　　〕

(2) 近年の地方の動向などについて述べた文として，内容が適当でないものを，次のア～エから１つ選びなさい。〈岡山県〉

ア　地方自治は，住民の身近な政治参加の場であることから，「民主主義の学校」ともよばれる。

イ　地方分権一括（いっかつ）法の成立により，地方公共団体が独自の活動を行える範囲が拡大するなどした。

ウ　現在，地方公共団体の首長は，その地域の 20 歳以上の住民による選挙で選ばれる。

エ　地域の重要課題について，住民の意思をはかるために，住民による投票が行われることがある

〔　　　〕

思考力

(3) 右の図は 2015 (平成 27) 年度における，地方財政の歳入とその内訳であり，額の多い上位４項目を示したものである。次の文は地方財政の歳入とその内訳について述べたものである。文中の X にあてはまる語を書きなさい。また，Y に入れるのに適する内容を簡潔に書きなさい。〈大阪府〉

地方財政の歳入とその内訳（%）

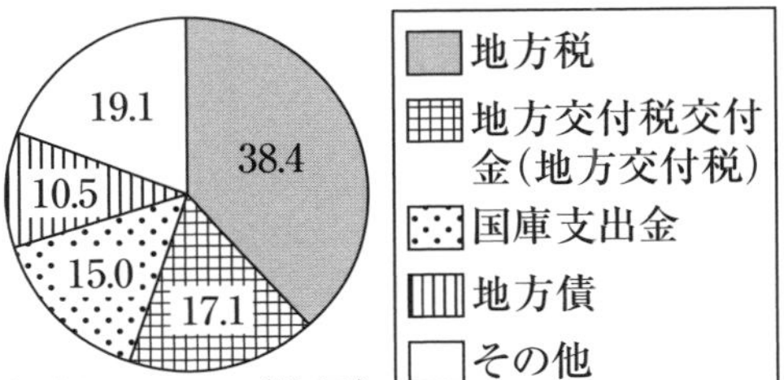

総額1,019,175(億円)

（総務省の資料により作成）

・図中の，地方税，地方交付税交付金（地方交付税），国庫支出金のうち，自主財源に当たるのは X である。
・図中には，国から地方公共団体に配分される資金が含まれる。そのうち，地方交付税交付金（地方交付税）は，どの地域の住民にも一定の行政サービスを提供できるように地方公共団体間の Y のためのものである。

X〔　　　〕

Y〔　　　〕

2 国民生活と経済

栄光の視点

この単元を最速で伸ばすオキテ

- 需要・供給曲線や景気変動の図は教科書でしっかり理解する。他の単元に比べると，あまり見ないことが多いグラフやしくみ図が使われることが多い。しっかりと理解しておけば，得点をかせぐことができる。
- 現金を使わないで買い物ができるようになってきている。意外と身近なテーマとして出題されることは多い。自分のお金に置きかえて考えよう。

● 問われやすいテーマ

消費生活	家計，消費者主権，クーリングオフ，製造物責任（PL）法
生産・労働	中小企業，株主，労働三法，男女雇用機会均等法，労働三権
価格・金融	市場価格，日本の経済成長，日本銀行，金融政策

覚えておくべきポイント

需要と供給の価格の上下は逆に動く

何かほしい「もの」があったとき，思ったより安ければ買う人は増えるし，高ければ減る。何か売りたい「もの」があったとき，安ければ売る人は減るし，高ければ増える。需要量と供給量の関係は，グラフをみて考えるより，自分がほしいものに置きかえて考えた方がわかりやすい。

景気対策には，政府の財政政策と日本銀行の金融政策がある

＜好景気のとき＞

売れる→商品がなくなる→商品が足りなくなる→高くても売れるので値段が上がる→売り上げや給料が上がる→売れる

＜不景気のとき＞

売れない→売れ残り商品がたくさん→商品があまる→安くして売ってしまいたいので値段が下がる→売り上げや給料が下がる→売れない

	好景気…景気過熱期 インフレーションになりやすい	不景気…不況期 デフレーションになりやすい
金融政策	銀行に国債を売る─貨幣量減少	銀行から国債を買う─貨幣量増加
財政政策	公共事業への投資を減らす 増税する	公共事業への投資を増やす 減税する

要点

☑ わたしたちの消費生活

(1) 家計…家庭が営む経済活動。収入－賃金などの勤労所得や，農家や個人事業主の事業所得。支出－生活に必要な財やサービスに支払う消費支出と税金など，貯蓄がある。
(2) 消費者の権利…消費者主権，自立した消費者。4つの消費者の権利。
(3) 行政…クーリングオフ制度，製造物責任（PL）法。消費者基本法（2004年）。消費者庁の設置（2009年）。
(4) 流通…流通を担う商業には卸売業者と小売業者が介在。流通の合理化が進む。

☑ 生産

(1) 企業…利潤を目的とする私企業，公共の利益を考える公企業。
(2) 中小企業…企業数の99%以上，従業員の約70%，出荷額の約50%を占める。
(3) 株式会社…株式を発行して資金を調達。株主は出資額に応じて，配当を受け取り，株主総会の議決権を行使する。

☑ 労働

(1) 労働者の権利…労働三権－①団結権，②団体行動権，③団体交渉権。
(2) 労働者の権利を守る法律…労働三法－①労働基準法，②労働組合法，③労働関係調整法。
(3) 雇用と賃金…従来の終身雇用，年功序列賃金がくずれ，成果主義賃金の導入や非正規雇用の増加。

☑ 価格

(1) 市場経済…市場は財・サービスの売り買いされる場。
(2) 市場価格…需要量と供給量の関係で変化。
需要量＜供給量－物が余る→価格が低下，生産が減る。
需要量＞供給量－物不足→価格が上昇，生産が増える。
需要量＝供給量－均衡価格に落ち着く。
(3) 公共料金…国や地方公共団体が決定，認可。
(4) 独占価格…少数の企業が自由競争を排除して決定した価格。独占禁止法（1947年）によって公正取引委員会が監視。

市場価格－需要と供給の関係

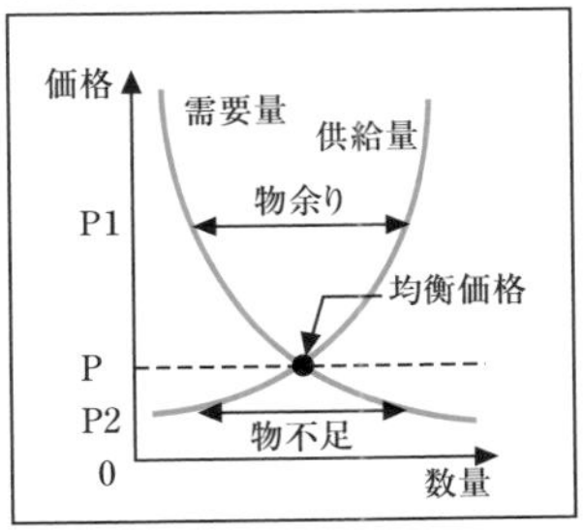

☑ 金融

(1) 日本銀行…①発券銀行，②銀行の銀行，③政府の銀行。
(2) 景気変動…資本主義経済は，好景気（好況）・後退・不景気（不況）・回復を繰り返す。デフレスパイラルは，デフレーションによる物価の下落で企業の収益が減り，賃金カットや失業の増加によって需要が減り，さらにデフレーションが進むという悪循環。
(3) 金融政策…日本銀行が行う。不景気時は，銀行から国債を買ってお金の出回る量を増やす。好景気時は，銀行に国債を売ってお金の出回る量を減らす。

景気変動

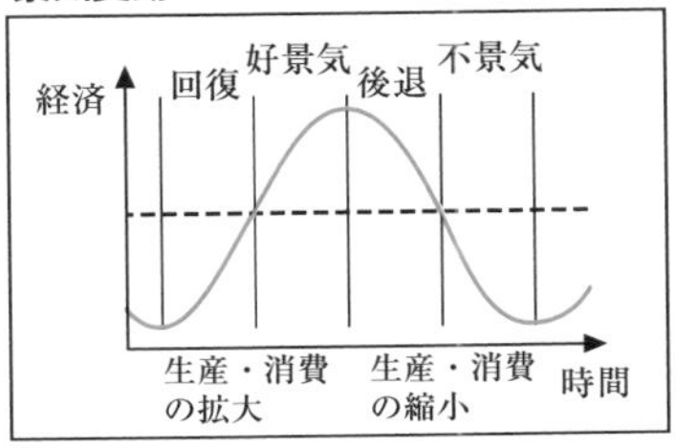

問題演習

1 消費生活について，次の問いに答えなさい。

(1) 消費生活について述べた次のA，Bの文の正誤の組み合わせとして正しいものを，下のア～エから1つ選びなさい。〈長崎県〉

A 商品の売り手と買い手の契約には，契約書によらず口頭で合意する場合もある。

B クレジットカードを利用して商品を購入する場合，支払いは購入後に生じる。

ア A＝正，B＝正　イ A＝正，B＝誤
ウ A＝誤，B＝正　エ A＝誤，B＝誤

〔　　〕

(2) 次の文の［　　］にあてはまる語句を書きなさい。〈鹿児島県〉

> 近年は，お金の価値をデジタルデータ化した［　　］が開発され，現金のやりとりをしなくてもＩＣカードや携帯電話を用いて買い物ができるなど，支払い手段は多様化している。

〔　　〕

よくでる (3) 消費者を守る制度について，訪問販売などによって消費者が意にそぐわない契約をしてしまった場合に，一定の期間内であれば，無条件でその契約を取り消すことを業者に要求できるという制度を何というか，書きなさい。〈新潟県〉

〔　　〕

よくでる (4) 次の文中の［　　］に当てはまる人物の名前を書きなさい。また，［X］，［Y］にあてはまる語句の組み合わせを，下のア～エから1つ選びなさい。〈茨城県〉

> 1962年，アメリカの［　　］大統領は，消費者の四つの権利を宣言し，各国の消費者行政に影響を与えた。商品の欠陥によって，消費者が被害や損害を受けた場合の賠償について定めた［X］が1994年に制定された。また，消費者が商品の重要な事項について，事実と異なることを説明された場合に，売買の約束の取り消しができることなどを定めた［Y］が2000年に制定された。

ア X－消費者保護基本法　Y―消費者契約法
イ X－消費者保護基本法　Y－消費者基本法
ウ X－製造物責任法（ＰＬ法）　Y－消費者契約法
エ X－製造物責任法（ＰＬ法）　Y－消費者基本法

人物〔　　〕　記号〔　　〕

2 流通と生産について，次の問いに答えなさい。

(1) 流通について述べた文として誤っているものを，次のア～エから１つ選びなさい。〈徳島県〉

ア　流通の目的は，商品の生産者と消費者をつなぐことである。

イ　流通は商品だけでなく，消費者が何を求めているかという情報の流通も行っている。

ウ　流通業のうち，卸売業は仕入れた商品を直接消費者に販売する仕事である。

エ　流通業には商品を運ぶ運送業，商品を保管する倉庫業も含まれる。

〔　　　〕

思考力 (2) あるクラスでは，コンビニエンスストアが販売額を伸ばす工夫について考えるために，コンビニエンスストアの特徴とそこで使われているPOSシステムについて調べた。次の**資料１・２**は調べた資料の一部である。コンビニエンスストアでは，販売額を伸ばすために，POSシステムを用いてどのような工夫を行っていると考えられるか。**資料１・２**をもとに書きなさい。〈広島県〉

資料1　コンビニエンスストアの特徴

・売場面積が100m^{2}程度で比較的狭い店舗が多く，１日の営業時間が14時間以上である。
・主に弁当や飲料などの食料品を販売している。
・本部と契約して加盟店になる形式の店舗が多く，商品は本部を通じて配送される。

資料2　POSシステムについて

販売時に商品のバーコードを読み取り，価格の計算をすると同時に，いつ，どこで，何がどれだけ売れたのかをデータとして把握するシステム。

〔　　　　　　　　　　　　　　　　〕

(3) 次のA，Bの文について，右の図から読み取れることとして正しいものには○を，誤っているものには×を書きなさい。〈石川県〉

日本国内の製造業における大企業と中小企業の比較

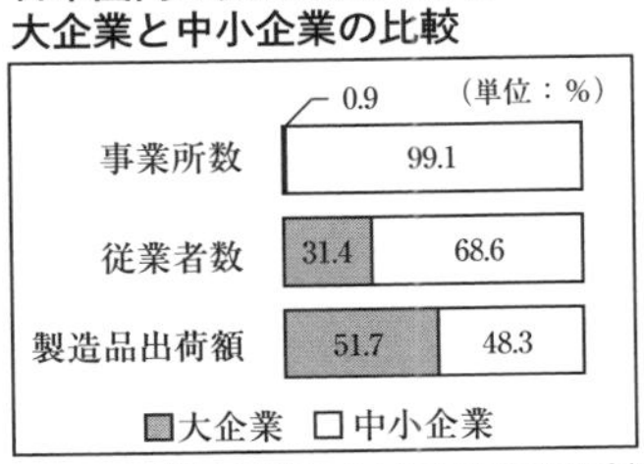

(『日本国勢図会 2019/20』より作成)

A　中小企業のほうが大企業より事業所数が圧倒的に多く，従業者数も大きく上回っている。

B　１事業所あたりの製造品出荷額は，大企業と中小企業とでは，ほぼ同じである。

A〔　　　〕　B〔　　　〕

3 株式会社について，次の問いに答えなさい。

(1) 下の図は，株式会社のしくみを表している。〈静岡県〉

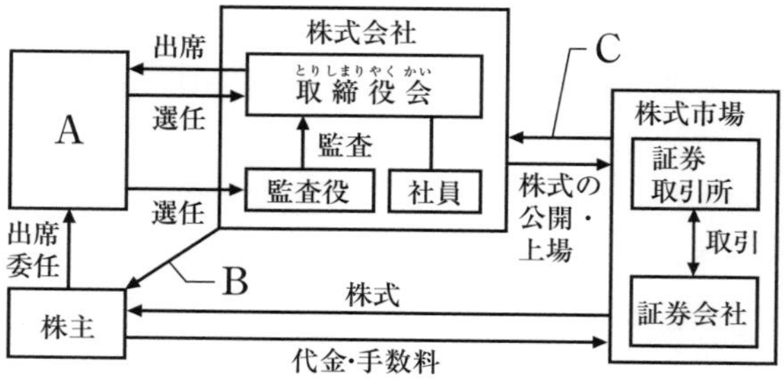

よくでる ① 図のAでは，株主や取締役が出席し，経営の基本方針の決定や役員の選任などが行われる。Aに当てはまる名称を書きなさい。

〔　　　　〕

よくでる ② 図中のBとCに当てはまるものを，次のア～エから１つずつ選びなさい。

ア 賃金　イ 資金　ウ 配当（配当金）　エ 利子（利息）

B〔　　〕　C〔　　〕

(2) 企業は利潤を追求するだけではなく，教育，文化，環境保全などの活動にも責任を果たすべきだという考え方を何というか，アルファベット３字で書きなさい。〈福井県〉

〔　　　　〕

(3) 新たに事業を起こし，新しい技術や独自の経営方法をもとに，革新的な事業を展開する中小企業を何というか，書きなさい。〈青森県〉

〔　　　　〕

差がつく (4) 次の文は，平均株価について説明したものである。下のアからエまでの文の中に，文中の［　　　］に正しくあてはめることができるものが２つある。その２つの文を選びなさい。〈愛知県〉

> 平均株価は，東京証券取引所で売買されている代表的な企業の株式の平均価格を示している。一般的に株式の価格（株価）は，［　　　］状況のもとで上昇する。東京証券取引所で売買される企業の株価の多くが上昇すれば，平均株価の数値は大きくなる。したがって，平均株価は景気の良し悪しを判断する材料としても用いられる。

ア 株式を買いたいと思う人よりも売りたいと思う人が多い
イ 株式を売りたいと思う人よりも買いたいと思う人が多い
ウ 株式が売買されている企業で株主への配当の減額が見込まれる
エ 株式が売買されている企業で株主への配当の増額が見込まれる

〔　　〕〔　　〕

4 労働について，次の問いに答えなさい。

(1) 次の文の[X]～[Z]に当てはまる数字を，それぞれ書きなさい。 〈北海道〉

> 労働基準法は，労働時間を週[X]時間以内，1日[Y]時間以内とすることや，毎週少なくとも[Z]日を休日とすることが定められている。

X〔　　　〕 Y〔　　　〕 Z〔　　　〕

よくでる (2) 男女がともにその能力を発揮できるよう，仕事と家庭生活の調和を図り，両立させていくことが課題となっている。この「仕事と生活の調和」を何というか，カタカナで書きなさい。 〈徳島県〉

〔　　　　　　〕

思考力 (3) 企業には(2)に配慮することが求められている。(2)を実現するためには，企業は具体的にどのようなことをすればよいか，簡単に書きなさい。 〈香川県・改〉

〔　　　　　　　　　　　　〕

思考力 (4) 外国人労働者について，**資料1**，**資料2**をもとにまとめた下の文中の[X]，[Y]に入る適切な内容を書きなさい。 〈宮崎県・改〉

資料1 日本に住むことが認められている外国人労働者の主な職業(2018年8月)

- 大学教授，中学校や高校の語学教師
- 医師，歯科医師，看護師
- プロスポーツ選手，スポーツ指導者
- 作曲家，画家，俳優，歌手

(『入国管理局資料』他より作成)

資料2 日本の人口と人口構成の変化

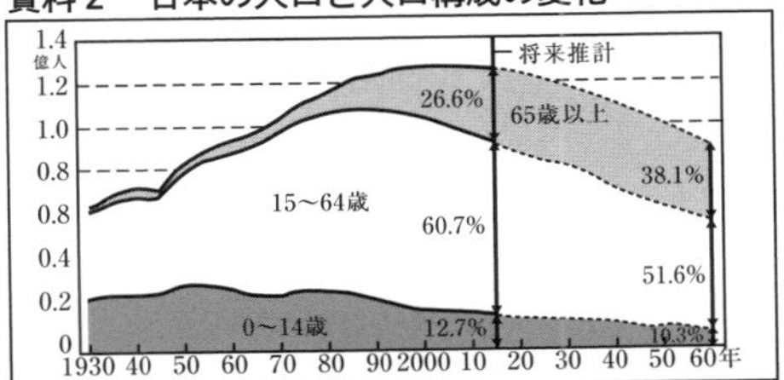

(『日本統計年鑑 平成29年』他より作成)

> 日本は，外国人労働者の受け入れを，**資料1**のように，[X]をもつ人々に限定してきた。**資料2**から，[Y]を補えるという意見もあり，受け入れが拡大されようとしているが，賃金や労働環境などの課題もあり，これからも議論していくことが大切である。

X〔　　　　　　　　　　〕

Y〔　　　　　　　　　　〕

5 市場経済のしくみと価格について，次の問いに答えなさい。

(1) 次の文を読んで，各問いに答えなさい。 〈山口県〉

> 現代の市場経済においては，右の図のように，商品の価格がMであるとき，供給量は［　　　］。
> この状態では，商品が売れ残る可能性があるため，商品の価格は，需要量と供給量とが一致する点Pに近づくことが予想される。

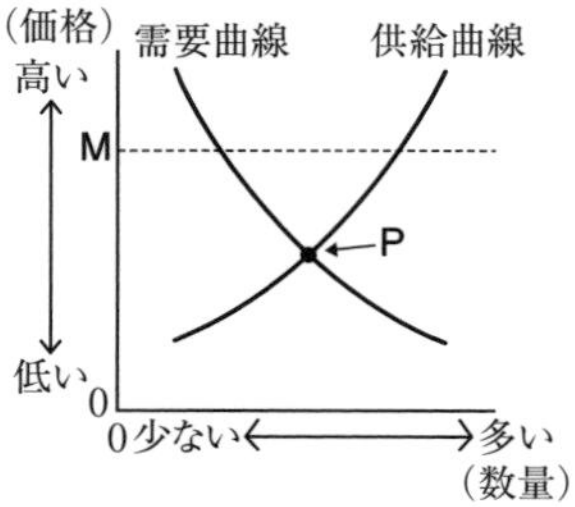

よくでる ① 図中の点Pは，市場価格のうち，需要量と供給量が一致するときの価格である。この価格を何というか，書きなさい。

〔　　　　〕

差がつく ② 文中の［　　　］に，需要と供給の関係がわかるよう適切な語句をおぎない，文を完成させなさい。

〔　　　　〕

思考力 (2) 右の表は，自由競争が行われている市場における，ある施設の1時間あたりの利用料金の変動による，利用者が施設を利用したい時間と，事業者が施設を提供したい時間の変化を示したものである。次の文は，この表からわかることを述べようとしたものである。文中の［X］～［Z］にあてはまる言葉の組み合わせとして正しいものを，あとの次のア～エから1つ選びなさい。 〈香川県〉

1時間あたりの利用料金(円)	利用者が施設を利用したい時間(時間)	事業者が施設を提供したい時間(時間)
500	3.5	1.0
1000	2.5	2.5
1500	1.5	3.0
2000	1.0	4.0

> 事業者が1時間あたりの利用料金を1500円に設定した場合，事業者が施設を提供したい時間が，利用者が施設を利用したい時間よりも1.5時間多くなる。このように［X］が［Y］を上回る場合には，価格は［Z］する。価格が［Z］すると［X］は減少し，［Y］は増加する。こうして，［X］と［Y］はしだいにつり合うようになり，一致する。

ア　X－需要量　Y－供給量　Z－上昇
イ　X－供給量　Y－需要量　Z－上昇
ウ　X－需要量　Y－供給量　Z－下落
エ　X－供給量　Y－需要量　Z－下落

〔　　　　〕

6 金融について，次の問いに答えなさい。

よくでる (1) 企業が株式や債券などを発行することによって，銀行などを通さずに必要な資金を調達することを何というか，書きなさい。〈山口県〉

〔　　　　〕

(2) 金融機関にあてはまらないものを，次のア〜エから1つ選びなさい。〈青森県〉

ア　消費生活センター　　イ　証券会社
ウ　生命保険会社　　エ　農業協同組合

〔　　　　〕

(3) 右の図は，金融機関の一つである銀行について示したものである。銀行はどのような役割を果たしているか。図のお金の流れに着目して書きなさい。〈福岡県〉

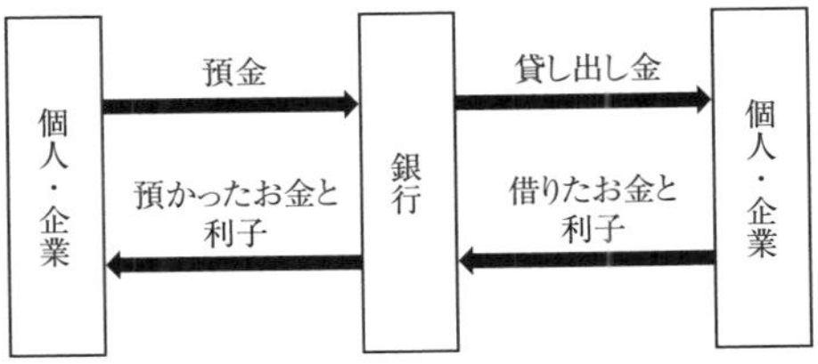

〔　　　　〕

思考力 (4) 右の資料は銀行と家計，企業との間のお金の貸し出しや預金の流れを表している。利子ａよりも利子ｂの金利（利子率）が上回る理由を書きなさい。〈青森県〉

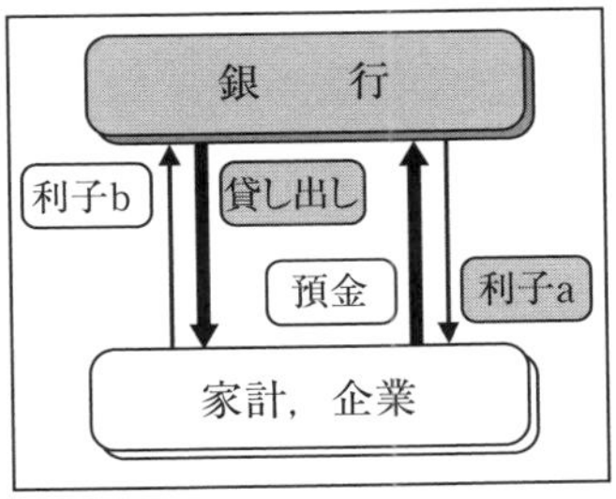

〔　　　　〕

よくでる (5) 日本銀行について述べた次の文の X に入る語句として最も適当なものを，下のⅠ群ア・イから1つ選びなさい。また，Y に入る表現として最も適当なものを，下のⅡ群カ〜ケから1つ選びなさい。〈京都府〉

> 日本銀行は，日本の景気や物価の安定をはかるため，X 政策を行っている。一般に，不景気のときに，日本銀行は Y ことで通貨量を調整し，生産活動を活発化させる。

〈Ⅰ群〉ア　金融　　イ　財政
〈Ⅱ群〉カ　銀行に国債を売る　　キ　増税をする
　　　　ク　銀行から国債を買う　　ケ　減税をする

X〔　　　　〕　Y〔　　　　〕

3 人権の尊重と日本国憲法

栄光の視点

この単元を最速で伸ばすオキテ

- 市民革命や人権思想，大日本帝国（ていこく）憲法，日本国憲法は歴史分野とも重なって出題されやすい。歴史上の前後のできごととのつながりも確認。
- 憲法からの人権や政治に関わる出題は頻出。条文とのつながりを調べておく。

● 問われやすいテーマ

人権保障の動き	ワイマール憲法，世界人権宣言，子ども（児童（じどう））の権利条約
日本国憲法	三大原則，天皇の地位と役割，憲法改正の手続き
基本的人権	生存権，国民審査，国民投票，労働基本権，新しい人権

覚えておくべきポイント

- **憲法の改正手続きか法律の制定手続きか**

法律制定より憲法改正の方が手続きが難しくなっている。憲法の改正には，国会で**各議院の総議員の3分の2以上の賛成が必要**なこと，**国民投票が必要**であることなど，法律の改正とはちがう流れになることを理解する。

- **天皇の国事行為は内閣の助言と承認が必要**

天皇の地位は，大日本帝国憲法では主権者，日本国憲法では**象徴（しょうちょう）**。日本国憲法下では，天皇は政治的な行為は行わず，**内閣の助言や承認**に基づいて内閣の責任のもとで**国事行為**を行う。

- **人権と法律や世界の動きを結びつける**

平等権，自由権，社会権，参政権だけでなく，新しい人権や国際的な人権の考え方なども出題されてきている。アイヌ文化振興法や，男女共同参画社会基本法など平成に入ってから制定された人権に関わる法律もおさえておこう。

先輩たちのドボン

- **似た語句・内容が見分けられない**

労働基準法とバリアフリーとノーマライゼーションとユニバーサルデザイン，男女雇用機会均等法と男女共同参画社会基本法，団結権と団体交渉権と団体行動権など，わかったつもりで実はよくわかっていないまま入試本番に臨み，点を取り損ねてしまう場合がある。似た語句は表に書き出してちがいを確認しよう。

要点

☑ 人権保障の動き

(1) 人権思想…17 ～ 18 世紀の欧米の市民革命で個人の尊重・平等・自由が宣言される。
(2) 人権の拡大…20 世紀にワイマール憲法で社会権を認める。
(3) 大日本帝国憲法…人権は「臣民の権利」として法律の範囲内で認められる。
(4) 国際連合…世界人権宣言（1948 年）の理念を国際人権規約（1966 年）によって実現化。女子差別撤廃条約（1979 年），子ども（児童）の権利条約（1989 年）。

☑ 日本国憲法の原理

(1) 立憲主義…人の支配から法の支配へ，憲法は最高法規。
(2) 政治のしくみ…立法・行政・司法の三権をそれぞれ別の機関に与え，権力の集中を防ぐ。

☑ 日本国憲法

(1) 三大原則…国民主権，平和主義，基本的人権の尊重（第 11 条）。
(2) 天皇…日本国と日本国民統合の象徴。内閣の助言と承認により国事行為を行う。
(3) 憲法改正の手続き…衆議院と参議院各議院で総議員の 3 分の 2 以上の賛成（憲法改正の発議）→国民投票により過半数の賛成→天皇が国民の名で公布。

☑ 平和主義

(1) 憲法第 9 条…戦争の放棄・戦力の不保持・交戦権の否認。
(2) 自衛隊…GHQ の指令で警察予備隊発足→自衛隊に編成（1954 年），1992 年，PKO 協力法が成立。
(3) 防衛政策…文民統制（自衛隊の最高指揮権は内閣総理大臣），非核三原則（核兵器を持たず，つくらず，持ち込ませず）。

☑ 基本的人権

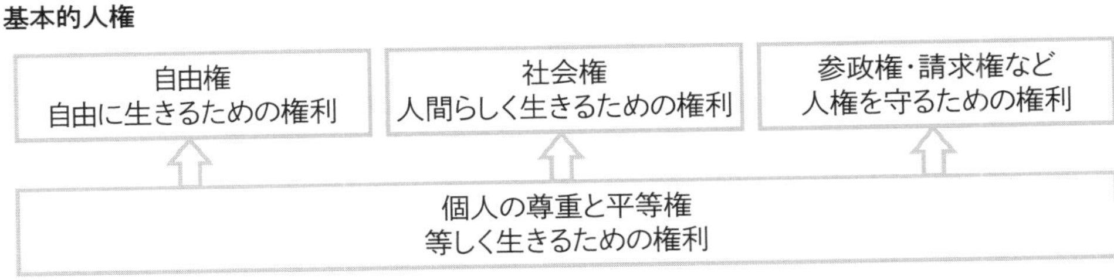

(1) 平等権…個人の尊重，法の下の平等，両性の本質的平等。ノーマライゼーションの実現，ユニバーサルデザイン，障害者基本法，障害者差別解消法。
(2) 自由権…精神の自由－思想・良心の自由，信教の自由，表現の自由など。身体の自由－令状なく逮捕されない，拷問の禁止。経済活動の自由－居住・移転・職業選択の自由，財産権の保障。
(3) 社会権…生存権（生活権）－健康で文化的な最低限度の生活を営む権利，教育権，勤労の権利，労働基本権（労働三権）－団結権・団体交渉権・団体行動権。
(4) 人権を守るための権利…参政権－選挙権，被選挙権，最高裁判所の裁判官の国民審査，憲法改正の国民投票。請願権。請求権－裁判を受ける権利，国家賠償請求権，刑事補償請求権。新しい人権－知る権利，プライバシー権，自己決定権，環境権。

問題演習

1 人権の歴史について，次の問いに答えなさい。

(1) 次のア～エのカードは，人権保障のあゆみの中で重要なことがらについて説明したものである。４枚のカードを年代の古い順に並べたとき，２番目と３番目になるものをそれぞれ選びなさい。〈愛知県〉

ア　フランス人権宣言 人間の自由と平等，人民主権といった17条の条文から構成されるフランス革命の基本原則を記述した宣言	イ　世界人権宣言 第３回国際連合総会で採択された，全ての人と全ての国が達成すべき基本的人権についての宣言
ウ　マグナ・カルタ イギリスで貴族が国王に承認させたもので，徴税には議会の同意を必要とするなどとして，国王の権力を制限した法	エ　ワイマール憲法 第一次世界大戦後に開かれた国民議会で制定された，世界で初めて社会権が保障されたドイツ共和国憲法

２番目［　　］　３番目［　　］

よくでる (2) 次の文中の［　　］にあてはまる人物を，下のア～エから１つ選びなさい。〈福島県〉

> フランスの啓蒙思想家で，自由や平等を実現するために人民が主権をもつ共同体をつくる必要性を唱え，『社会契約論』などを著した人物は，［　　］である。

ア　ロック　　イ　ルソー　　ウ　ルター　　エ　モンテスキュー

［　　］

(3) 人権思想に関連することがらを正しく述べているものはどれか。最も適当なものを一つ選び，その符号を書きなさい。〈千葉県〉

ア　フランス人権宣言は，「すべての人は平等につくられ，生命・自由・幸福の追求の権利が与えられている」と宣言し，アメリカ独立宣言に影響を与えた。

イ　大日本帝国憲法において，「人権は侵すことのできない永久の権利」であると規定され，国民の権利が大幅に拡大された。

ウ　ドイツのワイマール憲法は，「個人として尊重され自由に生きる権利」である自由権を，世界で初めて取り入れた憲法である。

エ　世界人権宣言は，「すべての人間は，生まれながらにして自由であり，かつ，尊厳と権利とについて平等である」と宣言し，これを具体化するために，国際人権規約が採択された。

［　　］

2 日本国憲法について，次の問いに答えなさい。

思考力 (1) 日本国憲法は，欧米の近代の憲法と同じように，立憲主義の考え方にもとづいてつくられており，政治が人の支配によってではなく，法の支配にもとづいて行われることが求められている。これに関して，右の資料は，人の支配と法の支配を模式的に示したものである。資料を参考にして，法の支配について述べた次の文の［　　］にあてはまる言葉を補い，これを完成させなさい。〈鹿児島県〉

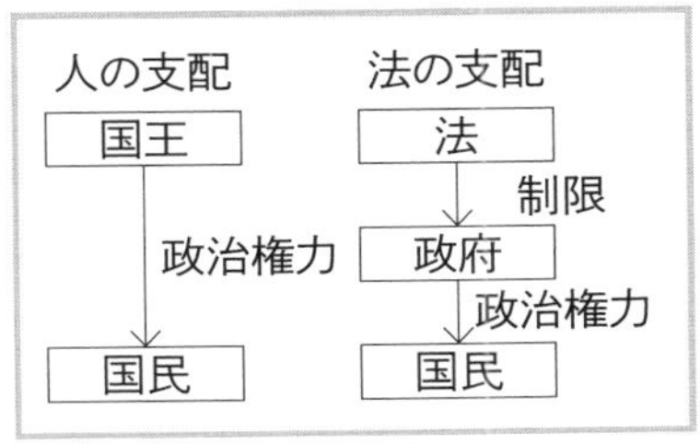

〔　　　　　　　　　　　　　　　　　　　　〕

> 法の支配における法の役割は，［　　　　］ために政府の権力を制限することである。

(2) 日本国憲法の三大原則の一つである，国民主権とはどのような原則か。主権の意味にふれながら書きなさい。〈福島県〉

〔　　　　　　　　　　　　　　　　　　　　〕

よくでる (3) 次の日本国憲法の条文の［　　］に共通してあてはまる語句を漢字で書きなさい。〈鹿児島県〉

> 第１条　天皇は，日本国の［　　］であり日本国民統合の［　　］であつて，この地位は主権の存する日本国民の総意に基く。

〔　　　　〕

よくでる (4) 次の図は，日本国憲法の改正手続きの流れを模式的に表したものである。図中のＸ～Ｚにそれぞれ当てはまる言葉の組み合わせとして適当なものを，あとのア～エから１つ選びなさい。〈愛媛県〉

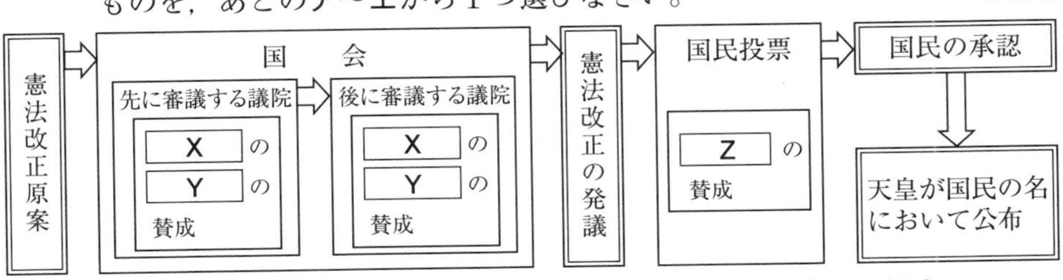

ア　Ｘ－総議員　　Ｙ－過半数　　Ｚ－３分の２以上
イ　Ｘ－総議員　　Ｙ－３分の２以上　　Ｚ－過半数
ウ　Ｘ－出席議員　　Ｙ－過半数　　Ｚ－３分の２以上
エ　Ｘ－出席議員　　Ｙ－３分の２以上　　Ｚ－過半数

〔　　〕

3 基本的人権について，次の問いに答えなさい。

よくでる (1) 日本国憲法第14条では，法の下(もと)の平等について，次のように定められている。[　　]にあてはまる語を書きなさい。〈和歌山県〉

> 第14条　すべて国民は，法の下に平等であつて，人種，信条，[　　]，社会的身分又(また)は門地(もんち)により，政治的，経済的又は社会的関係において，差別されない。

〔　　　　〕

(2) 高齢者や障がいのある人などが安全・快適に暮らせるよう，身体的，精神的，社会的な障壁を取り除こうという考えを何というか。最も適当なものを，ア～エから１つ選び，記号を書きなさい。〈大分県〉

ア　ユニバーサルデザイン　　イ　バリアフリー
ウ　フェアトレード　　エ　インフォームド・コンセント

〔　　〕

よくでる (3) 日本国憲法が規定している教育を受ける権利は，日本国憲法が保障する基本的人権を次の５つに分類した場合，どの権利に属するか。最も適当なものを，次のア～オから１つ選びなさい。〈新潟県〉

ア　自由権　　イ　平等権　　ウ　社会権
エ　参政権　　オ　請求権

〔　　〕

よくでる (4) 次の表は，自由権とその具体的な権利の内容をまとめたものである。A～Cに当てはまるものを，ア～ウからそれぞれ選びなさい。〈北海道〉

自由権	身体（生命・身体）の自由	精神（精神活動）の自由	経済活動の自由
内容	A	B	C

ア　思想および良心の自由　　イ　居住・移転および職業選択の自由
ウ　奴隷的拘束および苦役からの自由

A〔　　〕　B〔　　〕　C〔　　〕

(5) 基本的人権の一つである社会権を行使した具体例として最も適切なものを，次のア～エから１つ選びなさい。〈岐阜県〉

ア　集会を開いて演説する。
イ　条例の制定を求めて署名を集める。
ウ　国に情報の開示を請求する。
エ　団結して行動できるように労働組合を作る。

〔　　〕

(6) 日本国憲法で保障されている労働三権のうち，労働条件の改善をめざして，労働者が労働組合をつくる権利を何というか，書きなさい。〈山口県〉

〔　　　　〕

4 基本的人権について，次の問いに答えなさい。

(1) 次の日本国憲法の条文が保障する権利を，下のア～エから１つ選びなさい。〈東京都〉

> 最高裁判所の裁判官の任命は，その任命後初めて行はれる衆議院議員総選挙の際国民の審査に付し，その後10年を経過した後初めて行はれる衆議院議員総選挙の際更に審査に付し，その後も同様とする。

ア 参政権　イ 自由権　ウ 社会権　エ 請求権

〔　　〕

＋差がつく (2) 国民の権利の１つに請願権がある。請願権の行使にあたる文として，正しいものを，次のア～エから１つ選びなさい。〈宮城県〉

ア 国会が行う審議や決議のようすを傍聴する。
イ 国や地方の機関に自分たちの希望を述べる。
ウ 無罪となった刑事裁判の補償を国に求める。
エ 国が正しく政治を行っているかを調査する。

〔　　〕

(3) 次の文は，日本国憲法第12条の一部である。社会全体の共通の利益を意味する，□にあてはまる言葉を書きなさい。〈三重県〉

> この憲法が国民に保障する自由及び権利は，国民の不断の努力によって，これを保持しなければならない。又（また），国民は，これを濫用（らんよう）してはならないのであって，常に□のためにこれを利用する責任を負ふ。

〔　　〕

(4)「新しい人権」について説明した，次の文中の X ，Y にあてはまるものの組み合わせとして最も適するものを，あとのア～エから１つ選びなさい。〈神奈川県〉

> 日本国憲法に直接の記載はないが，環境権などの「新しい人権」が主張されている。1999年には「新しい人権」の一つとされる X を保障するため，Y に対して情報の開示を請求することを認める情報公開法が制定された。

ア X－知る権利　Y－行政機関の長
イ X－知る権利　Y－企業の代表
ウ X－請求権　Y－行政機関の長
エ X－請求権　Y－企業の代表

〔　　〕

4 国民生活と福祉

栄光の視点

この単元を最速で伸ばすオキテ

財政の抱える問題には少子高齢化が大きくかかわっている。累積赤字の増大，社会保障費の増大，消費税率の変化などの理由や目的を考えておこう。

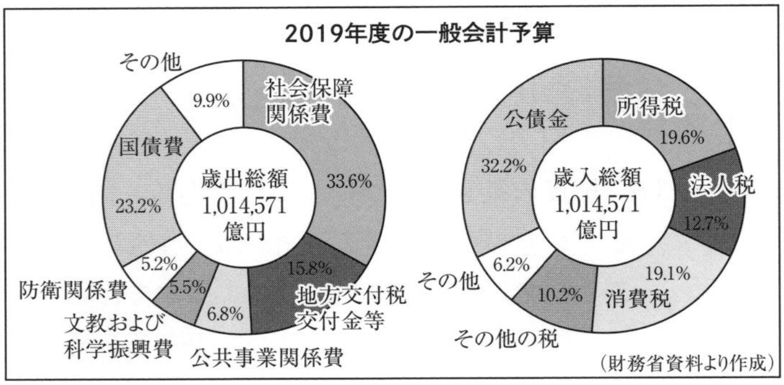

● **問われやすいテーマ**

財政	歳入と歳出，累進課税制度，財政政策，社会保障制度，介護保険制度

覚えておくべきポイント

政府・家計・企業の間でお金・財・サービスが交換されている

政府や地方公共団体は徴収した税金を使って，社会資本や社会保障などの公共サービスを提供。政府・家計・企業の間の取引を理解しておく。

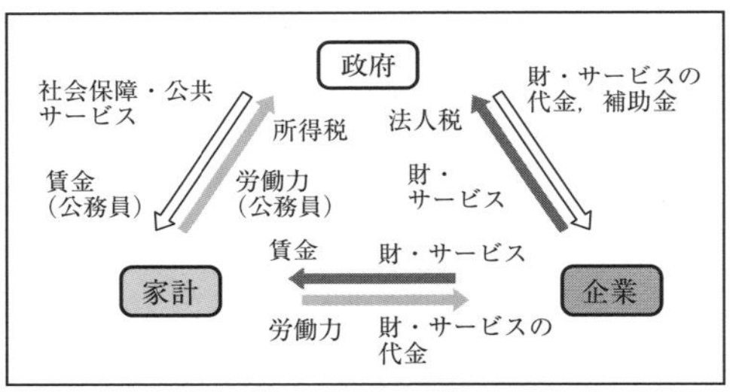

要点

財政

(1) 財政…国や地方自治体が行う経済活動。

(2) 国の予算…歳入の多くを租税が占めるが，不足分を**公債金**で補う。税収の多いものは**所得税**と**消費税**，法人税。歳出は**社会保障費**が約3分の1を占め増加している。公債費の返還に充てる国債費や地方公共団体の補助に充てる**地方交付税交付金**も多い。

(3) 税…所得税や法人税は**直接税**であるが消費税は**間接税**。所得税には**累進課税制度**が適用。

(4) 社会保障…高齢化によって**社会保障費が増大**し，少子化によって高齢者を支える勤労世代が減少。①**社会保険**－医療・介護・年金・雇用・労災。②**社会福祉**－生活の援助が必要な児童・高齢者・障がい者などの社会的弱者を支援。③**公的扶助**－生活保護，生活が困難な人々の最低限度の生活を保障。④**公衆衛生**－上下水道整備，ごみ処理，感染症の予防など。

問題演習

1 財政の役割について，次の問いに答えなさい。

思考力 (1) 右の図は，経済の循環を示したものである。X，Yに入ることばと，i，iiの説明の組み合わせとして最も適当なものを，次のア～エから１つ選びなさい。〈鹿児島県〉

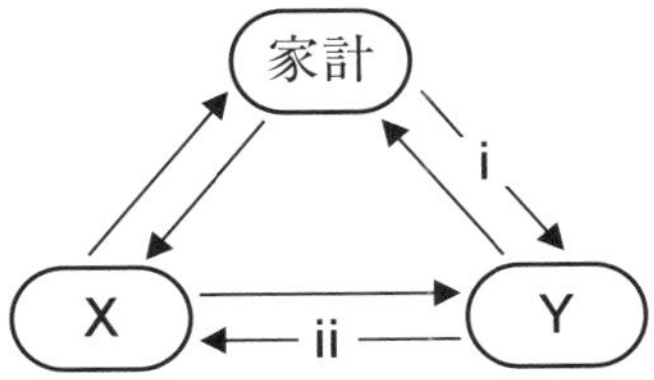

ア　X－政府　　Y－企業
　　i－税金を納める　　ii－労働力を提供する
イ　X－政府　　Y－企業
　　i－労働力を提供する　　ii－税金を納める
ウ　X－企業　　Y－政府
　　i－税金を納める　　ii－労働力を提供する
エ　X－企業　　Y－政府
　　i－労働力を提供する　　ii－税金を納める　　〔　　　〕

(2) 次の文は，市場を通じて供給されにくい財やサービスが政府によって供給されることについて述べたものである。下のア～エのうち，このような性質をもつ財やサービスを１つ選びなさい。〈岩手県〉

> 国民にとって必要不可欠であっても，民間企業では利潤が得られず，市場では供給されにくい財やサービスがある。そのため，政府が国民から税金を集め，誰でも無料で利用できるよう供給している。

ア　生産者から直接届く無農薬野菜
イ　スーパーに設置された無人レジ
ウ　配達時間の指定ができる宅配便
エ　一般の道路に設置された信号機　　〔　　　〕

よくでる (3) 次の文は，景気がよいときに，政府が行う財政政策について説明したものである。［X］，［Y］にあてはまる語句の組み合わせとして最も適切なものを，下のア～エから１つ選びなさい。〈山口県〉

> 政府は，［X］したり，公共事業への支出を［Y］たりして，景気の過熱を抑えようとする。

ア　X－減税　　Y－増やし　　イ　X－増税　　Y－減らし
ウ　X－減税　　Y－減らし　　エ　X－増税　　Y－増やし
〔　　　〕

2 税金について，右の表を見て，次の問いに答えなさい。

(1) 税金は，表1のように負担する人と納める人との関係により，直接税と間接税に分けられる。間接税とはどのような税か，負担する人と納める人との関係に着目して書きなさい。〈熊本県・改〉

［　　　　　　　　　　］

表1　租税の分類

	国税	地方税
直接税	所得税 相続税 A	事業税 固定資産税 B
間接税	消費税 酒税 揮発油税 C	地方消費税 たばこ税 ゴルフ場利用税

よくでる (2) 表1中の A ～ C にあてはまるものを，次のア～ウからそれぞれ1つずつ選びなさい。〈滋賀県〉

ア　関税　　イ　自動車税　　ウ　法人税

A［　　］　B［　　］　C［　　］

よくでる (3) 表1中の下線部の所得税について，所得税に適用される累進課税とはどのような制度か，簡潔に書きなさい。〈和歌山県〉

［　　　　　　　　　　］

思考力 (4) 右のグラフは，国の一般会計の歳入のうちの消費税額と法人税額の推移をあらわしたものである。また，グラフには日本の好景気と不景気の時期を色分けして示している。次の問いに答えなさい。〈福島県〉

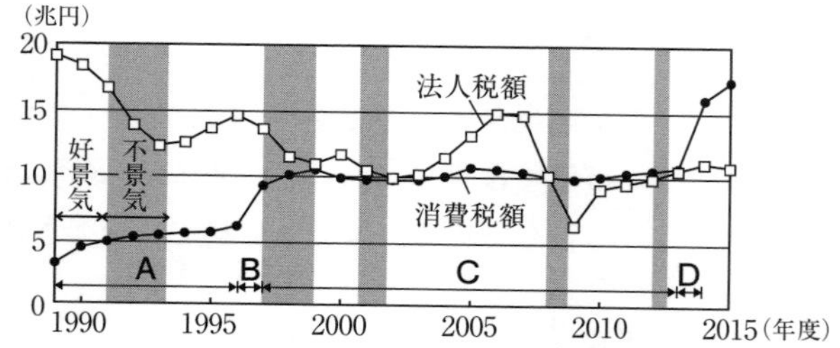

(財務省資料などにより作成)

① 上のグラフにおけるB，Dの時期に，ある共通した理由によって消費税額が急激に増加している。その理由を書きなさい。

［　　　　　　　　　　］

② 上のグラフにおけるA，Cの時期に共通するグラフの変化を参考にしながら，消費税の財源としての特徴を，「景気」という語句を用い，「消費税は，法人税と比較して，」の書き出しに続けて書きなさい。

［消費税は，法人税と比較して，　　　　　　　　　　］

3 歳入と歳出，景気循環について，次の問いに答えなさい。

(1) 右の**資料1**は，国の一般会計のうち，歳出の内訳の変化を表している。資料中のaにあてはまるものとして適切なものを，次のア～エから1つ選びなさい。〈青森県〉

資料1

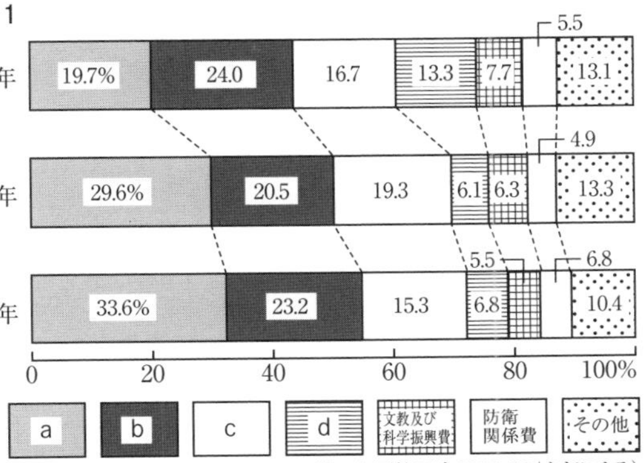

（「日本国勢図会2019/20」などによる）

ア 国債費　　イ 地方交付税交付金など
ウ 社会保障関係費　　エ 公共事業関係費

〔　　〕

思考力 (2) 次の**資料2**は，歳入に占める租税収入と公債金収入の割合の推移を，また，**資料3**は，歳出に占める社会保障関係費，公共事業関係費，国債費の割合の推移を，それぞれ1955年～2015年について表したものである。このうち，公債金収入と国債費を表す記号の組み合わせとして最も適当なものを，次のア～カから1つ選びなさい。〈神奈川県〉

資料2

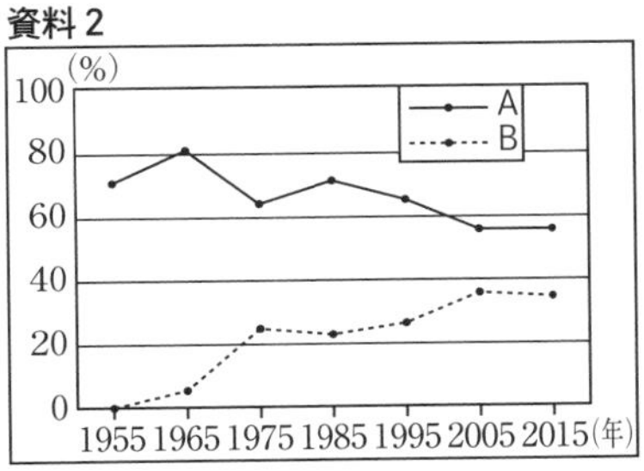

資料3

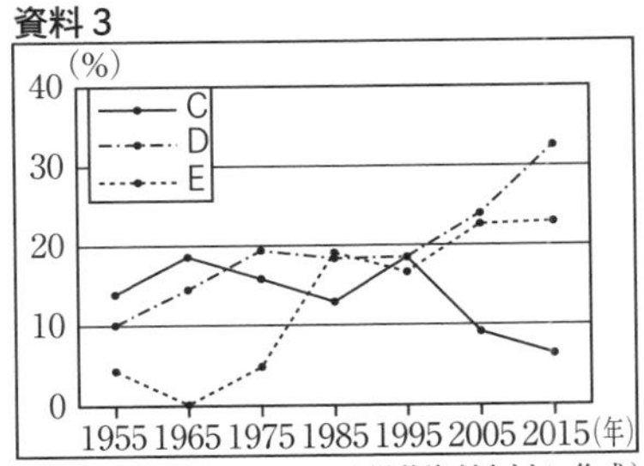

（財務省ウェブサイト掲載資料をもとに作成）

ア AとC　　イ AとD　　ウ AとE
エ BとC　　オ BとD　　カ BとE

〔　　〕

(3) 右の図は，景気変動を模式的に表したものである。好況（好景気）のとき，景気を安定させるために政府が行う政策と，その後の景気の変化までの一連の流れを「公共事業」と「増税」という言葉を用いて，説明しなさい。〈オリジナル〉

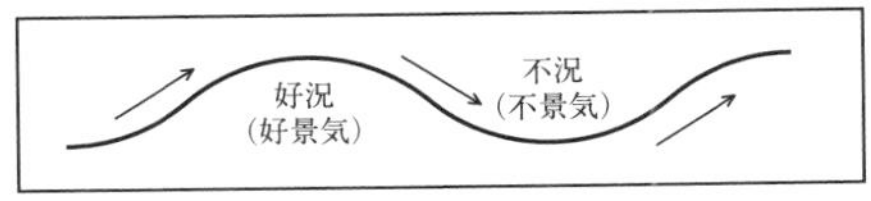

〔　　　　　　　　　　〕

4 社会保障のしくみについて，次の問いに答えなさい。

よくでる (1) 次の表は，社会保障の種類とその内容をまとめたものの一部である。表中のX～Zにあてはまる社会保障の種類の組み合わせとして最も適当なものを，下のア～エから1つ選びなさい。〈三重県〉

社会保障の種類	社会保障の内容
社会福祉	自立することが困難な人々に対して，生活の保障や支援(しえん)を行う。
X	最低限度の生活を送ることができない人々に対して，生活費などを支給する。
Y	加入者や事業主がかけ金を積み立てておき，病気など必要が生じたとき給付を受ける。
Z	国民の健康の保持・増進を目的に，感染症(かんせんしょう)の予防や下水道の整備などを行う。

ア X－社会保険　Y－公衆衛生　Z－公的扶助(ふじょ)
イ X－社会保険　Y－公的扶助　Z－公衆衛生
ウ X－公的扶助　Y－公衆衛生　Z－社会保険
エ X－公的扶助　Y－社会保険　Z－公衆衛生

〔　　〕

(2) 公衆衛生のおもな内容としてあてはまるものを，次のア～カからすべて選びなさい。〈滋賀県〉

ア 雇用対策　イ 公害対策　ウ 廃棄物処理
エ 道路整備　オ 教育対策　カ 食料安定対策

〔　　〕

(3) 社会保険について述べた次の文の［　　］にあてはまる語句を書きなさい。〈長崎県〉

> 保険料を支払うことで必要なときに給付を受ける社会保険には，高齢になったときなどに給付を受ける［　　］保険や，病気になったときなどの健康保険などの医療保険のほか，介護保険や雇用保険などがある。

〔　　〕

よくでる (4) 介護保険制度について説明した次の文中の［X］，［Y］にあてはまる語句の正しい組合せを，あとのア～エから1つ選びなさい。〈兵庫県〉

> 原則として［X］以上の国民の［Y］が加入し，介護が必要となったときに，国や地方公共団体などから，介護サービスが受けられる制度である。

ア X－40歳　Y－全員　イ X－18歳　Y－全員
ウ X－40歳　Y－一部　エ X－18歳　Y－一部

〔　　〕

5 社会保障について，次の問いに答えなさい。

思考力 (1) 右の資料は，2014年におけるアメリカ合衆国，日本，イギリス，スウェーデン，フランス各国の国内総生産に占める，社会保障支出の割合と国民負担率とを，それぞれ横軸と縦軸に示したものである。社会保障支出の割合と国民負担率との関係について，資料から読み取れることを書きなさい。 〈熊本県〉

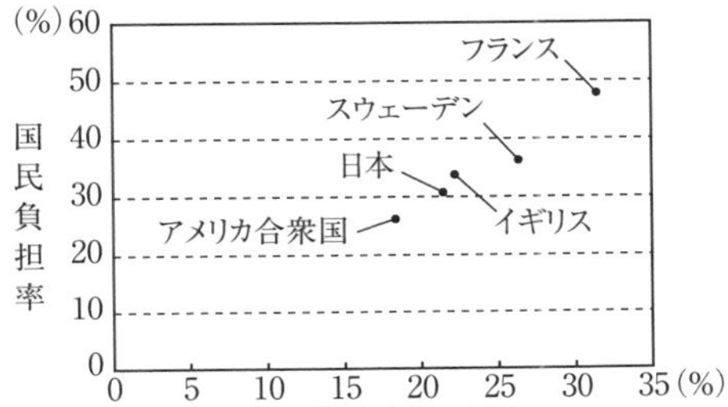

(厚生労働省『平成29年度厚生労働白書』資料による)

(注) 国民負担率は，租税負担率と社会保障負担率の合計。

[ ]

思考力 (2) 次の**資料1**は，2000年度から2015年度までの我が国の歳出における社会保障関係費の5年ごとの推移を表したものである。また，**資料2**は，2000年度から2015年度までの我が国における社会保障給付費（年金，医療，福祉などへの給付費）と社会保険料収入の5年ごとの推移を表したものである。**資料1**のように社会保障関係費が増加した理由として，**資料2**をもとに考えられることを，「社会保障給付費」「社会保険料収入」という語句を用いて，40字以上60字以内で書きなさい。 〈高知県〉

資料1

年度	2000	2005	2010	2015
社会保障関係費（兆円）	17.6	20.6	28.2	31.4

(財務省の資料による)

資料2

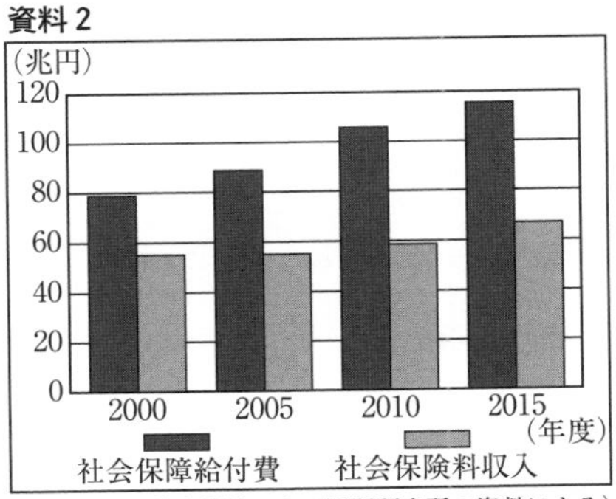

(国立社会保障・人口問題研究所の資料による)

5 世界平和と人類の福祉

栄光の視点

この単元を最速で伸ばすオキテ

グローバル化が進み，政治的にも経済的にも国どうしのつながりが強くなっている。環境問題も，一国の問題ではなく近隣諸国，世界全体への影響が出るようになった。広い視点でできごととその影響を理解することが重要。

● 問われやすいテーマ

国際社会	国家の3要素，国際連合・安全保障理事会の議決，地域主義
国際問題	地球サミット，京都議定書，貧困と飢餓，フェアトレード
地球社会	UNESCO, ODA, NGO, PKO

覚えておくべきポイント

地域統合機構や経済の条約は略称が頻出，英語の意味を考えるとわかりやすい

EU，TPP，APEC…それぞれの目的，おもな加盟国，抱えている問題などをおさえる。EU（EuropeanUnion = 欧州連合）など，英語での意味を考えると理解が深まる。地理とセットで出題される分野なので地図も使って理解しておく。

要 点

国際社会

(1) 国家…①領域，②国民，③主権の３つの要素からなる。

(2) 国際連合…本部はニューヨーク。1960年代はアフリカ諸国の独立，1990年代はソ連の解体で加盟国数が増大。総会－１国１票の投票権。安全保障理事会－世界の平和と安全の維持が目的。米，仏，英，中，露の拒否権をもつ５か国常任理事国と10か国の非常任理事国で構成。

国際問題

(1) 環境問題…地球温暖化，砂漠化，森林減少の進行，オゾン層の破壊，酸性雨など。国連環境開発会議（地球サミット，1992年）開催。京都議定書採択（さいたく）（1997年）。

(2) 難民…国連難民高等弁務官事務所（UNHCR）が難民支援。貧困の改善がテロの対策になる。

地球社会と日本

(1) 文化の多様性…国連教育科学文化機関（UNESCO）が世界遺産を認定。異文化理解。

(2) 日本の外交…国際貢献（こうけん）を重視。政府開発援助（ODA）やNGOの活動。PKO活動に参加。

(3) 平和主義…軍縮，核拡散防止条約（NPT）など。人間の安全保障。

問題演習

1 国際社会について，次の問いに答えなさい。

必ず得点 (1) 領域に関して，次の文中の[A]，[B]に当てはまる数字の組み合わせを，下のア～エから1つ選びなさい。また，[   ]に当てはまる語句を書きなさい。〈茨城県〉

> 領域は，領土，領海，領空からなっている。領海の範囲は，[A]海里である。また，領土の沿岸から[B]海里までを[   ]といい，魚や石油などの資源は，沿岸国のものとすることができる。領空は，一般的に領土，領海の上空で，大気圏内とされている。

ア A－12 B－100 イ A－12 B－200
ウ A－24 B－100 エ A－24 B－200

記号〔 〕 語句〔 〕

(2) 経済，環境などの分野で，同じ課題を抱えている国どうしが特定の地域でまとまりを作り，協調や協力を強めようとする動きが世界各地で見られる。日本が加盟しているものを，次のア～エから1つ選びなさい。〈岐阜県〉

ア NAFTA イ APEC ウ ASEAN エ AU

〔 〕

思考力 (3) 次の表は，1956年から1960年にかけて国際連合に新たに加盟した国の数とおもな新加盟国を表したものである。当時の国連加盟で[C]に新たな加盟国数が増えた理由を，表と関連づけて書きなさい。ただし，[C]にあてはまる州の名称と，「植民地」という2つの語句を用いること。〈福島県〉

年	新たに加盟した国の数		おもな新加盟国
	C	その他の州	
1956	3	1	モロッコ，スーダン，チュニジア，日本
1957	1	1	ガーナ，マレーシア
1958	1	0	ギニア
1959	0	0	
1960	16	1	コートジボワール，カメルーン，チャド，マリ，マダガスカル，ナイジェリア，コンゴ共和国，キプロスなど

（国際連合広報センター資料により作成）

〔 〕

2　国際連合について，次の問いに答えなさい。

思考力　(1)　国際連合の主な機関の1つとして，世界の平和と安全を維持することを目的とした安全保障理事会があり，重要な決議案は5か国の常任理事国と10か国の非常任理事国の投票により，採決されるか決まる。右の表は，ある決議案の投票結果を示したものである。採択に必要な9理事国の賛成投票があったにもかかわらず，この決議案は採択されなかった。採択されなかった理由を，「拒否権」という語を用いて書きなさい。〈和歌山県〉

	常任理事国	非常任理事国
賛成	3か国	6か国
反対	2か国	3か国
棄権	なし	1か国

〔　　　　　　　　　　　　　　　　〕

差がつく　(2)　領土問題など国家間の問題を解決するためのしくみとして，国際連合に国際司法裁判所がある。次の文は，国際司法裁判所について述べたものである。文中の□にあてはまる内容を，「争っている当事国」という語句を使って，簡潔に書きなさい。〈山梨県〉

> 国際司法裁判所で裁判を始めるには，□が必要な場合があるため，裁判にならないことがある。

〔　　　　　　　　　　　　　　　　〕

思考力　(3)　国際連合は，加盟国の分担金によって運営されている。右の表は，2018年における加盟国が担うべき分担率の上位5か国およびその分担率を示したものである。表に関して述べた文として正しいものを，次のア～エから1つ選びなさい。〈長崎県〉

順位	国　名	分担率(%)
1位	アメリカ	22.0
2位	日　本	9.7
3位	中　国	7.9
4位	ドイツ	6.4
5位	フランス	4.9

（外務省資料より作成）

ア　上位3か国は，いずれも国際連盟に加盟したことがなかった。
イ　上位4か国の分担率の合計は，全体の50%を超える。
ウ　分担率が高い国ほど，総会で投票できる投票数は多くなる。
エ　日本の分担率は，安全保障理事会の常任理事国5か国の分担率の平均を超える。

〔　　〕

3 地球環境問題について，次の問いに答えなさい。

よくでる (1) 温室効果ガスの１つに二酸化炭素がある。右の図は，2016 年における，二酸化炭素の排出量の多い上位４か国を示したものである。A，Bに当たる国名の組み合わせとして最も適しているものを，次のア～カから１つ選びなさい。

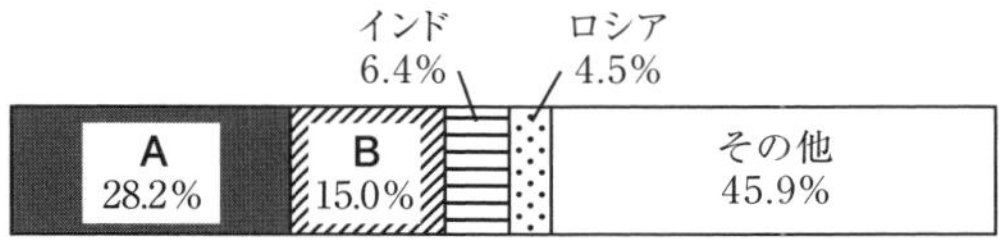

（『日本国勢図会』2019/20年版により作成）

〈大阪府〉

ア　A－アメリカ合衆国　B－中国
イ　A－アメリカ合衆国　B－日本
ウ　A－中国　B－アメリカ合衆国
エ　A－中国　B－日本
オ　A－日本　B－アメリカ合衆国
カ　A－日本　B－中国

〔　　〕

思考力 (2) 地球温暖化対策に関連して，国内の企業において，貨物の輸送手段を見直す動きが見られる。下の**資料Ⅰ**，**Ⅱ**を参考に，輸送手段の見直しについて，次の条件に従って簡潔に書きなさい。〈山梨県〉

【条件】・輸送手段をどのように見直そうとしているのかを具体的に書くこと。
・見直そうとしている理由を書くこと。

資料Ⅰ　国内の貨物輸送量（2017年）

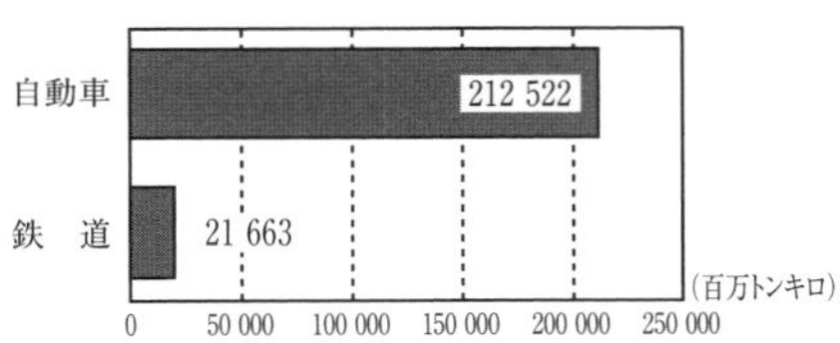

（注）トンキロ…輸送量（t）×輸送距離（km）
（「日本国勢図会」2019/20により作成）

資料Ⅱ　1 tの貨物を1km輸送した時の二酸化炭素排出量（2016年）

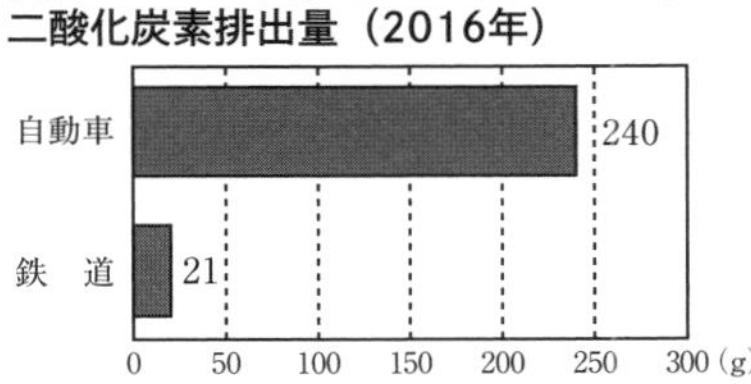

（国土交通省ウェブページより作成）

〔　　〕

4 地球社会・国際問題について，次の問いに答えなさい。

よくでる (1) 世界の貴重な自然や文化財を世界遺産として登録する国際連合の専門機関を何というか，次のア～エから１つ選びなさい。 〈オリジナル〉

ア WHO　イ UNESCO　ウ UNICEF　エ NGO 〔　　　〕

よくでる (2) 次の文は，地域紛争などによって生じる問題を解決するために設置された，国連のある機関について述べたものである。□に当てはまる語句を，漢字２字で書きなさい。 〈大分県〉

> 国連□高等弁務官事務所（UNHCR）は，□の保護を目的として，各国に受け入れを求めるなど，多くの支援を行っている。

〔　　　　　〕

思考力 (3) ODA について，図１と図２から読みとれる，わが国の ODA の現状を書きなさい。 〈秋田県〉

図1 主な先進国のODAの実績(%)(2016年)

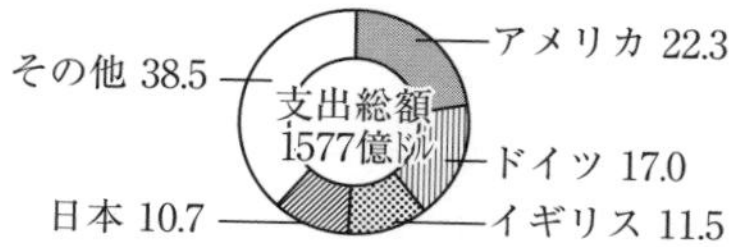

※主な先進国は,開発援助委員会の加盟国29か国である。

図2 ODA援助先の地域別割合(2016年)

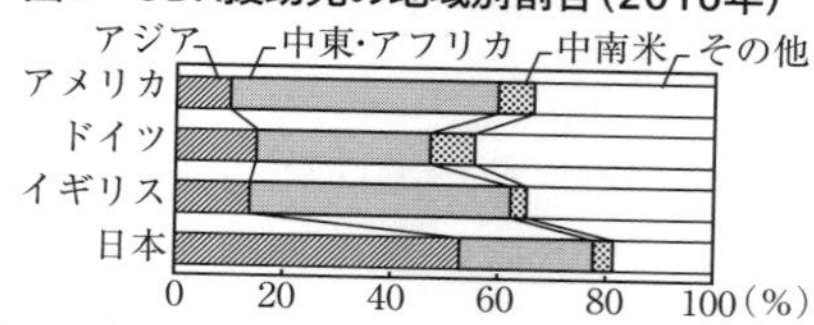

（図1，2は『2017年版開発協力白書』から作成）

〔　　　　　　　　　　　　　　　　〕

思考力 (4) 資料１は，フェアトレード商品であることを示すラベルである。資料１のラベルが示された商品の取り引き価格の推移を表したものは，資料２のア，イのどちらか選びなさい。また，このフェアトレードのしくみを，その目的を明らかにして書きなさい。ただし，「発展途上国」「生活」ということばを使うこと。 〈鹿児島県〉

資料1

資料２　コーヒー豆の価格の推移

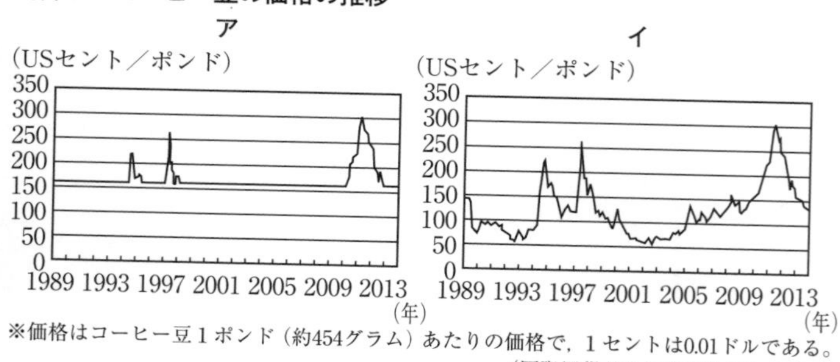

※価格はコーヒー豆１ポンド（約454グラム）あたりの価格で，１セントは0.01ドルである。
（国際通貨基金の資料などから作成）

記号〔　　　〕

しくみ〔　　　　　　　　　　　　　　〕

5 思考力

次の会話文は，先生と生徒が食料問題について会話した内容の一部である。これを読み，次の問いに答えなさい。 〈福岡県・改〉

先　生：世界には解決しなければならない様々な問題があります。そのうちの食料問題について，資料をもとに考えましょう。

生徒A：食料問題を地球規模で考えてみると，**資料Ⅰ・Ⅱ**から［ X ］という問題がわかります。また，**資料Ⅲ・Ⅳ**から，州別の人口に対する穀物生産量を比較すると，一人あたりの穀物生産量は［ Y ］が最も少なく，食料不足のおそれがあると思います。

生徒B：私たちの日常生活で，食品の流れについて考えてみると，**図Ⅰ**のように，不要となった食品は処分施設に送られることになります。しかし，**図Ⅱ**のような取り組みを行うことができれば，［ Z ］といったことが期待できるのではないかと思います。

(1)　会話文の［ X ］にあてはまる内容を，**資料Ⅰ・Ⅱ**から読み取って書きなさい。また，［ Y ］にあてはまる州の名称を書きなさい。

資料Ⅰ　世界の食料廃棄の状況

・食料廃棄量は年間約13億トン
（人の消費のために生産された食料のおよそ3分の1を廃棄）

（国連食料農業機関（FAO）資料から作成）

資料Ⅱ　世界の食料不足人口

・世界の食料不足人口
2016年推計　約8億1500万人

（2018/19年版『世界国勢図会』から作成）

資料Ⅲ　州別の人口

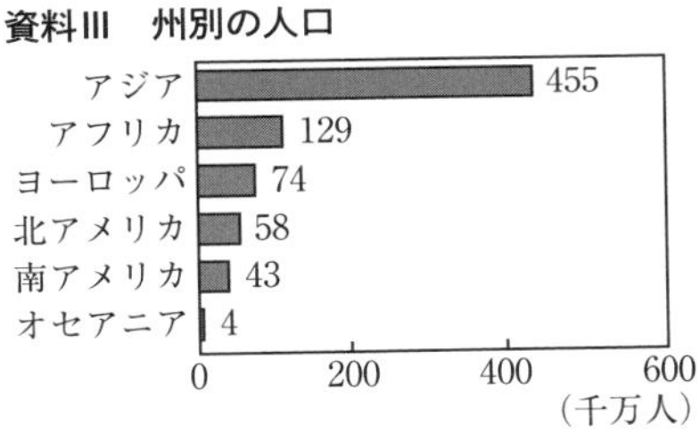

資料Ⅳ　州別の穀物生産量

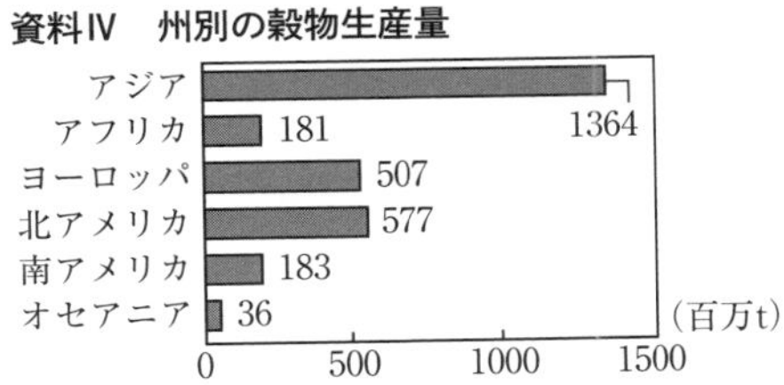

（資料Ⅲ，Ⅳは，2018/19年版『世界国勢図会』等から作成）

X［　　　　　　　　　　　　　　　　　　　　］

Y［　　　　　　］

(2)　会話文の［ Z ］にあてはまる内容を，**図Ⅰ・Ⅱ**から読み取れることを関連づけ，「廃棄する量」と「援助」の語句を使って書きなさい。

図Ⅰ

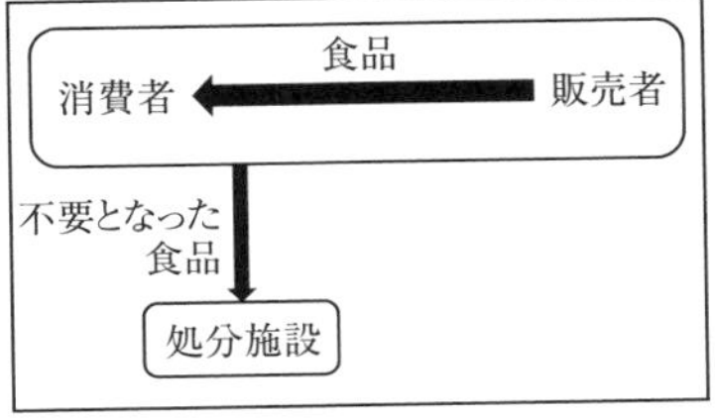

図Ⅱ

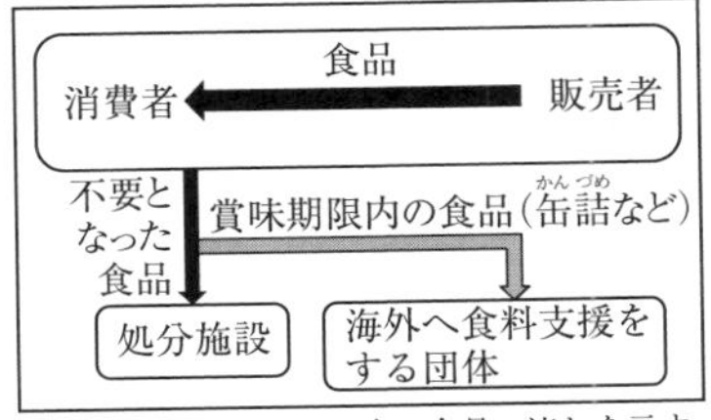

矢印は，全て食品の流れを示す。

［　　　　　　　　　　　　　　　　　　　　　　　　　　　　］

6 現代社会とわたしたちの生活

栄光の視点

この単元を最速で伸ばすオキテ

入試で考えて書かせる問題が多くなってきたことから，出題率が上がってきている単元。知識だけでは解答できないことが多いので，出題されている資料や文章を読解する能力が必要。実践演習を行って素早い思考を身につける。

● 問われやすいテーマ

現代社会の特色	グローバル化，情報化，少子高齢化，持続可能な社会
生活と文化	年中行事，多文化共生，異文化理解
見方と考え方	社会集団，対立から効率と公正の立場を配慮し合意に至る

覚えておくべきポイント

効率と公正の両方の立場からものごとを説明できるようになる

効率も公正も，どちらかが唯一の正解になるのではなく，状況に応じてちがう考え方をしている，ということ。考え方を理解し，説明の文章を書けるようにする。

少子高齢化にかかわる諸問題を整理

社会保障費が増大する，農林水産業などで後継ぎがいない，単独世帯が増加している，といったできごとはいずれも少子高齢化が一因。

要点

現代社会の特色

(1) グローバル化…人，もの，お金，情報が国境を越えて行き来する。
(2) 情報化…情報通信技術（ICT）の発達によって社会における情報の役割が高まる。
(3) 少子高齢化（こうれいか）…人口が減少。　(4) 持続可能な社会…将来の世代と現在の世代の幸福の両立。

現代社会の生活と文化

(1) 文化…衣食住をはじめ技術・学問・芸術・道徳・宗教・政治など人間の築き上げたもの全体。
(2) 伝統文化…年中行事は村や家などで毎年くりかえされる儀礼。茶道（さどう），華道（かどう），歌舞伎（かぶき）など。

現代社会の見方と考え方

(1) 社会集団…組織に所属。共同社会は家族・地域など，利益社会は会社・政党など。
(2) 対立を解決して合意へ…公正（手続き，機会，結果）と効率（無駄（むだ）がないか）の面から判断。

問題演習

1 現代社会の特色について，次の問いに答えなさい。

よくでる (1) 次の文中の［　　］にあてはまる語をカタカナで書きなさい。〈青森県〉

> たくさんの人，物，お金，情報などが国境をこえて移動することで，世界が一体化する［　　］化が進んでいる。

［　　　　　　］

(2) マスメディアやインターネットの情報は，世論に大きな影響を与える。そのため，私たちは，「情報を無批判に受け入れるのでなく，何がより客観的であり真実であるかを判断し活用できる能力」を養う必要があるが，この能力を何というか，カタカナで書きなさい。〈鳥取県〉

［　　　　　　］

(3) 平成における情報化の進展について，**資料１，２**をもとに述べた文中の［　　］にあてはまる適当な内容を「情報」という語句を用いて書きなさい。〈岡山県〉

資料１　新聞発行部数と雑誌出版点数の推移

	新聞発行部数（千部）	雑誌出版点数（点）
1992年	51,938	3,851
2000年	53,709	4,533
2008年	51,491	4,353
2016年	43,276	3,589

（注）点数は出版された数のこと。
（日本新聞協会 Web ページなどから作成）

資料２　インターネットの人口普及率の推移

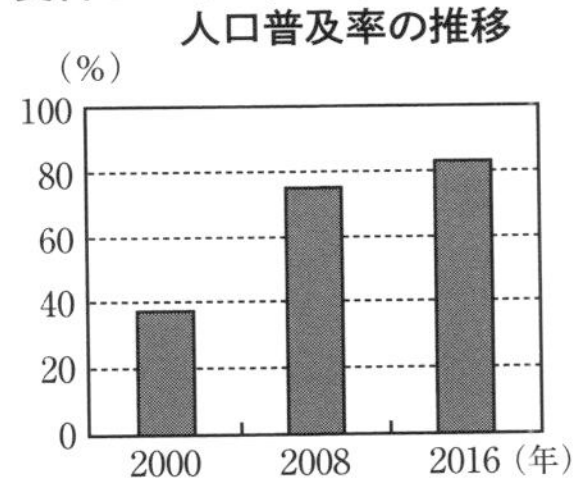

（総務省Webページから作成）

> 2000年以降，新聞発行部数と雑誌出版点数が［　　］ことがおもな原因だと考えられる。平成の情報化には，インターネットが大きく影響していると考えられる。

［　　　　　　　　　　　　　　　　］

(4) 次の**ア**～**ウ**の図は，1950年，1980年，2010年のいずれかの年の日本の人口ピラミッドを表したものである。2010年にあたるものを，**ア**～**ウ**から１つ選びなさい。〈オリジナル〉

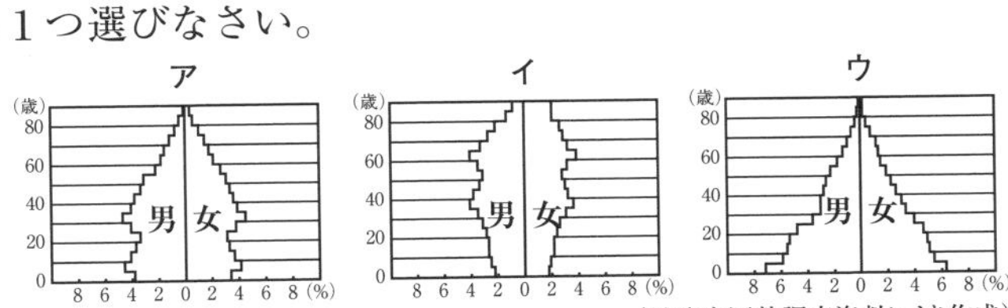

（総務省国勢調査資料により作成）［　　　］

2　少子高齢化について，次の問いに答えなさい。

(1)　少子高齢化について述べた次の文A～Dのうち，正しいものの組み合わせとして適切なものを，あとのア～カから１つ選びなさい。〈兵庫県〉

A　日本で１人の女性が一生に産む子どもの数の平均は，2000 年から 2.1 人を上回っている。

B　高齢化が進んだ背景として，医療技術の進歩などにより，平均寿命が伸びたことがある。

C　今後，高齢者を支える現役の若い世代の経済的負担が，年々軽くなると予想される。

D　子どもを生み育てやすいように，保育所整備などの子育て支援での充実が求められている。

ア　A，B　　イ　A，C　　ウ　A，D
エ　B，C　　オ　B，D　　カ　C，D

〔　　　〕

差がつく　(2)　右の資料は，わが国の世帯数と１世帯あたりの人数の推移を表している。このような推移には，少子化のほかに，家族のかたちの変化も背景にあると考えられている。家族のかたちはどのように変化してきたか，書きなさい。〈徳島県〉

年	世帯数(千世帯)	1世帯あたりの人数(人)
1950	16,580	5.02
1970	30,374	3.45
1990	41,036	3.01
2010	51,951	2.46

（『数字でみる　日本の 100 年』より作成）

〔　　　　　　　　　　〕

思考力　(3)　右の資料は，日本，イギリス，フランス，スウェーデンの人口に占める高齢者の割合の推移と将来予測を示したものである。資料をもとに，日本の高齢化のすすみ方の特徴について述べた次の文中の［　　　］にあてはまる語句書きなさい。ただし，「期間」という語句を使うこと。〈鹿児島県〉

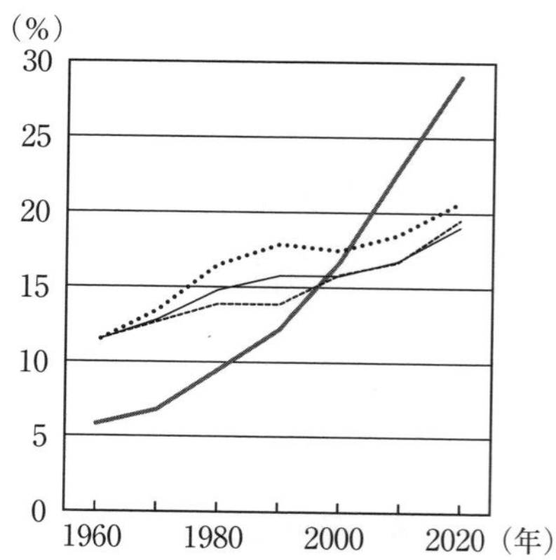

（国立社会保障・人口問題研究所の資料から作成）

> 日本は，他の国々と比較して［　　　］という特徴がある。

〔　　　　　　　　　　〕

3 見方と考え方について，次の問いに答えなさい。

よくでる (1) 右の資料は，多数決の長所と短所についてまとめたものである。［　　］に当てはまる文を書きなさい。〈群馬県〉

長所	短所
・意見が反映される人の数が多い。 ・一定時間内で決まる。	・［　　］

［　　　　　　　　　　　　］

(2) 次のⅠ～Ⅳは，物事を決めるときの考え方のうち，「効率」と「公正」のいずれかを述べた文である。「公正」について述べた２つの文の組合せとして，正しいものを，下の**ア**～**カ**から１つ選びなさい。〈新潟県〉

Ⅰ　無駄をなくして最大の利益をあげるようにすること。
Ⅱ　すべての参加者が意見表明できるしくみを整えること。
Ⅲ　正当な理由なく不利益を被っている人をなくすように取り組むこと。
Ⅳ　より少ない資源を使って，社会全体でより大きな成果を得ること。

ア　ⅠとⅡ　　**イ**　ⅠとⅢ　　**ウ**　ⅠとⅣ
エ　ⅡとⅢ　　**オ**　ⅡとⅣ　　**カ**　ⅢとⅣ

［　　］

思考力 (3) 意見がまとまらない場合は，多数の意見を採用することが一般的である。ある中学校では，体育祭の競技種目について，生徒会執行部が全校生徒にアンケート調査を実施し，その結果を参考に決定することにした。次の**資料１**は，アンケート結果をクラスごとにまとめたもので，**資料２**は，その後の生徒会執行部の話し合いのようすである。**資料２**の［X］と［Y］には，どのような理由が入るか。**資料１**から読み取れることにふれて，書きなさい。〈岩手県〉

資料1

競技種目＼生徒数	1年1組	1年2組	2年1組	2年2組	3年1組	3年2組
	30	30	30	30	30	30
玉入れ	5	13	15	15	7	15
長縄跳び	4	5	1	2	4	4
綱引き	21	12	14	13	19	11

資料2

生徒会役員Ａ：アンケートの結果を見て，みなさんどう思いますか。
生徒会役員Ｂ：私は，玉入れがよいと思います，その理由は，［X］からです。
生徒会役員Ｃ：私は，綱引きの方がよいと思います。それは，［Y］からです。

X［　　　　　　　　　　　　］
Y［　　　　　　　　　　　　］

7 世界の中の日本経済

栄光の視点

この単元を最速で伸ばすオキテ

- グローバル化がすすみ，貿易が発達。日本からアジアへの工場進出もポイント。
- 円高・円安といった為替（かわせ）相場の計算がすぐにできると有利。

◉ 問われやすいテーマ

環境保全	四大公害病，環境基本法，環境アセスメント，循環型（じゅんかんがた）社会，3R
グローバル化	国際分業，為替相場，円高・円安，産業の空洞化（くうどうか），多国籍企業

覚えておくべきポイント

円高・円安のメリットとデメリット，計算方法を理解しておこう

	ドルと円の関係	貿易・産業	旅行
円高	1ドル100円→80円	輸出に不利・輸入に有利	海外旅行に有利
円安	1ドル80円→100円	輸出に有利・輸入に不利	訪日旅行客が増える

円高は円の価値が上がる，円安は円の価値が下がる。
為替相場の計算方法…わからなくなったら，1円は何ドルか計算してみる。
1ドル＝100円→100円＝1ドル→1円＝1/100ドル
1ドル＝80円→80円＝1ドル→1円＝1/80ドル
} 1/80＞1/100で1ドル＝80円が円高

経済のグローバル化がもたらす影響をおさえる

自由貿易協定（FTA）は関税の撤廃，経済連携協定（EPA）はサービスや投資，労働者の移動などの制限も撤廃するなどの貿易の自由化に関わる語句の整理をしておく。円高では，製造業の海外移転で産業の空洞化が進むことも頻出。

公害対策の流れを把握しておく

公害病の発生を受けて，公害対策基本法が制定。その後，1993年に環境基本法となり，環境庁が設置。2001年に，環境庁は環境省になったことなどを整理。

先輩たちのドボン

円高と円安が結局理解できなかった

為替相場の問題は，出題パターンがほぼ決まっている。ドルと円の関係を理解していれば，考えて解くこともできるので，苦手と思わずに取り組もう。

問題演習

1 環境保全について，次の問いに答えなさい。

(1) 公害の防止など環境の保全を目的とした法律や制度がわが国において定められている。次のⅰ～ⅲは，20 世紀後半から 21 世紀初めにかけての期間にわが国で起こったできごとについて述べた文である。ⅰ～ⅲをできごとが起こった順に並べかえると，どのような順序になるか。あとのア～カから１つ選びなさい。〈大阪府〉

ⅰ　環境庁にかわって環境省が設置された。
ⅱ　公害対策基本法が制定された。
ⅲ　環境基本法が制定された。

ア　ⅰ→ⅱ→ⅲ　　イ　ⅰ→ⅲ→ⅱ　　ウ　ⅱ→ⅰ→ⅲ
エ　ⅱ→ⅲ→ⅰ　　オ　ⅲ→ⅰ→ⅱ　　カ　ⅲ→ⅱ→ⅰ

〔　　　〕

よくでる (2) 次の文は，環境問題へのわが国の取り組みについて定めた法律の１つについて述べたものである。文中の［　　］に当てはまる語を書きなさい。〈大阪府〉

> 1997 年に制定された環境［　　］法において，大規模な開発や工事を行うにあたり，自然環境への影響を事前に調査することなど環境［　　］について定められている。

〔　　　〕

必ず得点 (3) 我が国は，リサイクル等を通じて限りある資源を有効に使い環境への負担を減らす，［　　］型社会を目指しており，その実現のために，［　　］型社会形成推進基本法を制定している。［　　］に当てはまる適当な語を書きなさい。〈愛媛県〉

〔　　　〕

(4) 3Rの活動について，右の図中の［A］～［C］にあてはまる，消費者としてできる取り組みを，次のア～ウからそれぞれ１つずつ選びなさい。〈山口県〉

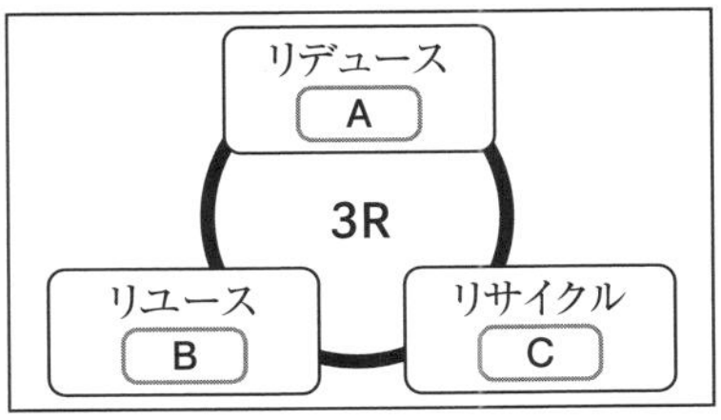

ア　買い物の際，レジ袋は利用せず，マイバッグを使う。
イ　ペットボトルや紙などを，分別して捨てる。
ウ　家具などは壊れたらすぐ捨てずに，修理して長く使用する。

A〔　　　〕　B〔　　　〕　C〔　　　〕

2　グローバル化について，次の問いに答えなさい。

(1)　自由貿易に関係するものを，次のア～エからすべて選びなさい。〈和歌山県〉

ア　市場が拡大され，国内の得意な商品が輸出しやすくなる。

イ　国内の産業を保護するため，輸入品への関税を高くする。

ウ　関係の深い国や地域を囲いこんで，ブロック経済政策をとる。

エ　安い商品が海外から輸入され，競争力のない国内産業が打撃を受ける。

〔　　　　　〕

必ず得点　(2)　貿易の自由化などを図る経済連携協定の一つとして，2016年に日本がアジア太平洋地域の多くの国々と調印した協定の略称をアルファベット３字で書きなさい。〈福島県〉

〔　　　　　〕

よくでる　(3)　世界の国々が，自国の得意な分野の商品を生産して輸出し，不得意な分野の商品の生産は他国に任せて輸入することを国際［　　］と呼ぶ。このように，世界の国々の間で［　　］が進んだ結果，貿易も拡大している。［　　］に当てはまる最も適当な言葉を書きなさい。〈愛媛県〉

〔　　　　　〕

思考力　(4)　経済のグローバル化が進展し，人や物，お金が国境を越えて活発に行き交うようになっている。次の文中の［ X ］，［ Y ］に当てはまる言葉の正しい組み合わせを，次のア～エのうちから１つ選びなさい。〈岐阜県〉

> グラフ１から，日本の自動車メーカーは，自動車の生産拠点を変化させていったことが分かる。その理由の１つとして，グラフ２のように，ドルに対して円の価値が［ X ］なる傾向であったことが関係していると考えられる。この変化によって，日本国内での雇用が［ Y ］ことにつながるなど，貿易や為替相場は，私たちの生活や日本経済に影響を与えている。

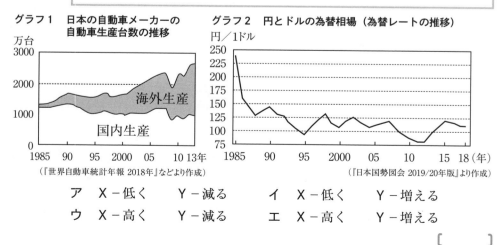

グラフ１　日本の自動車メーカーの自動車生産台数の推移

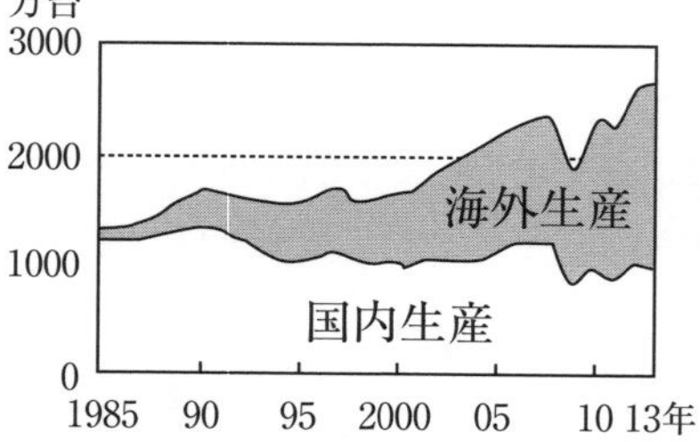

（『世界自動車統計年報 2018年』などより作成）

グラフ２　円とドルの為替相場（為替レートの推移）

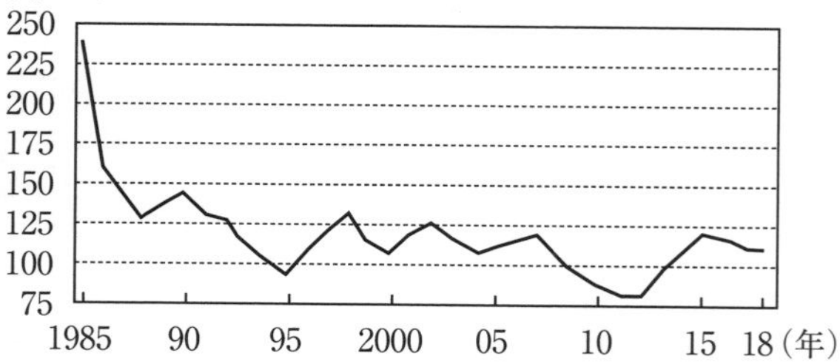

（『日本国勢図会 2019/20年版』より作成）

ア　X－低く　Y－減る　　イ　X－低く　Y－増える

ウ　X－高く　Y－減る　　エ　X－高く　Y－増える

〔　　　　　〕

3 為替相場について，次の問いに答えなさい。

よくでる (1) 次の図は，日本の通貨（円）とアメリカ合衆国の通貨（ドル）の為替相場の変動により，日本からアメリカ合衆国へ輸出した商品の価格が変動するしくみについて示したものである。図中の［A］，［B］には，円安，円高のいずれかの語句が，［C］，［D］には，円安，円高により変動したアメリカ合衆国における価格が入る。これらの組み合わせとして最も適切なものを，あとのア～エから１つ選びなさい。〈山口県〉

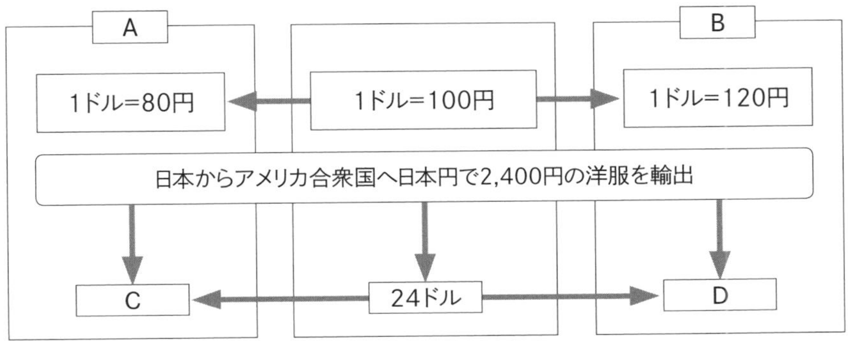

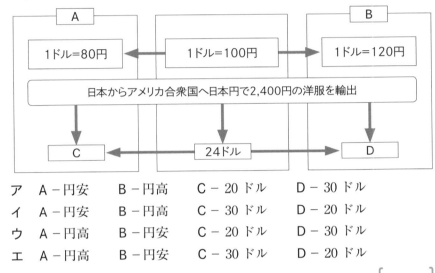

ア	A－円安	B－円高	C－20ドル	D－30ドル
イ	A－円安	B－円高	C－30ドル	D－20ドル
ウ	A－円高	B－円安	C－20ドル	D－30ドル
エ	A－円高	B－円安	C－30ドル	D－20ドル

〔　　　〕

差がつく (2) ある企業で１枚2000円のＴシャツを販売している。為替相場がⅠからⅡへ変化したとき，Ｔシャツのドルでの価値がどのように変わるかを説明したものが次の文である。文中のＰについて，（　　）のア，イから適切なものを選びなさい。また，［X］に入るのに適する数字を書きなさい。〈富山県〉

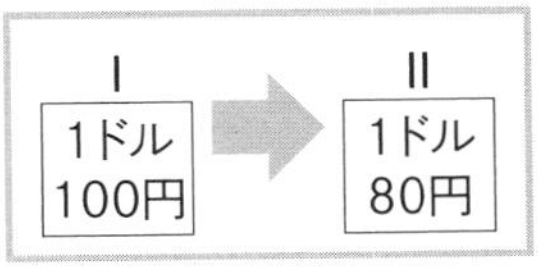

外国の通貨に対して円の価値が高くなることを円高，低くなることを円安と言う。したがって，ⅠからⅡの変化は，Ｐ（ア　円高　イ　円安）になったと言える。その影響で，Ⅰの時20ドルで売られていたＴシャツは，Ⅱの時には為替相場の変動だけを価格に反映すると，［X］ドルで売られることになる。

Ｐ〔　　　〕　Ｘ〔　　　〕

よくでる (3) 為替相場の変動が日本の家計や企業に与える一般的な影響について述べた文として最も適当なものを，次のア～エから１つ選びなさい。〈京都府〉

ア　円高になると，日本国内から海外旅行にでかける旅行者数が減少する。

イ　円高になると，輸出産業をになう日本国内の企業にとって有利になる。

ウ　円安になると，輸入される商品の日本国内における販売価格が高くなる。

エ　円安になると，日本国内にある工場の海外移転が増加する。

〔　　〕

思考力 (4) アメリカ合衆国の通貨であるドルと，EUの通貨であるユーロとの為替相場を表した次の表を見て，あとの文中の X ～ Z にあてはまるものの組み合わせとして最も適当なものを，あとのア～クから１つ選びなさい。

〈神奈川県〉

表

	2014年	2015年
為替相場の年平均	1ドル=0.7537ユーロ	1ドル=0.9017ユーロ

(『世界国勢図会 2017/18 年版』より)

2015年は，2014年に比べて X に替える動きが強まり，ドルに対するユーロの価値が Y なったことが読み取れる。この為替相場の動きは，ユーロを通貨としている国からアメリカ合衆国へ輸出をする企業にとって Z である。

ア　X－ドルをユーロ　Y－高く　Z－有利
イ　X－ドルをユーロ　Y－高く　Z－不利
ウ　X－ドルをユーロ　Y－低く　Z－有利
エ　X－ドルをユーロ　Y－低く　Z－不利
オ　X－ユーロをドル　Y－高く　Z－有利
カ　X－ユーロをドル　Y－高く　Z－不利
キ　X－ユーロをドル　Y－低く　Z－有利
ク　X－ユーロをドル　Y－低く　Z－不利

〔　　〕

実戦模試

思考力問題演習①

1　次の地図を見て，あとの問いに答えなさい。

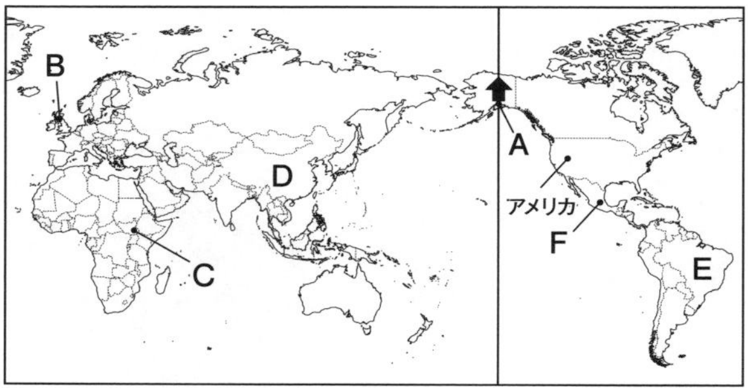

(1)　地図中の地点Aから経線に沿って矢印の方向に北極点に向かって進んだ場合，北極点通過後に最初に通過する三大洋・六大陸として正しいものを，次のア～エから1つ選びなさい。

ア　太平洋　　イ　ユーラシア大陸　　ウ　南極大陸　　エ　大西洋

〔　　　〕

(2)　右の資料1は，地図中の陸地別の気候帯の割合を示している。Ⅰ～Ⅲにあてはまる気候帯名をそれぞれ答えなさい。

資料1

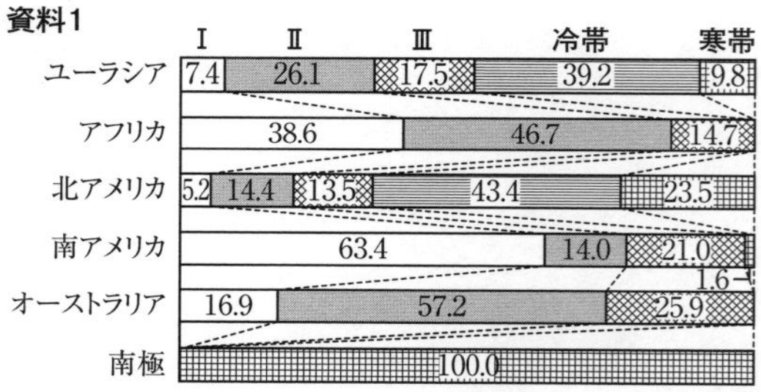

（『データブック オブ・ザ・ワールド』2019年版）

Ⅰ〔　　　　　〕　Ⅱ〔　　　　　〕　Ⅲ〔　　　　　〕

(3)　地図中のB国の歴史について述べた文として正しいものを，次のア～エから1つ選びなさい。

ア　古代にピラミッドが建設され，太陽暦を用いた文明が栄えた。

イ　15世紀に大西洋を渡るコロンブスを支援し，後に中南米に植民地を広げた。

ウ　自由貿易と奴隷制度をめぐって，19世紀に南北戦争が起こった。

エ　17世紀に名誉革命が起こり，権利の章典が定められた。

〔　　　〕

(4)　地図中のC国には，国内の安定を目指して2011年から自衛隊が派遣されていた。このような国際協力を何というか，アルファベット3字で書きなさい。

〔　　　　　〕

(5) 次の**資料2**は，地図中のD国の人口割合の推移を示している。**資料2**中のXにあてはまるものを，あとの**ア**～**エ**から1つ選びなさい。

資料2

	1970年	1985年	2000年	2015年	2030年
65歳以上	3.8	5.3	6.9	9.7	X
15～64歳	55.9	64.0	68.5	72.6	
0～14歳	40.4	30.7	24.6	17.7	

（国連資料より作成）

ア	イ	ウ	エ
39.8	17.1	17.1	67.6
40.1	15.4	67.6	15.4
20.1	67.6	15.4	17.1

〔　　　〕

(6) 地図中のE国では，右の**資料3**のようにとうもろこしの生産量が推移している。このように推移する理由として考えられることを，簡単に説明しなさい。

資料3

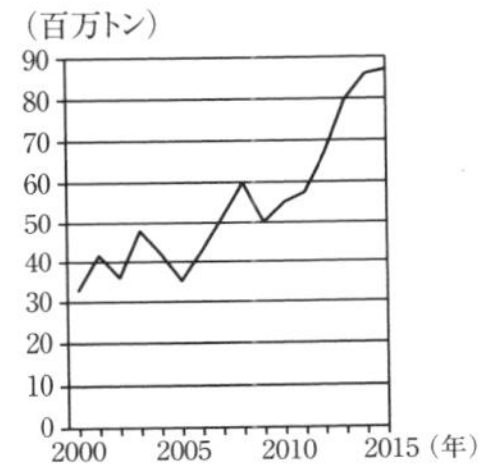

（『世界国勢図会2018/19』など）

〔　　　　　　　　　　　　　　　　〕

(7) 地図中のアメリカのトランプ大統領は，2016年の大統領選挙のときに，地図中のFとの国境に壁を築くことを公約として，大統領に当選した。ここに壁を築くという考え方が公約になった理由として考えられることを，次の**資料4**，**資料5**からわかることに触れて，簡単に説明しなさい。

資料4　労働者1時間あたりの賃金（ドル）

	2000年	2010年	2016年
カナダ	15.67	27.53	23.99
アメリカ	19.86	26.26	29.65
メキシコ	2.42	3.21	2.74

（『世界国勢図会 2018/19 年版』より作成）

資料5　アメリカの人種割合

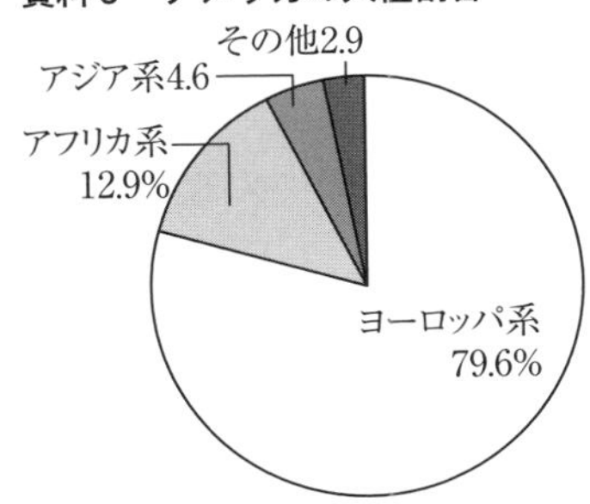

総人口のうち15.8%がヒスパニック
（『現代アメリカデータ総覧』）

〔　　　　　　　　　　　　　　　　〕

2 右の東海道新幹線のルートを示した地図を見て，次の問いに答えなさい。

(1) 東海道新幹線が開通したのと同じ年のできごとを，次のア～エから１つ選びなさい。

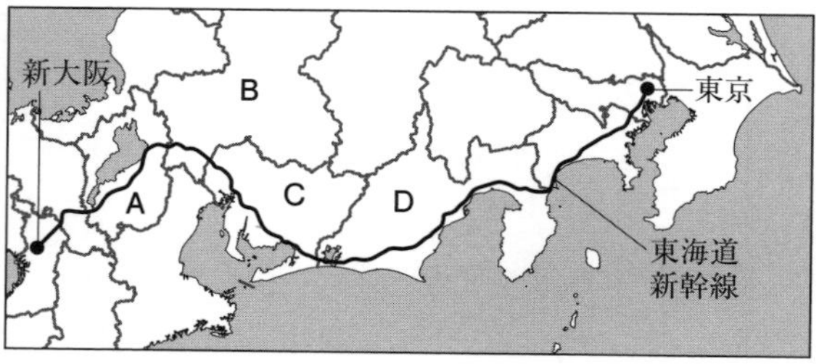

ア　朝鮮戦争が起きたため，軍事物資の需要が高まり，好景気となった。
イ　土地や株の価格が実際以上となる，バブル経済が起こった。
ウ　国民総生産が増え続け，東京ではオリンピックが開催された。
エ　所得などにかかわらずかけられる消費税が導入された。

〔　　〕

(2) 東海道新幹線の名称である東海道は，江戸時代に整えられた五街道のうちの１つであった。この東海道の風景を描いた「東海道五十三次」の作者を，次のア～エから１つ選びなさい。

ア　歌川（安藤）広重　　イ　喜多川歌麿
ウ　十返舎一九　　エ　葛飾北斎

〔　　〕

(3) 東海道新幹線の端の駅となる東京駅で，1921年に暗殺された内閣総理大臣に関する文として正しいものを，次のア～エからすべて選びなさい。

ア　民本主義を唱えて，人々の意見を政治に取り入れるように主張した。
イ　25歳以上の男子すべてに選挙権をあたえる普通選挙法を制定した。
ウ　日本初の本格的な政党内閣の内閣総理大臣となった。
エ　立憲政友会の総裁で，米騒動の後に内閣を組織した。

〔　　〕

(4) 次の表のア～エは，地図中のA～Dのいずれかの県を示している。地図中のB，Dの県にあてはまるものを，それぞれ１つずつ選びなさい。

	面積	人口増減率	海面養殖業生産量(t)	昼夜間人口比率
ア	10621	−0.47	−	96.1
イ	7777	−0.35	2287	99.8
ウ	5173	0.19	13330	101.4
エ	4017	0.03	−	96.5

※人口増減率は2010年～2015年　　（『データでみる県勢』2019年版より作成）

B〔　　〕　D〔　　〕

(5) 東海道新幹線が開業したのち，新幹線は順次延伸されていっている。新幹線が通っていない都道府県を，次のア～エから１つ選びなさい。

ア　鹿児島県　　イ　北海道　　ウ　石川県　　エ　千葉県

〔　　〕

(6) ごみ処理や消防などの行政サービスは，納められた税金をもとに供給されている。三大都市圏では，郊外から都心部への通勤･通学者が多く，通勤・通学者が多く集まる大都市には，ごみ処理などの行政サービスにおいて，さまざまな課題がある。なかでも大阪市には，財政上の課題があると考えられる。**表1**は，東海道新幹線が通る，横浜市，名古屋市，大阪市の，2010 年における，夜間人口（常住人口）と昼間人口（夜間人口から，通勤・通学による人口の流入・流出を加減した人口）を示している。**グラフ2**は，横浜市，名古屋市，大阪市の，2010 年度における，歳入の総額と歳入の内訳を示している。**グラフ3**は，横浜市，名古屋市，大阪市の，2010 年度における，ごみ処理施設の年間処理量を示している。**表1**と**グラフ2**から考えられる，大阪市の人口の特徴が大阪市の財政に与えている影響を，**グラフ3**から分かる行政サービスの状況に関連づけて，70 字程度で書きなさい。〈静岡県〉

表1

	夜間人口（万人）	昼間人口（万人）
横浜市	369	338
名古屋市	226	257
大阪市	267	354

（注　総務省資料により作成）

グラフ2

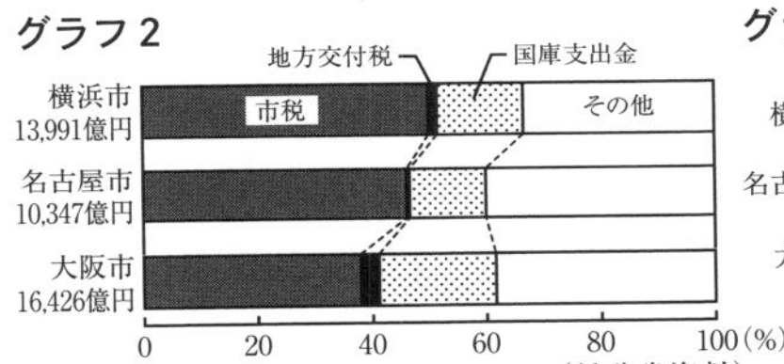

（総務省資料）

グラフ3

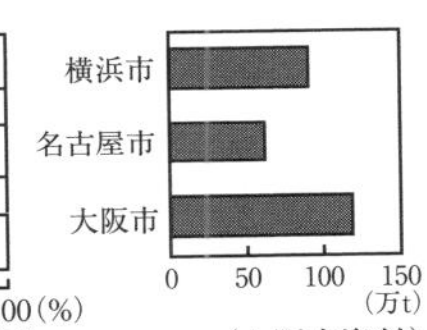

（大阪市資料）

(7) 東海道新幹線が通る京都市について，次の問いに答えなさい。

① 京都市では，室町時代に祇園祭が大きくとり行われるようになった。このとき京都の自治を行っていた，裕福な商工業者を何というか，答えなさい。〔　　　　　〕

② 京都市は，道路が碁盤の目のように整備されている。その理由を，歴史的背景に着目して，簡単に書きなさい。

〔　　　　　　　　　　　　　　　　　　〕

(8) 右の表は，ある日の新幹線で東京～新大阪に乗車する場合の運賃を示している。同じ新幹線に乗車するのに，購入方法で価格差が出る理由として考えられることを，労働力の面に着目して簡単に書きなさい。

窓口で購入した切符で乗車した場合	14450円
ICカードで乗車した場合	13370円

〔　　　　　　　　　　　　　　　　　　〕

思考力問題演習②

1 ゆみさんのクラスでは，世界の国々について，班に分かれて調べた。次の問いに答えなさい。

(1) じゅんやさんの班は，中国について調べた。

① 中国最大の人口である都市を，右の**地図１**中の**ア**～**エ**から１つ選びなさい。

〔　　　　〕

② 紀元前16世紀ごろ，中国を流れる**地図１**中の**X**の流域で，文明が栄えた。この文明において，占いなどで使用されていた文字を何というか，答えなさい。

〔　　　　〕

③ **地図１**を見て，中国の経済がかかえる問題点を，「東」「西」という語句を用いて簡単に説明しなさい。

〔　　　　〕

地図１

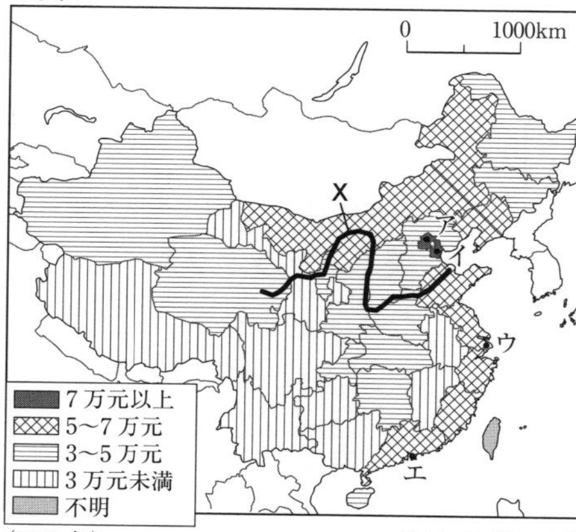

(2012年)　　(『中国統計年鑑』)

地図２

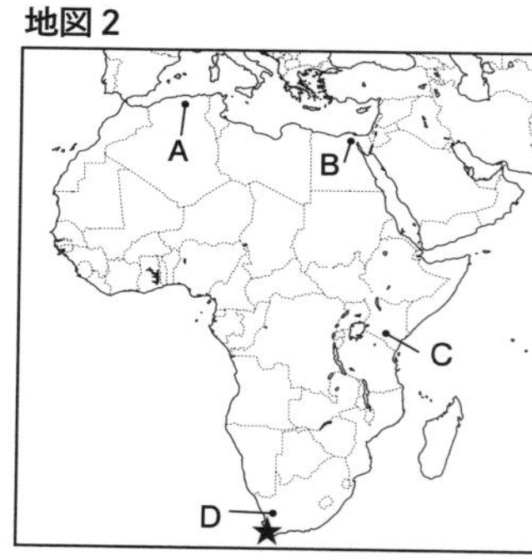

(2) きみよさんの班は，南アフリカ共和国について調べた。

① 次の４つの雨温図は，右上の**地図２**中に示した**A**～**D**つのいずれかの都市のものである。南アフリカ共和国の都市であるケープタウンの雨温図を，次の**ア**～**エ**から１つ選びなさい。

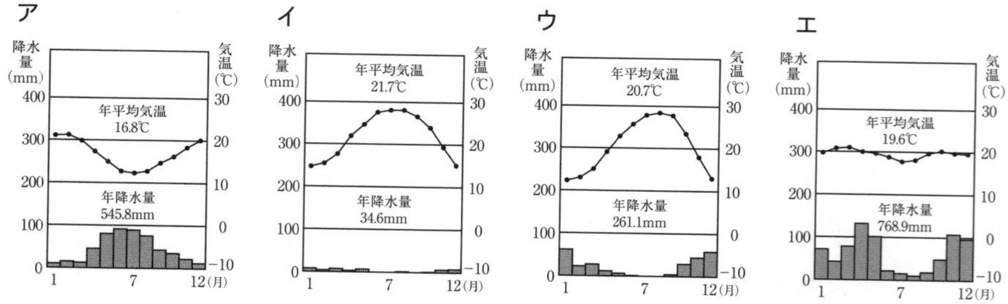

(2019年版『理科年表』)

〔　　　　〕

② 次のア～エの文のうち，南アフリカ共和国について述べたものを１つ選びなさい。

ア 石炭や鉄鉱石を日本に多く輸出している。かつては，白人以外の移民を制限する人種差別政策を行っていたが，現在は先住民などの多様な文化を尊重する，多文化主義をとっている。

イ 国の北部にある森林破壊が進み，環境問題が発生している。かつて植民地支配されていたころに，支配国から多くの人がやってきて混血が進んだため，現在の国民は，主にヨーロッパ系，アフリカ系，先住民とそれらの混血者で構成されている。

ウ レアメタルを多く産出している。白人と，先住民など白人以外を分ける人種隔離政策をとっていたが，現在は廃止されている。

エ 乾燥した気候で産業があまり発達してこなかったが，石油が発掘されるようになり，現在は石油の世界的な産地となっている。国民のほとんどは，イスラム教を信仰している。

〔　　　〕

③ 15世紀に，**地図２**中の★を経由してポルトガルからインドまで船でたどりついた人物を，次のア～ウから１つ選びなさい。

ア コロンブス　　イ バスコ・ダ・ガマ　　ウ マゼラン船隊

〔　　　〕

(3) ゆみさんの班は，スウェーデンについて調べた。

① スウェーデンが位置している半島の北側は，**地図３**中の⬭のように，出入りの激しい海岸になっている。この地形ができた理由を，簡単に説明しなさい。

〔　　　　　　　　　　　　〕

地図３

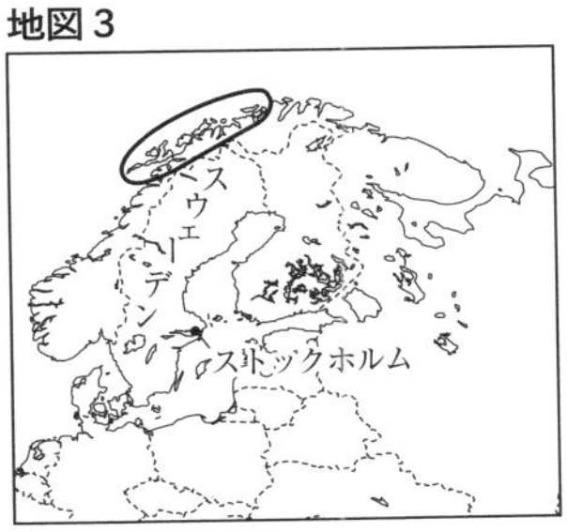

② スウェーデンの首都ストックホルムでは，1974年に当時の日本の内閣総理大臣がノーベル賞を受賞した。このときあたえられた賞を，次のア～エから１つ選びなさい。

ア 平和賞　　イ 生理・医学賞　　ウ 物理賞　　エ 文学賞

〔　　　〕

③ 日本が５月11日午前６時のとき，スウェーデンは何月何日何時か。午前か午後をつけて答えなさい。なお，スウェーデンは東経15度を標準時子午線としている。

〔　月　　日　　　　時〕

2 右の年表を見て，次の問いに答えなさい。

年代	おもなできごと
239	A 卑弥呼が中国に使いを送る
	↕
1404	B 足利義満が明と貿易を行う
17世紀	C 朝鮮から通信使が来日する
1894	D 日清戦争が始まる
1904	E 日露戦争が始まる
1951	F 日米安全保障条約を結ぶ

(1) 下線部Aのころの日本に暮らす人々のようすについて述べた文として適切なものを，次のア～エから１つ選びなさい。

ア 狩りや採集で暮らし，豊かな実りを祈って土偶をつくり始めた。

イ 各地の王や豪族が人々を従え，古墳をつくるようになった。

ウ 稲作が各地に広まって，米を蓄えるようになり，貧富の差が広がった。

エ 岩陰などに住んで，獲物となる動物を追って移動する生活を送っていた。

［　　　］

(2) 年表中の矢印の期間中の東南アジアの様子を示した次のア～エを，年代の古い順に並べなさい。

ア

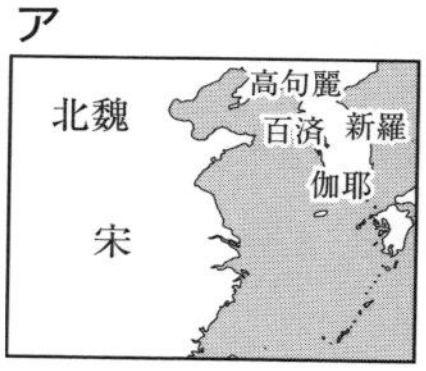

イ

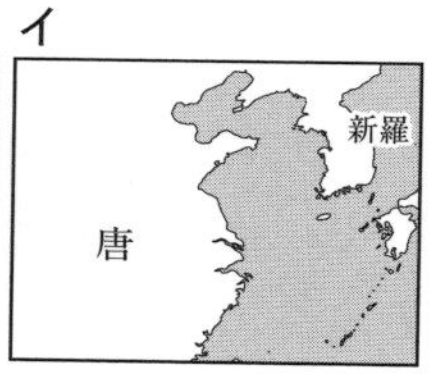

ウ

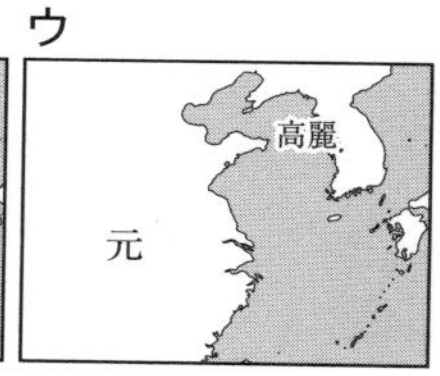

エ

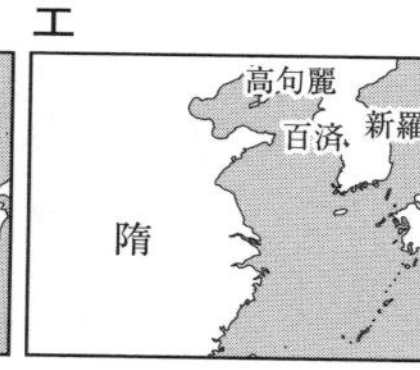

［　　→　　→　　→　　］

(3) 下線部Bの人物が建てた建築物に，下の地形図中の金閣がある。この地形図をみて，次の問いに答えよ。

（国土地理院2万5千分の1地形図「京都西北部」上り作成）

① 地形図中のあ，いの地図記号が表しているものを，次のア～カからそれぞれ選びなさい。

ア 病院　イ 消防署　ウ 発電所　エ 工場

オ 郵便局　カ 神社　あ〔　　　〕　い〔　　　〕

② この地形図上で，直線距離が３cmのとき，実際の距離は何ｍか，答えなさい。〔　　　〕

③ この地形図について述べた文として誤っているものを，次のア～ウから１つ選びなさい。

ア 鹿苑寺の周辺には，桑畑が広がっている。

イ 花山天皇陵の東に，御土居がある。

ウ 地形図中には，大学が２つ見られる。〔　　　〕

(4) 下線部Cの前，日本と朝鮮は国交を断絶していた。その理由を，安土桃山時代におきたできごとに触れて，簡潔に説明しなさい。

〔　　　　　　　　　　　　　　　　〕

(5) 下線部D・Eについて，右のグラフは，この２つの戦争についてまとめたものである。日露戦争後に東京で焼き打ち事件が起こった理由を，グラフからわかることに触れて，簡単に説明しなさい。

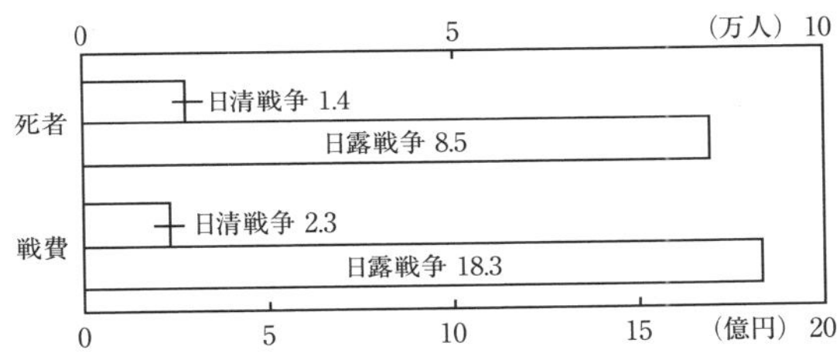

(『日本長期統計総覧』)

〔　　　　　　　　　　　　　　　　〕

(6) 次の表１～表３は，下線部Fのころからの日本の食料消費量や米に関する推移を示している。これらの表をみて，米の生産に対して政府の政策がどのように変化していったか，「肉類」「作付面積」という語句を用いて説明しなさい。

表1　1人1日あたり消費量

年度	米	野菜	肉類
1950	301.6	174.0	4.1
1960	314.9	273.1	14.2
1970	260.4	316.2	36.6
1980	216.2	309.4	61.6
1990	191.9	297.0	71.2
2000	177.0	280.6	78.8
2010	163.0	241.5	79.7

(単位：g)

表2　米の総需要量と国内生産量

年度	総需要量	国内生産量
1950	10,419	9,380
1960	12,618	12,858
1970	11,948	12,689
1980	11,209	9,751
1990	10,484	10,499
2000	9,790	9,490
2010	9,018	8,554

(単位：千t)

表3　米の作付面積

年度	作付面積
1950	3,011
1960	3,308
1970	2,923
1980	2,377
1990	2,074
2000	1,770
2010	1,628

(単位：千 ha)

(『数字でみる日本の100年』より作成)

〔　　　　　　　　　　　　　　　　〕

監修：栄光ゼミナール（えいこうゼミナール）
首都圏を中心に、北海道・宮城県・京都府など約300校を展開する大手進学塾。
「受験は戦略だ。」をコンセプトに、少人数クラスで生徒の学ぶ意欲を引き出し、生徒が自ら学ぶ姿勢を育てる。また、豊富なデータや経験を活かした効果的な指導で、志望校合格へ導く。
高校入試対策では、地域の出題傾向に沿った指導に定評がある。2020年の高校入試合格総数は12,000名超。各都道府県のトップ校の合格者を多数輩出し、高い合格率をほこる。
志望校合格のため、部活動や習い事との両立、家庭学習の取り組み姿勢、併願校の選定など入試当日までの学習計画立案、定期テストや内申対策など、高校受験を勝ち抜くために必要なサポートをトータルで行っている。

編集協力：有限会社マイプラン
校正　：エデュ・プラニング合同会社、株式会社鷗来堂
組版　：株式会社群企画
図版　：株式会社群企画、株式会社アート工房、佐藤百合子
写真　：アフロ、毎日新聞社、AP、Ullstein bild、国立国会図書館、フォト・オリジナル、正倉院、認定NPO法人 フェアトレード・ラベル・ジャパン

※本書の解説は、都道府県教育委員会から提供等を受けた問題・解答などをもとに作成した、本書独自のものです。
※本書に掲載されている解答は、都道府県教育委員会から提供等を受けた問題・解答に記載されたものではなく、本書独自のものである場合があります。
※一部の問題の図版や写真は、元の問題から差し替えている場合がありますが、問題の主旨を変更するものではありません。
※問題の出典に〈オリジナル〉とあるものは、この本で独自に作成した問題です。
※埼玉県の入試問題は、平成31年度のものを掲載しています。

高校入試対策問題集　合格への最短完成　社会

2020年７月31日　初版発行
2024年９月５日　５版発行

監修／栄光ゼミナール

発行者／山下 直久

発行／株式会社KADOKAWA
〒102-8177　東京都千代田区富士見2-13-3
電話 0570-002-301（ナビダイヤル）

印刷所／TOPPANクロレ株式会社

●お問い合わせ
https://www.kadokawa.co.jp/（「お問い合わせ」へお進みください）
※内容によっては、お答えできない場合があります。
※サポートは日本国内のみとさせていただきます。
※Japanese text only

定価はカバーに表示してあります。

ISBN 978-4-04-604353-5　C6036

合格への最短完成

高校入試対策

社会

SOCIAL STUDIES

問題集

解答・解説

この別冊を取り外すときは，
本体からていねいに引き抜いてください。
なお，この別冊抜き取りの際に損傷が生じた場合の
お取り替えはお控えください。

PART1 地理分野

1 日本の諸地域

問題→P8

1

(1) シラス
(2) 番号 ④　県名 鹿児島県
(3) ① イ　② 環境モデル都市
(4) c
(5) （例）宮崎県は，福島県に比べ，冬でも温暖である。そのため，宮崎県では，ビニールハウスを温める暖房費を抑えながら，冬にきゅうりを生産することができるから。

解説

(2) ①は福岡県，②は長崎県，③は熊本県，④は鹿児島県である。Aは畜産（ちくさん）の産出額が最も多いことから鹿児島県とわかる。人口の最も多いBは福岡県，海面漁業漁獲量が最も多いCは長崎県，残ったDは熊本県である。

(4) 人口が最も多いdは関東地方，近畿地方に次いで人口が多いbは中部地方と考える。また，面積が最も広いaは北海道地方であることから，cが九州地方となる。

(5) 図2からは，宮崎市は福島市よりも1～3月と10～12月に気温が高く，きゅうりの生育に適した気温である18～25℃により近いことが読み取れる。温暖な冬であれば，暖房費をおさえることができる。

2

(1) A，E　(2) ウ
(3) イ
(4) X ウ　Y ア
(5) （例）高速バスや自動車の利用が増え，鉄道や航空機，船舶の利用が減った。
(6) （例）山地にはさまれ，太平洋や日本海からの水蒸気が届きにくいため。
　（例）海の上をわたってくる季節風が山地によってさえぎられるため。

解説

(1) Aは島根県，Bは鳥取県，Cは広島県，Dは岡山県，Eは愛媛県，Fは高知県である。県庁所在地が県名と異なるのは，島根県は松江市，愛媛県は松山市である。

(2) ほかの2つと比べると，㋐は1年を通して降水量が少ないことから，瀬戸内の気候に属するD，㋑は冬の降水量が多いことから，日本海側の気候に属するB，㋒は夏の降水量が多いことから，太平洋側の気候に属するFであるとわかる。

(3) 高知県の高知平野では，温暖な気候をいかしてピーマンやなすなどの促成栽培（そくせいさいばい）がさかんなことから，野菜の割合が高いイとわかる。

3

(1) ① リアス海岸　② 琵琶湖
(2) X イ　Y ウ　Z ア
(3) 和歌山県 D　三重県 B

解説

(2) それぞれの都市の位置から考えて，Xは日本海側の気候に属するので，冬の降水量が多いイ，Yは瀬戸内の気候に属するので，1年を通して降水量が少ないウ，Zは太平洋側の気候に属するので，夏の降水量が多いアがあてはまる。

(3) A～Dにあてはまるのは，三重県，和歌山県，滋賀県，京都府の4県である。海面漁業漁獲量が全くないCは滋賀県，商品販売額が最も多いAは京都府である。BとDのうち，工業製品出荷額の多いBが，中京工業地帯に一部含まれている三重県，残ったDが和歌山県である。

4

(1) 日本アルプス
(2) 都市 ㋑　都道府県名 石川県
(3) 記号 B　都道府県名 山梨県
(4) 東海工業地域
(5) エ

解説

(3) 地図中のAは埼玉県，Bは山梨県，Cは岐阜県，Dは愛知県。山梨県では，扇状地がある甲府盆地などでぶどうやももの栽培がさかんである。

(5) 表中で面積が最も広く，果実の産出額が最も多いエが長野県である。米の産出額が最も多いウは新潟県，野菜の産出額が最も多いイは近郊農業がさかんな愛知県で，稲作の割合が高いアは富山県である。

5

(1)　X　ウ　　Y　関東ローム

(2)（例）夏が他のキャベツの産地よりも涼しいという気候の特徴をいかし，他の産地で生産されるキャベツが品薄になる夏の時期に収穫し出荷をするという生産がされている。

(3)（例）東京23区に周辺の地域から通勤・通学をする人が多く，その中で鉄道を利用する人の割合が高いから。

解説

(2) 資料1からは，7～10月に群馬県の入荷量が他の産地と比較してかなり多いこと，資料2からは，群馬県の月別平均気温が愛知県と比較すると低いことが読み取れる。これらの読み取ったことを，まとめて記述するとよい。

(3) 資料3からは，神奈川県，千葉県，埼玉県から東京23区へ通勤・通学する人が多いことが，資料4からは，通勤・通学する人は，自動車よりも鉄道を利用する割合が高いことが読み取れる。

6

(1)　①　ア，ウ，エ

②　道県名　秋田県　位置　オ

③　X　C　　Y　A　　Z　B

(2)　①　やませ

②（例）冷害の影響を受けやすい地域なので，耐冷性の強いひとめぼれが栽培されるようになったから。

(3)（例）高速道路沿いは製品の輸送に便利だから。

（例）製品の輸送に便利な高速道路沿いに，工業団地を設け，工場を誘致したから。

解説

(1) ①　アは北海道，イは青森県，ウは岩手県，エは宮城県，オは秋田県，カは山形県，キは福島県である。都道府県庁所在地名が都道府県名と異なるのは，北海道は札幌市，岩手県は盛岡市，宮城県は仙台市である。

③　Yは冬の気温が低いことから，北海道の気候に属するA。Zは冬の降水量が多いことから，日本海側の気候に属するBである。残ったXはCとなる。

(2) ②　資料1からは，宮城県は冷害の影響を受けやすいことが読み取れる。資料2には，ササニシキよりもひとめぼれの方が耐冷性に極めて強いことが書かれている。これらのことから，冷害の影響（被害）や，耐冷性をキーワードとして述べる。

(3) 東北地方では，関東地方との結びつきを生かした機械工業がさかんで，製品の輸送に便利な高速道路沿いに工業団地が建設されている。また，周辺の自治体が地元の人々の働く場所などを確保するため，工場の誘致も行われた。

7

(1)　①　千島海流（親潮）

②（例）温かく湿った空気が寒流の上で冷やされて，濃霧（海霧）が発生するから。

(2)（例）大消費地から遠いため，加工用が多い。

解説

(1) ②　千島海流が寒流であることに着目する。

(2) グラフから，飲用より加工用のものが非常に多いことが読み取れる。飲用はそのままであること，加工用は手を加えることから，グラフのような差は，消費地までの輸送日数が影響していることを考える。

PART1 地理分野

2 世界の諸地域

問題→P18

1

(1)　ASEAN

(2)　季節風（モンスーン）

(3)（例）石油は埋蔵量に限りがあり，価格の変動が大きく，安定した収入を継続して得られないから。

(4)　エ

解説

(1) A国はマレーシア。ASEANは東南アジアの10か国が加盟している地域統合組織である。

(3) B国はカタール。資料1にバレルという単位があることから資源は石油であることがわかり，可採年数とあることから石油の埋蔵量には限りがあることが読み取れる。資料2からは，石油の価格が変動し，安定していないことが読み取れる。**輸出の多くを占める石油の価格が変動しやすいということは，国の収入も安定しないということを考える。**

(4) アは乗用車保有台数が最も多く，4か国の中では1人あたりのGDPが最も高いことから，工業化が進展した中国である。イは輸出品のダイヤモンドからインド，ウは輸出品の石炭とパーム油からインドネシアとわかる。残ったエがタイとなる。

2

(1) 白夜
(2) ウ
(3) 気候名　地中海性気候
特徴　（例）夏は雨が少なく乾燥し，冬に雨が多い。
(4) エ

解説

(2) イタリアやスペインなどの地中海沿岸では地中海式農業がさかんなことからⅠは③，ポーランドなど，ヨーロッパの中部や東部で混合農業がさかんなことからⅡは①，アルプス山脈周辺やアイルランドは酪農がさかんであることからⅢは②となる。

(3) 雨温図を見て，ローマと東京を比較する。とくに差がみられる夏と冬の特徴についてそれぞれ述べる。

(4) 地図中のaはイギリス，bはオランダ，cはフランス，dはスペインである。フランスでは，混合農業がさかんなことから，**小麦と牛乳・乳製品の食料自給率が高いエがフランスとなる。果実類の食料自給率が他と比べて高いイは，地中海式農業がさかんなスペイン，牛乳・乳製品の食料自給率のみが高いウは酪農がさかんなオランダ。**残ったアはイギリスとなる。

3

(1) ①（例）大地が氷河によってけずられてつくられた。
②（例）X港の付近には，暖流である北大西洋海流が流れているから。
(2) X　北大西洋　　Y　偏西
(3) ア，ウ
(4) ①　ユーロ
②（例）東ヨーロッパ諸国は，西ヨーロッパ諸国に比べて賃金が低いから。

解説

(1) ②　X港は大西洋に面していることから考える。西ヨーロッパの沿岸部には，暖流の北大西洋海流が流れている。

(3) イはアメリカ合衆国，エはイタリアなど地中海沿岸に位置する国について述べた文である。

(4) ②　資料から，東ヨーロッパにあたるポーランド，クロアチア，チェコ，ルーマニアの1か月あたりの最低賃金は，**西ヨーロッパ諸国の3分の1ほどであることが読み取れる。**「賃金が低い」という意味の言葉を入れて答えるようにする。

4

(1) ア
(2) カカオ
(3) モノカルチャー経済
(4) （例）かつてヨーロッパ諸国に支配されていたから。
(5) （例）輸出で大きな割合を占める原油の<u>国際価格</u>が変動するため，<u>国の収入</u>が安定しない。

解説

(1) 雨温図は，夏に気温が高いことから，北半球に位置する都市であり，夏の降水量がほとんどないことから乾燥帯に属するアとわかる。

(2) Xはコートジボワール。コートジボワールやガーナは，世界有数のカカオの生産地である。

(4) アフリカ州には，直線的な国境が多くみられるが，これは，かつてアフリカ州を支配していたヨーロッパ諸国が緯線や経線を境界線として利用したためである。

(5) 資料3から，ナイジェリアの輸出品のほとんどが原油などの鉱産資源であること，資料4からは，原油の国際価格は変動しやすいことが読み取れる。**モノカルチャー経済の問題点は，すぐに答えられるようにしておくとよい。**

5

(1) シリコンバレー
(2) ヒスパニック
(3) ① 適地適作 ② イ
(4) イ→ウ→ア
(5) (例) アメリカ合衆国は，農産物の生産量に占める輸出量の割合が大きい。

解説

(3) ① 適地適作とは，その土地の自然条件や社会的条件に最も適した農作物を栽培することをいう。アメリカ合衆国では，適地適作で農作物が栽培されていることが多いため，農業地域区分がわかりやすくなっている。

② アパラチア山脈はアメリカ合衆国の東側，アンデス山脈は南アメリカ州の西側に位置する山脈。アンデス山脈は環(かん)太平洋造山帯に含まれているため，険しい山脈になっている。

(4) それぞれの選択肢でふれられている品目に注目すれば，産業が発展していった順に，鉄鋼→自動車→ICTとわかる。これは，日本の産業の発展の順とも同じであることに注目する。工業がさかんな地域をおさえつつ，時期も理解しておくとよい。

(5) 表から，アメリカ合衆国は小麦などの生産量の半分以上を輸出しているのに対して，中国の輸出量は生産量の数%程度にとどまっていることが読み取れる。これは，人口が多いため，生産した分はほとんどを自国内で消費しており，あまり輸出していないためである。

6

(1) ア (2) イ

解説

(1) 南アメリカ州では，大陸の西部にアンデス山脈が連なり，その東には，平原が広がっている。大陸の東部には，ギアナ高地があることから，少し高くなっている。

(2) クスコは高山気候に属しており，降水量が少ないことから，イがあてはまる。アは年じゅう気温が高く夏の降水量が多いことから，熱帯に属するマナオス，ウは季節の変化がみられることから，温帯に属するブエノスアイレスである。

7

(1) 植民地
(2) (例)(日本と比べてニュージーランドは，) <u>化石燃料</u>のエネルギー供給の割合は低く，<u>再生可能</u>エネルギーの供給の割合は高い。

解説

(2) 表から，ニュージーランドは，石炭や石油などの化石燃料の割合が低く，水力や地熱・太陽光・風力，バイオ燃料という再生可能エネルギーの割合が高いことを読み取る。

PART1 地理分野

3 世界からみた日本のすがた

問題→P26

1

(1) 造山帯
(2) (例)(国土の)約25%の<u>平野</u>に人口の約80%が集中している。

解説

(1) 世界には環太平洋造山帯とアルプス・ヒマラヤ造山帯がある。

(2) 表の「地形の割合」をみると，日本の国土の約75%が山地で，残りの約25%が平野であることが読み取れる。また，「地形別人口の割合」をみると，山地に全人口の約20%の人が，平野に約80%の人が住んでいることが読み取れる。適切な数値と「平野」という語句を使ってと問題文にあることから，平野の面積の割合と平野の人口の割合を示す。

2

(1) ウ (2) ウ→ア→イ

解説

(1) 世界人口の約6割はアジア州が占めていることから，ウである。アは北アメリカ州，イはヨーロッパ州，エはアフリカ州を示している。

(2) 人口ピラミッドは，社会の進展とともに，富士山型→つりがね型→つぼ型へと変化していく。

3

(1) イ

(2) ● イ　◎ ウ　■ ア

(3) 記号 イ

理由 （例）ロシアは，火力発電の割合が高く，エネルギー自給率が高いから。

解説

(1) 日本は石炭や鉄鉱石をおもにオーストラリアから輸入しているが，天然ガスも多いことを知っておこう。

(2) ●は山間部に多いことから水力発電所，◎は海岸部の都心から少しはなれたところにあることから原子力発電所，■は工業地域や都市のすぐ近くにあることから火力発電所と見分けることができる。

(3) アは水力発電の割合が高いことから水資源の多いカナダ，エは原子力発電の割合が高いことからフランスである。残りのイとウはエネルギー自給率で判断する。

4

(1) ア

(2) （例）長野県の生産地は高地に位置し，夏季にレタス栽培に適した涼しい気候となるため。

(3) ウ

(4) ①

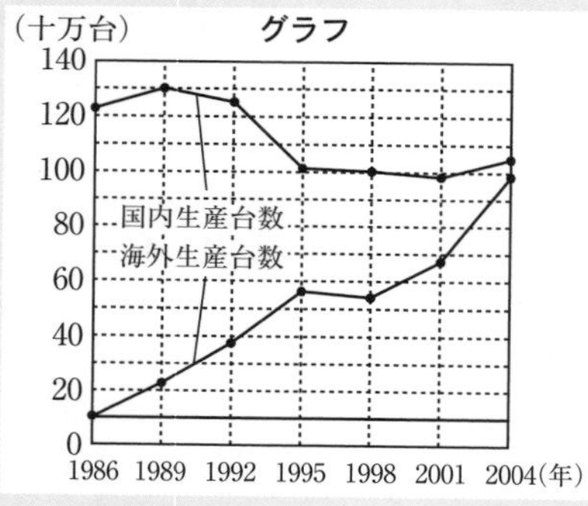

② エ

(5) （例）魚介類の輸入量が増えたから。

(6) ア

(7) イ

解説

(1) ぶどうの産出額の割合が多いアは岡山県である。イは生乳の産出額，ウは米の産出額が多いことから，それぞれ北海道と新潟県。エは近郊農業がさかんな東京都である。

(2) レタス栽培は，夏に涼しい気候が適していることから考える。

(3) 中京工業地帯は機械工業の割合が圧倒的に高いのに対し，瀬戸内工業地域は化学工業の割合が比較的高い。

(4) ② 「産業の空洞化」とは，産業拠点が海外に移転することにより，国内の製造業が衰退していく現象のことをいう。

(5) 資料３からは魚介類の自給率が，1985 年から 1995 年まで減少していることが読み取れる。自給率が減少しているということは，輸入量が増えていることを意味する。

(6) 茨城県は，関東地方の太平洋側に位置する県である。関東内陸（北関東）工業地帯により製造品出荷額等がある程度多く，岐阜県や山梨県よりは山地面積が少ない。近郊農業がさかんで野菜の産出額が最も多くなっているアが茨城県である。

(7)「第３次産業の就業者割合」の数値が高いということは，観光業などサービス業が多いということが考えられる。ここから考えると，北海道や東京近辺，京都近辺などが塗りつぶされているイがあてはまる。「面積」は北海道や東北地方の県が含まれているア，「人口密度」は東京，名古屋，大阪の３大都市圏が含まれているウがあてはまる。残ったエは「老年（65 歳以上）人口割合」となる。

5

(1) ハブ空港　(2) ウ

解説

(2) 機械類や自動車は航空機で多く運搬できないので，Ｙが海上輸送である。Ｘが航空輸送となるので，航空輸送で多くが運ばれるａは半導体等電子部品とわかる。

PART1 地理分野

4 日本のすがた

問題→P32

1

(1) ウ
(2) 番号 ② 都市名 明石（市）
(3) ① 14 ② イ
③ 12月16日午前8時
④ 10日午前11時

解説

(1) アのイランとエのアメリカ合衆国は日本の緯度の範囲と重なり，イのオーストラリアは日本の経度の範囲と重なる。

(2) 日本の標準時子午線は，東経135度を通っており，これは兵庫県明石市などを通っている。また，東経140°の経線・北緯40°の緯線が通る秋田県大潟村なども問われやすい。

(3) ① 東経135度の経線を標準時の基準とする日本と，西経75度の経線を標準時とするA国（カナダ）の首都（オタワ）との経度差は，135＋75＝210（度）である。経度15度ごとに1時間の時差が生じるから，日本とオタワとの時差は210÷15＝14（時間）である。

② 日本とリオデジャネイロの時差は，それぞれ時刻を差し引いて求めると12時間である。経度15度ごとに1時間の時差が生じるから，日本とリオデジャネイロでは12×15＝180（度）の経度差がある。日本の標準時子午線は東経135度であるから。リオデジャネイロの標準時となっている経線は，180－135＝45(度)。また，リオデジャネイロは本初子午線の西側にあるので西経45度となる。

③ 東経135度を標準時子午線とする日本と，西経75度を標準時子午線とするニューヨークとの経度差は，135＋75＝210（度）である。経度15度ごとに1時間の時差が生じるから，日本とニューヨークとでは210÷15＝14（時間）の時差がある。日本の方がニューヨークよりも時刻がすすんでいるから，12月15日午後6時の14時間後の12月16日午前8時となる。

④ **間違いが多い問題で，解けない生徒は「フリーズ」してしまいがちである。この手の時差を扱う問題を解くときは，「はじめに，出発時刻をロンドン（出発地）になおす」ことが大事。**東京とロンドンとの経度差は135度で，9時間の時差がある。ロンドンの方が東京よりも時刻がおそいから，東京を出発したときのロンドンの時刻は，10月10日午前8時の9時間前の10月9日午後11時。飛行時間が12時間だから，ロンドンに到着した時刻は，10月10日午前11時となる。

2

(1) ① X 国後島 Y 色丹島
②A 12 B 200
(2) オ (3) ウ

解説

(1) ① 北海道の北東部にある国後島（くなしりとう），択捉島（えとろふとう），歯舞群島（はぼまいぐんとう），色丹島（しこたんとう）の4島をまとめて北方領土という。

(2) **日本は，沖ノ鳥島や南鳥島のような離島が多いため，排他的経済水域（はいたてき）は国土面積の10倍以上となっている。**このことから，オと考えられる。アはアメリカ合衆国，イはオーストラリア，ウはブラジル，エはインドネシア。

(3) 尖閣諸島（せんかくしょとう）は日本固有の領土で，沖縄県に属す。

3

(1) ウ (2) 中部地方
(3) 石川県

解説

(1) 福島県は，宮城県，山形県，新潟県，群馬県，栃木県，茨城県の6県と県境が接している。

(3) 北陸地方の県は新潟県，富山県，石川県，福井県の4県。石川県の県庁所在地は金沢市。

PART1 地理分野

5 世界のすがた

問題→P35

1

(1) イギリス (2) モスクワ
(3) 長いもの II 短いもの I

解説

(1) ①の都市はロンドンである。

(2) 北緯60度，東経100度の地点が含まれる国はロシアである。

(3) 緯線と経線が直角に交わった地図では，赤道からはなれるほど，実際よりも距離が長く表される。

2

(1) イ　(2) B
(3) 南アメリカ大陸

解説

(1) 地図1では，12本の経線で区切られていることから，360÷12＝30より，経線は30度ごとに引かれている。また，赤道を中心として，北半球が3本の緯線で区切られていることから，90÷3＝30より，緯線も30度ごとに引かれている。よって，Xは，赤道より南にあるので南緯，本初子午線よりも東にあるので東経で表され，度についてはそれぞれ目盛りを読む。

(2) ある場所からみて，地球の中心を通った反対側の地点のことを対蹠点という。ある地点の対蹠点を求める場合，緯度についてはある地点の緯度はそのままで北緯と南緯を入れかえる。経度については180からその地点の経度を引き，西経と東経を入れかえればよい。

3

(1) イ，エ　(2) 大西洋
(3) 14,000km

解説

(1) 赤道はアフリカ大陸ではナイジェリアやコートジボワールのすぐ南を，南アメリカ大陸ではエクアドルやブラジル北部を通る。

(3) 北極と南極との間の距離は20000kmで，〈手順1〉より20等分するので，1目盛りは1000kmとなる。これが14目盛りであったのだから，1000×14＝14000（km）となる。

4

(1) インド洋　(2) 南東
(3) A（→）C（→）B

解説

(2) 通常，地図では上が北を示す。

(3) Aは5000kmより遠い，Bは10000kmより遠い，Cは10000km以内の範囲にある。

5

イ

解説

地図で示されている中国とインドは，本初子午線よりも東側にあるので，模式図中のイかエがあてはまると考えられる。そして，赤道よりも北側にあることからイとわかる。

6

(1) c　(2) ア

解説

(1) シドニーとブエノスアイレスの直線経路は，地図上では曲線で表される。南半球の場合，北半球とは逆向きの曲線になることにも注意できるとよい。

(2) イの地中海はヨーロッパ州とアフリカ州の間にあり，B国は面していない。ウの本初子午線はイギリスのロンドンなどを通る。エのD国の一部は北半球にある。

PART1
地理分野

6 身近な地域の調査

問題→P39

1

(1) 80 m　(2) エ

解説

(1) この地形図では，等高線は10mごとに引かれており，aの標高は290m，bの標高は370mと読み取れる。

(2) 畑の地図記号は∨，果樹園の地図記号は○，広葉樹林の地図記号はＱである。

2

(1) 500 m　(2) エ

解説

(1) 実際の距離は，（地図上の長さ）×（縮尺の分母）で計算される。この地形図は，2万5千分の1地形図だから，2×25000＝50000（cm）＝500（m）となる。

(2) アについて，市民会館の周辺には，図書館（□）や博物館（⌂）が見られる。イについて，JR線ではなく私鉄。松山駅を通っているのがJR線である。ウについて，西ではなく東（北東）。

3 **（例）港湾と道路が整備されたことで，部品や製品などの輸送に便利になったから。**

解説

資料Ⅱを見ると，資料Ⅰにはなかった港湾や道路が整備されたことが読み取れる。交通網が整備されると，原料や部品，つくった製品の輸送が便利になる。

4 **ア，エ**

解説

アについて，２万５千分の１地形図では，主曲線は 10 mごとにひかれている。イについて，実際の距離は，(地図上の長さ)×(縮尺の分母)で計算される。この地形図は，２万５千分の１地形図だから，４×25000＝100000（cm）＝1000（m）＝１（km）となる。ウについて，等高線の間隔がせまいところは傾斜が急，広いところは傾斜が緩やかになる。エについて，地図は基本的には北が上になっており，地図上の右上側にある若草山から見ると，地図上の下側中央寄りにある奈良公園は，南西方向に位置する。

5 **イ**

解説

アのかつて学校があったところには，文化会館と図書館がある。ウの尾張旭駅は，かつてのあさひあらい駅より東側にある。エの水田は，平成 26 年の地形図でも南西部などに見られる。

PART1 地理分野

7 世界各地の人々の生活と環境

問題→P44

1 **(1)　アジア州　(2)　ア**
(3)　オ　(4)　ウ

解説

(2) 都市Ａは，南半球にある温帯の都市。７月ごろの気温が低くなり，一定の降水量があることからアと判断する。

2 **(1)　バンガロール　Ｄ　ニース　Ｃ**
(2)　（例）標高の高いところにある（から）

解説

(2) 一般的に，緯度が高くなると気温が低くなる。ＸとＹは，地図をみるとほぼ同じ緯度にあることから，緯度による違いかははっきりいえない。一方，標高の高さによっても気温が変わるため，ＸよりＹの方が低い気温になっているのは，Ｙの方が標高が高いと考えられる。

3 **(1)　ア　(2)　永久凍土**
(3)　ア
(4)　メッカの場所　Ｑ
イスラム教の特徴　Ｓ

解説

(2) 伝統的な住居が高床になっている地域は，高温多湿なところと，永久凍土があるところである。問われているのは寒冷な気候であるシベリア地方で，文を読むと，土壌が熱でとけるとあることから，永久凍土という語句を用いて説明できるとよい。

4 **(1)　①　エ　②（例）緯度が高い割には，冬の気温が高い。**
(2)　Ⅰ　ウ　Ⅱ　ア　Ⅲ　イ
(3)　Ａ

解説

(1) ②　パリが位置するヨーロッパの北西部は，大西洋を流れる暖流の北大西洋海流と，その上空を流れる偏西風の影響を受けて，緯度の割に気温が高い。この気候を西岸海洋性気候という。

PART1 地理分野

8 地理分野の融合問題

問題➔P48

1

X （例）一部の国に限られている
Y リサイクル
（再利用，再資源化）

解説

レアメタルの産出の割合は，コバルトもレアアースも第1位の国にかたよっていることを読み取る。

2

（例）（1人当たり国民総所得が多い国では，）第一次産業人口の割合が低く，第三次産業人口の割合が高い。

解説

1人あたり国民総所得が多い国は，アメリカ，日本，韓国の順になっていることが，図1・図2のどちらからも読み取れる。これらの3か国は，いずれも図1の第一次産業人口の割合が低く，図2の第三次産業人口の割合が高い。これらの読み取れたことを，問題にあるように「1人当たり国民総所得が多い国では，」につながるような書き方で文章を書くとよい。

PART2 歴史分野

1 近代日本のあゆみ

問題➔P52

1

(1) ア
(2) （例）清に返還する

解説

(1) 文章の最初にある1869年に行われた藩主（はんしゅ）に土地と人民を政府に返させたできごととは版籍奉還（はんせきほうかん）である。版籍奉還を受けて，1871年に廃藩置県（はいはんちけん）が行われ，県や府に中央から政府が任命した役人が派遣（はけん）された。

(2) 資料には遼東（りょうとう）半島は日本に譲り渡すとあるが，地図を見ると遼東半島は清（しん）の領土となっている。このことから，**遼東半島は清に返還された**ことが読み取れる。

2

(1) ① 岩倉具視 ② イ
(2) 領事裁判権

解説

(2) 日米修好通商条約（しゅうこうつうしょう）で，一方の国のみがもった権利とは，関税自主権（かんぜいじしゅけん）が日本になかったことと，領事裁判権（りょうじさいばんけん）が認められたことである。**資料2**の第10款（かん）に日本の領事が裁判を行う，とあることから共通している権利がわかる。

3

(1) 日清（戦争） (2) オ

解説

(2) 八幡（やはた）製鉄所は，**中国から輸入した鉄鉱石と，筑豊（ちくほう）炭田で豊富に生産された石炭を使って現在**の北九州市で製鉄業を行った。

4

(1) a 天皇 b 法律
(2) （例）2.5%に引き下げた
(3) イ→ウ→ア

解説

(2) 地租（ちそ）は当初3%に設定されていたが，地租改正一揆（いっき）がおきるなど，人々からの反発が大きかったことからのちに税率が2.5%に下げられた。

(3) 自由民権運動の起こりから，国会が開設するまでを一連の流れとしておさえておくと解きやすい。1874年に板垣退助らが民撰議院設立建白書を提出して始まった自由民権運動は，国会開設の機運が高まる中で国会期成同盟の結成などにつながった。1881年には10年後に国会を開くことを約束する国会開設の勅諭が出され，自由党や立憲改進党が結成。一方政府は，国会を開くためには憲法を制定する必要があると考えたことから，1885年に内閣制度をつくり，1889年に大日本帝国憲法が発布された。

5

(1) ① 横浜　② ウ
(2) (例) 鉄道の利権を日本にゆずる
(3) 説明 (例)(江戸時代の) 不安定な年貢の収入から，地価を基準とした地租に変えることで，財政を安定させるため。
語 地券

解説

(2) ポーツマス条約は，日露戦争の講和条約である。ロシアは韓国における優越権を日本に認め，樺太の南半分，旅順と大連の租借権，ロシアが満州に建設していた鉄道の一部の権利などを日本にゆずることとなった。問題の文中には，その後，南満州鉄道株式会社を設立した，とあることから，鉄道に関わる内容を入れるとよい。

(3) 図1から，江戸時代の年貢収入量は，ききんが起こると通常時の3分の2程度まで収入が減り，米の生産高によって収入が大きく左右されていることがわかる。しかし，明治時代に入ると，図2のように，地租は地価に対して3％（のちに2.5％）と定められたことから収入が安定した。

6

(1) 文明開化　(2) ウ

解説

(2) 福沢諭吉が『学問のすゝめ』で人間の自由や平等の思想を紹介したのは明治時代である。

7

ア

解説

ポーツマス条約では，樺太の南半分がロシアから日本にゆずりわたされた。イは，択捉島までが日本とされていることからサンフランシスコ平和条約で定められたものである。ウは千島列島全部が日本であることから，樺太・千島交換条約で定められたものである。エは樺太が混在地となっていることから，日露通好条約で定められたものである。

8

(1) エ
(2) 記号 ア
正しいもの 吉野作造

解説

(2) 幸徳秋水は，明治時代に社会民主党を結成した人物。1910年の大逆事件で死刑となった。

9

記号 A　理由 イ

解説

まず，この問題の解答の際は，製糸業と紡績業の違いを理解しておくとスムーズに解答できる。製糸業は，蚕のまゆから絹織物の原料となる生糸などを製造する工業。紡績業は，綿花から綿糸を製造する工業である。

日本の産業革命は，1883年に大阪で24時間生産を行う工場ができて以降，機械を使って綿製品を大量生産し，大量輸出するようになることで始まった。**このように紡績業が栄えたことにより，日本はそれまで綿糸の輸入国であったが，輸出国へと変化した。**資料は1885年と1899年を示していることから，原料の綿花の輸入が増えている方が1899年である。

PART2 歴史分野

2 近世社会の発展

問題→P60

1

(1) ア
(2) イ
(3) ① 琉球王国　② アイヌ
③ (例) 海外の情報を入手するため。

解説

(2) Yの菱垣廻船や樽廻船は，木綿や酒を運んでいたが，江戸から大阪へではなく，大阪から江戸へと運んでいたことから誤りとなる。江戸時代の大阪は「天下の台所」と呼ばれる経済の中心地で，年貢の米や地方の特産品が運び込まれる蔵屋敷が多く建ち並んでいた。船着き場も発達していたことから，大阪から江戸へ向かって，菱垣廻船や樽廻船を使って物資を運んでいた。

(3) ③　鎖国中に貿易を行うことが許されたヨーロッパの国はオランダのみであった。そのため，幕府がヨーロッパの事情を知るにはオランダから情報を得るしかなかったことから，風説書の提出を命じていたのである。

2

W　ア　X　エ　Y　イ　Z　ウ

解説

年表は，安土桃山時代から江戸時代にかけての日本と外国の関係の変化を示したものである。このころの海外との交流の変化の流れを次のように確認しておこう。

キリスト教の伝来（ザビエルの来日）と広まり（天正遣欧使節の派遣）→キリスト教の規制（幕領での禁止令・全国での禁止令）→宣教師の国外追放・スペイン船の来航禁止→島原・天草一揆→貿易の統制（ポルトガル船の来港禁止）→鎖国の完成

3

(1)　イ

(2)　ウ，エ

(3)　(例) 原材料や機械を借りて商品をつくる工業。

解説

(3) 問屋制家内工業は，18 世紀に始まり，地主や商人が，原料・器具を貸し出し，生産物を買いとった。19 世紀には，労働者を一か所に集めて，分業で生産する工業制手工業（マニュファクチュア）が始まった。

4

(1)　内容　(例) 大名が 1 年おきに領地と江戸とを往復すること。

名前　徳川家光

(2)　エ　　(3)　イ

解説

(2) 資料名に島原・天草一揆の 5 年後とある。島原は長崎県，天草は熊本県に位置しており，1637 年にキリスト教への厳しい迫害や年貢が重いことを理由とした一揆がおきた。この一揆は翌年に幕府によって鎮められたが，土地が荒れてしまって百姓が不足したことが資料からわかる。**ア**は，大分県ではないので誤り，**イ**は，資料に萩藩が島原・天草に百姓を送ると書いてあることから誤り，**ウ**は，幕府の要請で萩藩から島原・天草へ移住させていることから誤りである。

(3) 文章中に公事方御定書を定めたとあることから，徳川吉宗が行った享保の改革のことを述べているとわかる。

5

(例) 大阪の蔵屋敷は年貢米をはじめとする各藩の産物が集まる施設で，その産物が船で運び込まれ取り引きがさかんに行われたから。

解説

図 1 から蔵屋敷が大阪の川沿いを中心に建てられていること，図 2 から，船着き場から蔵屋敷の間で荷物が運ばれていることがわかる。また，物資の流れが川に沿っていることから，船で蔵屋敷に年貢など農産物が運び込まれたあと，日本各地に運び出されたと考えられる。江戸時代の大阪は，このような交通の便を生かして経済の中心になっていた。

6

(例) 小判の金の含有量を減らしたことで，差額の利益が得られたため。

解説

1600 年の小判と，1695 年の小判を比べると，1 両あたりの重量はどちらも 17.85 g と同じであるが，金の含有量が，15.49 g から 10.24 g と約 3 分の 2 に減少している。**小判を 1 両つくりかえるごとに金が約 5 g 幕府のもとに残る計算になる。小判のつくりかえはまとめて行うのではなく，数年にかけて行うため，その間，幕府の収入が増えたのである。**

7 **イ（と）オ**

解説

表を見ると，在職期間が最も長いのは徳川家斉である。また，就任年の幕領の石高に占める年貢高の割合は，8代吉宗のときは139（万石）÷409（万石）×100＝34.0％，9代将軍家重のときは，177（万石）÷463（万石）×100＝38.2（％）となり，9代将軍徳川家重の方が高い。なお，家重のときの年貢高の数値が高いのは，吉宗の改革の成果がでている時期である点も考えられるとよい。

8

A　株仲間
B　（例）営業税を徴収した

解説

田沼意次は，商工業をさかんにすることで，幕府の収入を増やそうと考えた。そのために，結成を奨励したのは株仲間である。

9

(1)　①　井原西鶴　　②　近松門左衛門
(2)　エ
(3)　本居宣長

解説

(1) 元禄文化は京都や大阪などの上方の町人がにない手となった。**江戸時代の文化史は頻出なので，代表的な人物とおもな作品・業績はおさえておきたい。**

(2) 化政文化は，江戸時代の後半，19世紀の初めごろに栄えた文化である。アの南蛮貿易とイの李参平ら朝鮮人陶工により有田焼がつくられるようになったのはいずれも安土桃山時代である。朝鮮人陶工は，豊臣秀吉の朝鮮出兵のときに連れてこられた人々のこと。ウの朱印船貿易が行われたのは江戸時代初期。

10 **（例）徳川吉宗は，目安箱を設置した。**

解説

内容に当てはまるのは，享保の改革を行った人物の名前と，その人物が行った庶民の投書を受け付けた政策である。また，書き方はけんたくんのレポートにそろえて，「『人物』は（が）『政策』をした。」という書き方にしなければならないことに注意。

PART2 歴史分野

3　武家政治の展開

問題→P68

1

(1)　エ
(2)　①　イ，エ　　②　イ
(3)　（例）お金の貸し付けを行っていた酒屋や土倉に借金の帳消しを求めるため。

解説

(1) 中世は平安時代末期から戦国時代までと問題文にあることから考える。エの大阪が「天下の台所」と呼ばれたのは江戸時代である。

(2) ①　図から，1307年には点在していた屋敷地が1466年には1か所にまとまり，新たに周囲に濠がめぐらされていることが，資料からは，村のおきてが寄合で定められていることがわかる。

②　加賀（石川県）では，戦国時代に一向一揆によって守護がたおされ，その後，約100年間にわたって自治が行われた。

(3) 酒屋・土倉はお金の貸し付けなどを行っていた業者である。徳政とは借金を帳消しにすることで，中世に農民の自治が広まるとともに各地で徳政を求める土一揆が発生した。

2

(1)　（例）将軍のために戦いに参加すること。
(2)　エ
(3)　六波羅探題
(4)　①　マルコ・ポーロ
②　a　フビライ・ハン
b　北条時宗

解説

(1) ほかに，「京都や鎌倉の警備をすること。」なども正解となる。将軍と御家人は主従関係で結ばれていた。

(2)(3)　承久の乱は，鎌倉時代の1221年，幕府を倒そうと後鳥羽上皇が挙兵した乱である。幕府側が勝利し，後鳥羽上皇は隠岐（島根県）に流された。承久の乱のあと，幕府が朝廷の監視などのために，京都に置いた役所が六波羅探題である。

3

(1)　ア　(例)西日本まで広がった
イ　(例)荘園領主と地頭の争いが増えた
(2)　変化の内容　(例)領地の相続が分割相続から単独による相続に変わった。
理由　(例)一人あたりの土地が小さくなり，御家人の生活が苦しくなったから。

解説

(1) 資料1から，承久の乱のあと，幕府は西日本に新しく東国の御家人を地頭として置いたことがわかる。しかし，地頭は荘園領主に年貢を納めている農民に対して，勝手に年貢を取ったり土地や農民を支配したりということを行ったことから，荘園領主との対立が発生したと考えることができる。

(2) 資料3から13世紀（1240年）は土地を分割して子どもがそれぞれ相続していたことがわかる。しかし，14世紀前半（1330年）には資料4から子孫1人に相続させていたことがわかる。相続した土地を子どもの数で割り続けていると，土地がだんだんと小さくなっていく。御家人は所有している領地の年貢などで生活していることから，土地が小さくなれば収入も減り，生活が苦しくなっていったことが考えられる。

4

(1)　ウ
(2)　(例)正式な貿易船であることを証明するため。
(3)　ウ
(4)　(例)日本や中国，朝鮮，東南アジアのいずれにも近く，これらの国々の産物を販売する中継貿易をさかんに行ったから。

解説

(1) 栄西や道元が宋から伝えた仏教の宗派とは禅宗である。座禅によって自らさとりを開くという教えをもっている。アの南無阿弥陀仏と一心に念仏を唱える教えは法然が開いた浄土宗，イの踊念仏は一遍が広めた時宗，エの南無妙法蓮華経と題目を唱える教えは日蓮が開いた日蓮宗（法華宗）である。

5

(1)　エ
(2)　(例)貢ぎ物をおくり，国交が開かれた。
(例)朝貢をして，正式な外交関係となった。
(3)　ウ

解説

(1)(2) 日明貿易を始めたのは足利義満である。義満は，日本国王として明に朝貢を行う形式で貿易を始めた。資料から，明に対して周辺国があいさつに訪れており，日本からも貢ぎ物を送ったこと，明の皇帝がこれを喜んだことがわかる。

6

(1)　藤原純友
(2)　壇ノ浦の戦い
(3)　ア
(4)　惣
(5)　移り住んだ理由　(例)応仁の乱で京都の町が荒れ果てたため。
文化的な影響　(例)中央の文化を地方に広めた。
(6)　(例)下剋上を防ぐため。
(7)　ルター

解説

(3) まず，それぞれの幕府の仕組みの違うところ，特徴的なところに着目して，それぞれどの時代のものかを考える。Ⅰは大老や「奉行」とつく役職があることから江戸幕府，Ⅱは六波羅探題があることから鎌倉幕府，Ⅲは鎌倉府があることから室町幕府である。

(5) 室町時代の都は京都である。室町時代の文化である北山文化，東山文化はいずれも京都で栄えた文化である。しかし，文章から，京都が乱によって荒廃したようすがうかがえる。この乱とは，8代将軍足利義政の後継ぎ争いなどをきっかけとして始まり，11年間にわたって続いた応仁(おうにん)の乱のことである。当時の新しい文化を担った貴族や僧が，戦乱を避けて地方に行ったことで，文化が地方にも広まっていったと考えられる。

(6) 資料は戦国大名が領地で定めた分国法(ぶんこくほう)（家法）である。戦国時代は，身分が下の者が上の者を実力で打ち倒す下剋上(げこくじょう)の風潮が広まっており，戦国大名は，自らが下剋上されないように，家臣たちが力をもったり，他国と結びついたりしないように統制を行った。

PART2 歴史分野

4 古代国家のあゆみと東アジア

問題→P76

1

（例）隋に認めてもらうため，国内の政治の仕組みを整える

解説

冠位十二階(かんいじゅうにかい)の制度も，十七条の憲法(じゅうしちじょうのけんぽう)もいずれも政治の仕組みをととのえるものである。**資料2**に隋(ずい)の皇帝(こうてい)から政治のやり方について指導されたとあり，**資料3**には隋の法律や役人の登用制度が書かれており，冠位十二階の制度も十七条の憲法も，隋の仕組みにならってつくられたと考えられる。**冠位十二階の制度と十七条の憲法がどのようなものかを知った上で資料を読んで考えて解くと良い。**

2

(1) （例）男子の負担が女子よりも重かったため，男子を女子といつわり，負担を軽くしようとしたから。

(2) ウ

解説

(1) 資料を性別に着目して見てみると，古代の人々の負担のうち，**租(そ)は男女に課せられているがあとはすべて男子のみに課せられていることから考える。**

(2) 資料からは，都から遠いほど多いことが示されている。地方の特産品を納める負担である調(ちょう)は，都まで自分で運ばねばならなかった。

3

(1) エ→ア→イ→ウ

(2) ① 5人　② 荘園

解説

(2) ① 口分田(くぶんでん)が与えられるのは6歳(さい)以上の男女である。そのため，資料では3歳の子ども以外の5人が対象となる。

4

(1) イ

(2) （例）唐や新羅からの攻撃に備え，守りを固める（19字）

(3) ウ

解説

(2) 白村江(はくすきのえ)の戦いで唐(とう)と新羅(しらぎ)の連合軍に敗れたことから，日本に対して唐や新羅が攻めてくる可能性を考えて，防衛拠点となる大宰府(だざいふ)近くに水城(みずき)をつくり，西日本の各地には山城(やましろ)を築いた。

(3) **資料1**は飛鳥(あすか)時代の604年に定められた十七条の憲法，**資料2**は奈良時代に編集された『万葉集』，**資料3**は鎌倉時代の1232年に出された御成敗式目(ごせいばいしきもく)（貞永式目(じょうえいしきもく)）である。最澄(さいちょう)が天台宗(てんだいしゅう)を開いたのは平安時代であることから，**資料2**と**資料3**の間となる。

5

エ→ウ→ア→イ

解説

アの墾田永年私財法(こんでんえいねんしざいのほう)が出されたのは743年，イの坂上田村麻呂(さかのうえのたむらまろ)が蝦夷(えみし)を攻めて，胆沢城(いさわじょう)を築いたのは802年，ウの大宝律令(たいほうりつりょう)が出されたのは701年，エの壬申(じんしん)の乱がおきたのは672年である。

6

(1) 正倉院

(2) 天平（文化）　(3) イ

解説

(3) アの白村江の戦いは，飛鳥時代の中大兄皇子(なかのおおえのおうじ)のときである。イの唐の滅亡や宋の中国統一は平安時代，ウのフビライの軍勢が日本に攻めてきたのは鎌倉時代，エのイエズス会の宣教師が日本へやってきたのは室町時代（戦国時代）である。細かい年代がわからなくても，平安時代のころの日本のできごとと結びつけて考える。

7 **(1) 風土記　(2) ア**

解説

(2) 最澄は天台宗を伝え，比叡山(ひえいざん)に延暦寺(えんりゃくじ)を建てた。真言宗(しんごんしゅう)を伝えて高野山(こうやさん)に金剛峯寺(こんごうぶじ)を建てたのは空海(くうかい)である。

PART2 歴史分野

5 二つの世界大戦と日本

問題➜P82

1 **オ**

解説

第一次世界大戦は，ヨーロッパで起きた，国どうしの対立や民族対立を原因とする戦争である。日本は，アジア（中国）への利権を拡大するため，日英同盟を口実として第一次世界大戦に参戦した。また，第一次世界大戦後に行われた「太平洋の領域保全と将来における戦争防止」に関わる会議とはワシントン会議のことである。ワシントン会議は，第一次世界大戦で勢力のおとろえたヨーロッパに代わってアメリカが主導権をとって開かれ，アメリカ，イギリス，フランス，日本の4か国の間で四か国条約が結ばれた。

2 **(1) エ　(2) イ**

解説

(1) 1914年～1931年のAの時期とは，大正(たいしょう)時代から昭和初期にかけてのころである。エのラジオ放送が始まったのは1925年である。このころから小説や映画も広く人々の間に広まり，娯楽の大衆化が進んだ。アの米の配給制が始まったのは，1941年の太平洋戦争のとき，イのテレビは，放送が始まったのは1953年から，ウの太陽暦が日本で採用されたのは1872年である。

(2) 日本は1936年にオリンピックの開催権を得たが，1937年から日中戦争が始まり，オリンピックの施設をつくるための資材が不足したことや，国際情勢が不安定なことなどから，1938年に開催権を返上した。

3

(1) ベルサイユ条約

(2) ① ドイツ

② (例) 物価が大きく上がり，貨幣の価値が低下した。

(3) ア

解説

(1) 第一次世界大戦後に開かれたパリ講和会議では，戦勝国であるアメリカやフランス，イギリスとドイツの間で，ベルサイユ条約が結ばれた。

(2) ① 第一次世界大戦の敗戦国であったドイツは，ベルサイユ条約で植民地などを失い，多額の賠償金(ばいしょうきん)を支払うこととなった。

② 資料は札束で遊ぶ子どもの様子を表している，とあることから，札束が価値のあるものではなくなっていることがわかる。このころのドイツは，第一次世界大戦で費用が大きくかかったことや，ベルサイユ条約で多額の賠償金を支払うこととなったため，お金が不足していた。そのため，通貨の価値が大幅に下がり，紙幣(しへい)が紙切れ同然となった。**このような時代背景を知らなくとも，資料をもとに知っている知識と指定語句などから考えて答えるとよい。**

(3) 国際連盟(こくさいれんめい)は，パリ講和会議でのアメリカ大統領ウィルソンの提案からつくられた国際紛争を平和的に解決するための機関である。しかし，議会の反対でアメリカが不参加であったことや，当初ソ連やドイツは加盟が認められなかったことなど，実効性があまりない状態となった。

4 **(1) エ　(2) a イ　b ウ　(3) ウ**

解説

(1) シベリア出兵とは，1917年におきたロシア革命の広がりを恐れて，日本やフランス，アメリカなどがシベリアへ兵を送り出したできごとである。食料として米が必要になると考えた商人たちが米を買い占めたため米の値段が上がり，米騒動(こめそうどう)へとつながっていった。

(2) 第一次世界大戦はヨーロッパが戦場となった。イのイギリスは，戦時中は戦場でない日本などから多くのものを輸入していたが，戦後はまた自国で生産するようになった。ウのロシアは，シベリア出兵から関係が悪化したことから，戦後の輸出量は大きく減少した。

(3) ガンディーは，イギリスの植民地となっていたインドで独立運動の指導を行った人物である。

5

(1) (例) 勧告に反発し，国際連盟から脱退した。

(2) X (例) まゆの価格が暴落し，収入が激減した

Y (例) 生活を立て直すため，国や県などの呼びかけに応じて満州にわたった

解説

(1) 1933年に開かれた国際連盟の総会で，満州国を認めず，日本軍の満州からの撤退を求める勧告が採択された。日本はこれに反発し，国際連盟を脱退した。

(2) 資料2からは，養蚕を行っていた長野県の農家の70%以上が，世界恐慌のあと，まゆの価格がそれまでの半分程度に下がって，収入が大きく下がったことが読み取れる。資料3からは，「満州に行けば大地主になれる」と収入が得られることが呼びかけられていることがわかる。これらのことから，収入増を求めて長野県から多くの人が満州へ移民したと考えられる。

PART2 歴史分野

6 現代の日本と世界

問題→P88

1

(1) ア　(2) オ

解説

(1) 表から，1944年と1946年は農家総数と自作農の農家総数にあまり変化がないことがわかる。1949年は，自作農の農家数が急増しており，その数を農家総数と比べると50%をこえている。また，1955年は自作農の農家数は農家総数の3分の2をこえたくらいであることがわかる。これらからグラフのおおよその数値を見て解くと早い。もちろん，時間があれば正確に1944年は31.2%，1946年は32.8%，1949年は57.1%，1955年は69.5%と計算すれば，見直しにもつながる。

(2) 東海道新幹線は，高度経済成長が続く中である1964年に開通した。高度経済成長は，1973年に起きた第四次中東戦争の影響で発生した石油危機により，終わりをつげた。1980年代後半からはバブル経済となったが，1990年代に入り，バブル経済は崩壊した。日本の戦後経済の流れをおさえておけば，細かい年号などは覚えていなくとも解ける。

2

(1) マッカーサー

(2) ア，エ

解説

(2) 戦後に行われた民主化と非軍事化の中では，労働運動は自由に行えるようになり，治安維持法は廃止された。

3

(1) イ

(2) (例) 沖縄がアメリカ合衆国から日本に返還されたから。(23字)

解説

(2) 図を見ると，1972年以前と以後で，切手の発行が琉球郵便から日本郵便に変わっていることがわかる。1972年は沖縄返還が行われた年である。このように問題の基準とされている年をみて，知っている知識と結びつけると早く解くことができる。

4

(例) 徴兵されていた男性が，戦争が終わって農業に従事できるようになったから。

解説

資料から，1944年と比べると，1947年は農業に従事する女性の数が増えているにもかかわらず，割合が下がっていることがわかる。つまり農業に従事する男性が増えているのである。1945年は戦争が終わった年であることと結びつけて考える。

5 イ

解説

日本と中国は，1972年に田中角栄内閣総理大臣が中国を訪れて日中共同声明を出して国交を正常化した。日中平和友好条約が結ばれたのは1978年，佐藤栄作は沖縄復帰のときの内閣総理大臣である。

6 ウ

解説

メモで最もポイントとなるのは第四次中東戦争で石油価格が大幅に上昇した＝1974年の石油危機で高度経済成長が終わったということである。ここからア～エを見てみると，アかウの2つにしぼることができる。高度経済成長は，石油危機まで続いた経済成長のため，オリンピックがあった1964年がマイナス成長となっているアは誤りだとわかる。

7

(1)　A　吉田（内閣）　　B　イ
(2)　エ
(3)　①　イギリス，フランス
　　　②　ア

解説

(1) サンフランシスコ平和条約と同時に，日米安全保障条約が結ばれ，アメリカ軍が引き続き日本に駐留することとなった。現在も沖縄県を中心に，米軍基地が日本国内に存在している。

(3) ①　国際連盟の発足時の常任理事国はイギリス，フランス，イタリア，日本。国際連合の発足時から現在に至るまでの常任理事国は，アメリカ，ロシア，イギリス，フランス，中国。アメリカとロシアは，国際連盟発足時にはどちらも加盟できていなかったことから考える。

8 (1)　ウ　　(2)　ア

解説

(1) 年表中の日本のできごとから考える。新幹線が開通したり，オリンピックが開催されたりしている一方で，公害対策基本法の制定や環境庁の設置など，環境との調和をはかっていることを読み取ろう。

9

(1)　（例）町村から市へ移住したから。
　　（例）町村が合併して市になったから。など
(2)　（例）高度経済成長期に重化学工業が発展したことにより，工業製品などの重くてかさばるものの輸送が増えたため。

解説

(1) グラフ1からは，町村の人口は減少しているのに対し，市の人口は少し増えていることが読み取れる。グラフ2から市の数は増えている一方で，町村の数が減っていることが読み取れる。ここから，町村から市に人が移住していることや，町村が合併して市になったことなどが考えられる。

10

(1)　（例）アラブの産油国が石油の輸出を制限し，石油価格がおおはばに上昇したから。
(2)　A　マルタ　　B　湾岸

解説

(1) 第一次石油危機は，1973年に始まった第4次中東戦争をきっかけに起きた。アラブ諸国がイスラエルを支持する国々に圧力をかけるべく，石油の輸出禁止や価格の引き上げを行ったために，世界経済が混乱した。

PART2 歴史分野

7 近代ヨーロッパとアジア

問題➔P95

1

(1)　イ
(2)　（例）清がアヘン戦争でイギリスに敗れた。
(3)　日米和親条約
(4)　イ

解説

(1)(2)　江戸時代，日本は鎖国していたが，18世紀になると，ロシアのレザノフなど，外国の船が通商を求めてたびたび来航するようになっ

た。日本は鎖国を維持するために，外国船を打ち払うように命じていたが，イギリスと中国の清がアヘン戦争をはじめ，清がイギリスに敗北したことから，打ち払うのではなく，薪や水を与えるように方針を変更した。

(4) 下関は，対岸に福岡県が位置している山口県の都市である。江戸時代の終わりごろに山口県にあったのは長州藩。アの薩摩藩は鹿児島県，ウの土佐藩は高知県，エの肥前藩は佐賀県にあった藩。貸付金や金融業の話を知らなくても，問題中の時代や場所から何を問われているかを考えて問題に取り組むとよい。

2

(1)　人権宣言（フランス人権宣言）
(2)　イ
(3)　エ

解説

(2) Yの南北戦争は，国同士の戦いではなく，アメリカ国内の南部と北部の争いであることからフランスとの戦いとしている文は誤りである。リンカンが率いた北部が南部に勝利した。

(3) 産業革命に関する知識と，文章の「インドでは手工業に携わる多くの職人が職を失う」という記述から解く。まず，19世紀前半，イギリスは産業革命の影響で多くの綿織物が生産されるようになったため，その販売先を外国へ求めた。その大きな販売先として，インドがあげられる。インドでは，手工業でつくられていた綿織物が，イギリスの機械工業で安く大量に生産された綿織物に市場を奪われ，イギリスに対する不満が高まっていった。

これらより，グラフAがアジアから西に向かった輸出額の推移を，グラフBがイギリスから東に向かった輸出額の推移を示すことがわかる。さらに，商品が綿織物であることもわかる。

3

(例) 開港によって生糸が輸出され，蚕のえさである桑の需要が高まり，農民は利益を求めて桑を栽培したが，幕府は年貢となる米の生産が減ることを恐れたから。

解説

資料2からは，横浜での生糸の取り扱いが，国内向けは1857年より1863年が減少しているが，貿易向けが大量に取り扱われるようになったことがわかる。また，取り扱い額は，国内向けは数量が半分以下になったにも関わらず多くなっており，貿易向けの金額も高額になっている。これらから，生糸をつくると多量かつ高額で売れるので農民は桑を栽培したいと考えられる。しかし，江戸幕府の収入は米の生産高にもとづく年貢によっているため，桑を多量に栽培されても，幕府の収入とはならず，むしろ田で桑を育てられると年貢の減少となりかねない。よって，**資料1**のように田で桑を育ててはならないというきまりを幕府が出したと考えられる。

4

(1)　ラクスマン（ラックスマン）
(2)　エ　　(3)　ウ→エ→イ→ア

解説

(2) 日本とアメリカの間で，1858年に結ばれたのは日米修好通商条約である。日米間で貿易を行うこととなり，そのために函館，神奈川（横浜），長崎，新潟，兵庫（神戸）の5港を開港した。日米和親条約は1854年に結ばれた条約で，下田と函館の2港を開いて，アメリカ船に食料や水を供給することとした。

(3) 江戸末期のできごとの流れを把握しておく。イギリスなどにより長州藩の下関砲台が占領されたことで，外国の勢力の脅威を感じ，攘夷ではなく尊王を考えて薩長同盟が結ばれた。この動きを見た江戸幕府は，15代将軍徳川慶喜が大政奉還を行った。その後の徳川家に対する新政府の動きなどに不満をもった旧幕府軍が，新政府軍と戦ったのが戊辰戦争。戊辰戦争は新政府軍が勝利し，旧幕府軍は最終的に降伏した。

PART2 歴史分野

8 世界の動きと天下統一

問題➡P99

1

(1) イ　(2) ウ

解説

(1) 十字軍の遠征とは，キリスト教のローマ教皇のよびかけで，イスラム教徒に支配された聖地エルサレムを取りもどすために行われたものである。ヨーロッパからアジアへと何度も遠征を行った影響で，イスラム文化が伝わった。また，かつての古代ギリシャやローマの文化がヨーロッパへ伝わり，ルネサンス（文芸復興）がおこった。

2

(1) エ　(2) ア

解説

(1) 日本に鉄砲を伝えたのはポルトガル人である。アはドイツ，イはフランス，ウはスペイン。

(2) 日本に鉄砲が伝来したのは1543年。その6年後の1549年には，イエズス会のザビエルが来日し，日本にキリスト教を伝えた。イエズス会は，宗教改革でプロテスタントが増えたヨーロッパで，カトリックを立て直そうとしてつくられた組織である。よって，アとなる。イのイスラム教が開かれたのは，7世紀はじめのころ。ウのモンゴル帝国の成立は，13世紀始めのころ。エのピューリタン革命は17世紀のできごと。

3

(1) B
(2) エ
(3) ウ

解説

(3) 長篠の戦いは，織田信長が鉄砲を活用して武田軍を破った戦いである。アの太閤検地は，信長の死後に力を伸ばした豊臣秀吉が行った政策。イの武家諸法度は，江戸時代に大名を統制するために定められた法令。エの本能寺の変は，織田信長が家臣の明智光秀に倒されたできごと。

4

あ　(例) 独占すること（6字）
い　A

解説

織田信長が安土の城下町で行った楽市・楽座は，それまで市や座にあった規制を撤廃し，自由に商工業ができるようにしたものである。下線部から，油座以外の人々がもっている油器は破壊するように将軍が命じていることがわかる。すなわち，将軍の命令にもとづくと，座に属していないと油を売ることができない状況である。しかし，**資料2**では座の規制をなくしていること，安土の城下で徳政令は行われないことがわかる。このように，**楽市・楽座について資料を見ながらどのような政策であるのかを把握しながら答えを導いていく。**

5

(1) イ
(2) ウ
(3) ①　ア　②　刀狩（太閤検地）

解説

(1)(2) 狩野永徳が城などの屏風に，屏風絵をえがいたのは安土桃山時代である。松尾芭蕉が活躍したのは江戸時代，観阿弥・世阿弥が能を大成したのは室町時代，『徒然草』が著されたのは鎌倉時代である。

(3) ① 豊臣秀吉は，大阪城を全国統一の拠点とした。

② 太閤検地により農民は検地帳に記載されるようになった。また，刀狩によって農民などから武器を取り上げたことで，武士と農民の区別がはっきりする兵農分離が進んだ。

PART2 歴史分野

9 文明のおこりと日本のはじまり

問題→P103

1

(1) ウ　(2) エ　(3) エ

解説

(2) アは「ナイル川」とあることからエジプト文明，イは「上下水道や公衆浴場（こうしゅうよくじょう）」とあることからモヘンジョ・ダロなどの都市が発達したインダス文明，ウは「亀の甲や牛の骨に記録する文字」とあることから甲骨（こうこつ）文字が用いられた中国文明についての説明とわかる。

(3) アは「さとりを開けばだれでも苦しみから救われる」とあることから仏教，イは「神の前ではみな平等」で「『新約聖書』を聖典」としていることからキリスト教，ウは「親子・兄弟などの秩序を重んじ，道徳を中心とする政治」とあることから儒教（じゅきょう）。

2

(1) ア　(2) エ

解説

(2) アの都の東西に市が立ったのは奈良時代以降，イの須恵器（すえき）がつくられたのは古墳時代，ウの土偶がつくられるようになったのは縄文時代である。

3

(1) イ，ウ
(2) ① Ⅰ 邪馬台国　Ⅱ 親魏倭王
② 百済
(3) ① ワカタケル
② 前方後円（墳）

解説

(1) カードには「漢委（倭）奴国王」と金印にあったことが書かれている。このことから，漢の皇（こう）帝（てい）に倭（わ）の奴（な）の王と認められていたことがわかる。また，図から周辺国の国王は中国の皇帝にみつぎ物を送っていることから，皇帝に対して家臣の立場になっていたことがわかる。

(3) ② 図からⅣには古墳の形が入ることが読み取れる。さらに，大仙古墳（だいせんこふん）の形でもあることが書かれていることから，当てはまるのは前方後円墳となる。

PART2 歴史分野

10 歴史分野の融合問題

問題→P106

1

(1) ウ
(2) ① イ
② （例）幕府が開かれ，全国最大の人口をもつ都市がつくられた
(3) （例）職を失った士族を，屯田兵として開拓と防備のために北海道に送ったから。

解説

(1) 資料の文書は当時の戸籍の一部である。家族の名前や性別，年齢が記されており，これに基づいて班田収授法（はんでんしゅうじゅのほう）により口分田（くぶんでん）が支給されていた。

(2) 1600年は関ヶ原の戦いがあった年で，これに勝利した徳川家康（とくがわいえやす）が江戸に幕府（ばくふ）を開いた。江戸は現在の東京都にあったことから，表では南関東にあたる。江戸時代は平和な世の中だったことから「将軍のおひざもと」と呼ばれた江戸は人口が大きく増加した。

PART3 公民分野

1 現代の民主政治と社会

問題→P110

1

(1) 記号 ア 語句 平等
(2) 公職選挙法
(3) 当選者数 1人
特徴 (例)(小選挙区制に比べ)議席を獲得できなかった政党や候補者に投じられた票が少なくなり，国民の多様な意見を反映しやすい。
(4) (例) 議員一人あたりの有権者数が選挙区ごとに異なっているから。

解説

(1) 選挙は，4つの原則(秘密選挙，平等選挙，普通選挙，直接選挙)のもとで行われている。この問題では，1人1票という文言から，平等選挙と判断する。

(3) ドント式とは，各政党の得票数を1，2，3，…という整数で割り，割ったあとの商の大きい順に各党に議席を配分する方式。この方式で議席を配分すると，下の表のようになる。

	A党	B党	C党
得票数	1200	900	480
÷1	① 1200	② 900	④ 480
÷2	③ 600	450	240
÷3	400	300	160
議席数	2議席	1議席	1議席

※丸数字は当選順位

小選挙区制の場合，当選者1人以外に投じられた票はすべて死票となるが，比例代表制だと，得票数に応じて議席が割り振られるため，民意がうまく反映できていると考えられる。

(4)「一票の格差」とは，選挙区ごとに有権者の数と議員定数の比率が異なるため，当選するのに必要となる票の数に差があることをいう。選挙権に差ができることから，平等権の侵害にあたる。

2

(1) 最高 (2) ア

解説

(1) 日本国憲法では「国会は，(中略) 国の唯一の立法機関」であると定めており，国会だけが法律をつくることのできる機関だとしている。

(2) 弾劾(だんがい)裁判は，裁判官を辞めさせるかどうかについて決める裁判。イの「条約の締結」やウの「予算案の作成」は内閣の仕事。「結ぶ」「つくる」といった政治を行う仕事は国会ではなく内閣である。エは裁判所の仕事である。国会は，「議決する」「決める」といったことが仕事。

3

(1) ウ (2) 3 (3) 本会議
(4) (例) 衆議院の方が，任期が短く解散もあり，国民の意思をより強く反映させることができると考えられているから。(50字)
(5) 記号 b
理由 (例) 衆議院の優越により，衆議院の指名が優先されるから。

解説

(1) アの通常国会は，毎年1回1月中に召集され，主に次年度の予算の審議(しんぎ)が行われるもの。イの特別会は，衆議院解散後の総選挙の日から30日以内に召集(しょうしゅう)され，内閣総理大臣の指名が中心的議題となるもの。エの参議院の緊急(きんきゅう)集会は，衆議院の解散中に，緊急の必要があるときに召集されるもの。

(2) 衆議院の解散にともなう総選挙後には必ず特別会が開かれるので，特別回の回数を数えればよい。解散後の流れをもう一度見直しておこう。この表中に特別会は3回ある。

(3) Xの右に「可決」とあるので本会議とわかる。法律案を議決するのは議員全員が含まれる本会議である。

(5) 内閣総理大臣の指名は，衆議院の議決が優先されるため，衆議院での票数が最も多いb議員があてはまる。

4

(1) 国務大臣
(2) (例) 国会の信任に基づいて内閣がつくられ，内閣が国会に対して連帯して責任を負うしくみ。(40字)
(3) イ
(4) 10日以内に衆議院を解散する
(5) ウ

解説

(1) 国務大臣の多くは，外務大臣，財務大臣といった，各省の長を務める。

(2) 議院内閣制に基づき，内閣の政治が信頼（しんらい）できない場合には，衆議院が内閣の不信任を問うことができる。

(3) アとエは国会，ウは裁判所について述べた文である。

(4) 総辞職とは内閣総理大臣と国務大臣全員が辞職することをいう。

(5) **規制緩和とは，今あるルールをゆるめて，できること，していいことを増やすことである。ウは，景観保全のために規制を強化する例であるのであてはまらない。**

5

(1) イ

(2) （例）一つの事件について裁判を複数回行うことで，誤った判断を防ぐことができると考えられるから。

(3) イ　(4) 民事裁判

(5) （例）国民の中からくじで選ばれた裁判員

解説

(1) アの最高裁判所の長官は，内閣が指名する。ウの最高裁判所では刑事裁判・民事裁判どちらも行う。**エの裁判員が参加するのは，地方裁判所で行われる刑事裁判の第一審である。**

(2) 三審制とは，第一審の判決に不服がある場合には上級の裁判所に控訴でき，第二審の裁判にも不服がある場合には，さらに上級の裁判所に上告し，合計3回まで裁判を受けることができるしくみである。三審制は，裁判を慎重に行い，人権を守るための仕組みといえる。さらに，司法にとって，えん罪を防ぐことが重要であるため，いったん有罪の判決を受けた人がやり直しの裁判（再審）を受けることもある。

(4) 民事裁判に対して，刑事裁判は殺人や強盗（ごうとう），詐欺（さぎ）といった犯罪を行った疑いがある被疑者を検察官（けんさつかん）が起訴し，有罪か無罪かを決定する裁判である。

(5) 2009年から導入された新しい制度とは，裁判員制度のことである。

6

(1) Ⅰ ウ　Ⅱ ア　Ⅲ イ

(2) 国民審査

(3) （例）権力が一つの機関に集中することを防ぐため。

解説

(1) 弾劾（だんがい）裁判所は，裁判所で行われるものではなく，過ちをおかした裁判官を国会が裁くもの。

7

(1) X 条例　Y 解散

(2) ア

解説

(1) Xは地方議会が行うことなので，条例があてはまる。条例は，その地方公共団体のみに適用されるきまりである。Yは首長が議会に対して行うことなので，解散があてはまる。**国会と内閣の関係に似ているというアプローチで考えると解きやすい。**

(2) 直接請求権は，議会の解散や地方議会議員の解任など，**「人を辞めさせる」場合には3分の1以上の署名を必要とし，それ以外については50分の1以上の署名を必要とする。**条例の制定や改廃（かいはい）を請求する場合なので，必要なのは有権者の50分の1以上の署名である。**よって，必要な有権者の署名数は，90000÷50＝1800。**

8

(1) イ

(2) ウ

(3) X 地方税

Y （例）財政の不均衡を調整する

解説

(1) アについて，地方議会は，首長の不信任決議をすることができる。**ウについて，首長は住民の直接選挙によって選出される。エについて，首長は地方議会を解散できる。**

(2) **ウは満18歳以上の住民による選挙で選ばれる。**

(3) 自主財源とは，地方税が主となる，地方公共団体自身の収入である。**それ以外は依存（いぞん）財源といい，国から交付される収入などである。地方交付税交付金とは，地方公共団体どうしの間にある収入の格差を調整するために，国から配分される資金である。**

2 国民生活と経済

問題→P118

1

(1) ア
(2) 電子マネー
(3) クーリング・オフ（制度）
(4) 人物 ケネディ　記号 ウ

解説

(1) A 例えば，コンビニエンスストアで買い物をするときに，商品を買う・お金を支払うという行動をしているのは，その場で契約書なしで契約していることである。買い物のように，当事者間で合意が成立していれば，その合意を契約という。

(4) 消費者保護基本法は，日本の消費者政策の基本理念を定めたもので，1968年に制定された。消費者基本法はこれを改正した法律で，2004年に制定された。

2

(1) ウ
(2) （例）売場面積が比較的狭いため，POSシステムを用いてよく売れる商品を把握し，その商品を陳列・販売している。
(3) A ○　B ×

解説

(1) ウについて，仕入れた商品を直接消費者に販売するのは卸売業ではなく小売業。卸売業は，製造業者から仕入れた商品などを小売業者におろす仕事である。

(2) 資料1の「比較的狭い店舗が多い」，資料2の「何がどれだけ売れたのかをデータとして把握」という部分を必ず使用すること。

(3) Bには，「1事業所あたり」とあることから，製造品出荷額のグラフだけをみて答えると誤りとなる。大企業は事業所数が圧倒的に少ないため，1事業所あたりの製造品出荷額は大企業の方が大きい。

3

(1) ① 株主総会
② B ウ　C イ
(2) CSR　(3) ベンチャー企業
(4) イ，エ

解説

(2) CSRは「企業の社会的責任」の略語である。

4

(1) X 40　Y 8　Z 1
(2) ワークライフバランス
(3) 労働時間を減らす。育児休業や介護休業などを充実させる。残業などによって，私生活や健康が損なわれないようにする。　などから1つ
(4) X （例）職業上の特別な技能や資格
Y （例）少子高齢化や人口減少が進むなかで，不足する労働者

解説

(4) X 資料1より，特別な技能や資格が必要な専門職であることが読み取れる。

Y 資料2より，今後，人口が減少していくこと，少子高齢化が進むことが読みとれ，労働者が不足すると考えられる。

5

(1) ① 均衡価格
② 需要量を上回っている
(2) エ

解説

(1) 供給曲線は生産者が売ろうとする量，需要曲線は消費者が買おうとする量の変化を表している。商品の価格がMであるときは，Mの点線を左から右へ見ていくと，需要曲線の方が左にあり，供給曲線の方が右にある。Mの価格は高い方に位置しているので，需要＝ほしい人は少ない，供給＝売りたい人は多い，となる。このことから，商品が売れ残っている状態＝供給量が需要量を上回っているとなる。

また，次の図のように，Mの点線と需要曲線・供給曲線との交点から数量の軸に下ろしていくと，需要量より供給量の方が多いとわかる。

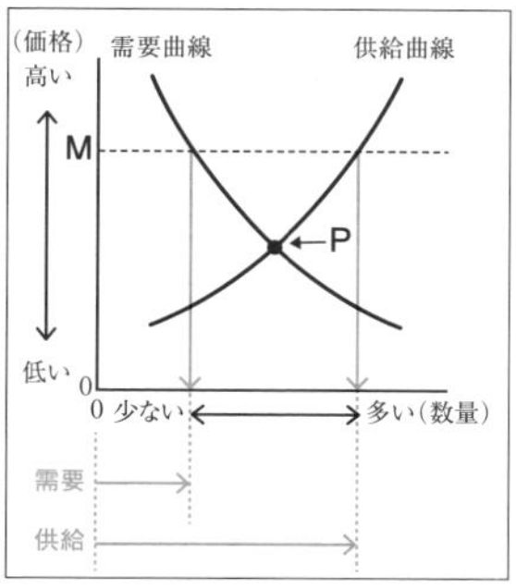

(2)「事業者が施設を提供したい」のは供給,「利用者が施設を利用したい」のは需要である。

6

(1) 直接金融　(2) ア
(3) (例) お金に余裕がある個人・企業から預金を集め, お金を必要としている個人・企業に貸し出す仲立ちをすること。
(4) (例) 貸し出しの金利と預金の金利の差が, 銀行の収入となるから。
(5) X ア　Y ク

解説

(2) アについて, 消費生活センターは, 消費者問題について扱う地方公共団体の機関である。

(3) このような金融を間接金融という。

(4) 銀行は貸出先から利子を取り, 預金者には利子を支払うが, 貸し出し金利は預金金利を上回り, その差が銀行の収入になる。

(5) **財政政策も金融政策も, 不景気のときは市場にお金が回るような政策をとる。**財政政策の減税も, 金融政策で国債を買う・金利を下げるのも, **市場でお金を回るようにするという共通の狙いがある。**この問題では,「日本銀行は」とあり, 日本銀行が行うのは金融政策であるから**X**は**ア**となり, **Y**は不景気の際の金融政策である**ク**とわかる。

政府が行う財政政策についてもまとまておく。不景気のときには, ものが売れない→ものが残る→ものの値段が下がる→収入が下がる…と, 人々が使うお金が減るため, お金を使ってもらうために減税してお金が出回るようにする。好景気のときは, 逆にお金を使いすぎている状態のため, 増税を行って, お金が出回る量を減らそうとする。

PART3 公民分野

3 人権の尊重と日本国憲法

問題→P126

1

(1) 2番目 ア　3番目 エ
(2) イ
(3) エ

解説

(1) アのフランス人権宣言は1789年, **イ**の世界人権宣言は1948年, **ウ**のマグナ・カルタは1215年, **エ**のワイマール憲法は1919年に出された。よって, **ウ→ア→エ→イ**の順となる。

(3) **ア**について, フランス人権宣言がアメリカ独立宣言に影響をあたえたのではなく, アメリカ独立宣言がフランス革命に影響を与えた。**イ**について, 大日本帝国憲法ではなく日本国憲法に関する記述である。**ウ**について, ワイマール憲法は,「人間らしく生きる権利」である生存権を, 世界で初めて取り入れた憲法である。

2

(1) (例) 国民の権利や自由を守る
(2) (例) 国の政治のあり方を最終的に決める力が国民にあるという原則。
(3) 象徴
(4) イ

解説

(1) 法の支配とは, 国王が行う政治のように, 国の政治が人によって行われるのではなく, 国民の意見などが取り入れられた法に基づいて行われるべきとする考え方である。

(2) 主権とは, 国の政治をどのようにすすめるかを決める権利のことをいう。この主権が国民にあることを国民主権という。

(3) 日本国憲法では, 天皇は「日本国と日本国民統合の象徴」とされ, 政治的権限はもたず, 形式的・儀礼的な行為である国事行為のみを行うことになっている。

(4) 日本国憲法は国の最高法規であるため, 一般の法律の改正とは異なり, その改正には慎重な手続きが必要とされている。憲法改正案が出された後, 各議院の総議員の3分の2以上の賛成で, 国会がその改正案を決定する。この国会の発議に加えて, 国民の承認が必要となっている。

3

(1) 性別　(2) イ
(3) ウ
(4) A ウ　B ア　C イ
(5) エ
(6) 団結権

解説

(2) アのユニバーサルデザインは，すべての人が使いこなせるようにつくられた製品や施設などのデザインのこと，ウのフェアトレードは，発展途上国でつくられた農産物・製品を適正な価格で継続的(けいぞくてき)に輸入・消費することによって，発展途上国の人々の経済的・社会的な自立を支援するしくみのこと，エのインフォームド・コンセントは，医療(いりょう)において，医師が十分な説明や情報を与えた上で，患者(かんじゃ)が治療(ちりょう)方法などに同意することをいう。

(3) 社会権は，すべての人が人間らしい生活を営む権利のことで，日本国憲法では，生存権，教育を受ける権利，勤労の権利，労働基本権が保障されている。

(5) アは自由権，イは参政権，ウは知る権利を行使した具体例である。

(6) 労働三権は労働基本権ともよばれ，団結権，団体交渉権，団体行動権（争議権(そうぎけん)）からなる。

4

(1) ア　(2) イ
(3) 公共の福祉　(4) ア

解説

(1) この条文は，最高裁判所裁判官に対する国民審査についての条文である。

(2) 請願権(せいがんけん)は参政権の一つであり，国や地方議会，地方公共団体の機関などに対してさまざまな要望を述べる権利である。

(3) 公共の福祉(ふくし)とは，たがいの人権を尊重するための考え方で，他人の人権に影響が及ぶ場合には，それぞれの人権が制限されることもある。

PART3 公民分野

4 国民生活と福祉

問題→P131

1

(1) イ　(2) エ　(3) イ

解説

(1) 選択肢を1つずつあてはめて考える。アについて，Xは政府，Yは企業(きぎょう)で，家計から企業へのⅰ「税金を納める」が誤りとなる。ウについて，Xは企業，Yは政府で，政府から企業へのⅱ「労働力を提供(ていきょう)する」が誤りとなる。エについて，政府から企業へのⅱ「税金を納める」が誤りとなる。

(2) 市場を通じて供給されにくいことから，政府によって供給される財・サービスを公共財，公共サービスという。消防や警察(けいさつ)，ごみ処理などが公共サービスにあたる。

(3) 好景気のときは不況のときと逆のことをする。好景気のときは，「増税を行い，公共事業への支出を減らし→経済活動を抑制する→景気の上向きを抑える」という流れになる。

2

(1) （例）税金を負担する人と納める人が異なる税。
(2) A ウ　B イ　C ア
(3) （例）所得が多い人ほど，高い税率が適用される制度。
(4) ①（例）消費税の税率が引き上げられたから。
②（例）（消費税は，法人税と比較して，）景気の影響を受けにくく，安定した税収が得られる財源である。

解説

(3) 累進課税制度は，所得の多い人には大きな負担，所得の少ない人には少ない負担を課すことで，国民の所得の差を縮小させる働きをもつ。

(4) ①　消費税は，1989年4月に税率3%で初めて導入され，1997年に5%，2014年に8%，2019年に10%（軽減税率あり）へと税率が引き上げられた。

②　グラフの不景気のときに注目すると，法人税額は減少しているが，消費税額は安定していることがわかる。

3

(1) ウ　(2) カ
(3) （例）増税を行い，公共事業への支出を減らし，経済活動を縮小させて

景気を抑える。

解説

(1) 社会保障関係費は，医療(いりょう)や年金，介護(かいご)，生活保護などにかかる費用のことである。高齢化の進展にともなって増加傾向(けいこう)にあり，近年は国の歳出の約３割を占めるようになった。資料１中のｂは国債費(こくさいひ)，ｃは地方交付税交付金，ｄは公共事業関係費である。

(2) 資料２において，租税収入は減少傾向(けいこう)にあり，その分，公債金(こうさいきん)収入は増加傾向にあるので，Ｂが公債金収入である。資料３において，近年増加し続けているＤは社会保障関係費，近年低下傾向にあるＣは公共事業関係費，残ったＥが国債費である。なお，公債金収入とは国債を発行して借りたお金のこと，国債費とは国債の返済や利子の支払いのための費用のことをいう。また，この問題は，公債金収入（借金）と国債費（返済）は，グラフの形が同じようになるという点からも解ける。

(3) 不況のときには，「減税を行い，公共事業への支出を増やす→経済活動が活発になる→景気が上向きになる」という流れになる。

4

(1) エ　(2) イ，ウ
(3) 年金
(4) ア

解説

(3) 社会保険には，年金保険，医療保険，介護保険，雇用保険，労災保険（労働者災害補償保険）の５つがある。

(4) 介護保険制度において介護サービスを受けるためには，介護が必要な程度について認定（要介護認定）を受ける必要がある。

5

(1) （例）社会保障支出の割合が高い国ほど国民負担率が高い。
(2) （例）社会保障給付費と社会保険料収入の差額は拡大傾向にあり，この差額を税金等で補ってきたから。（44字）

解説

(2) 資料２から，社会保障給付費は年々増加しているのに対して，社会保険料収入はそれほど増加しておらず，その差額が拡大していることが読み取れる。その差額を補っているのが，歳出における社会保障関係費で，これは歳入の税金などからまかなわれる。

PART3 公民分野 5 世界平和と人類の福祉

問題→P137

1

(1) 記号　イ
語句　排他的経済水域（経済水域）
(2) イ
(3) （例）アフリカ州では，植民地の支配から解放され，独立した国が多かったから。

解説

(2) アのNAFTAは北米自由貿易協定の略で，アメリカ，カナダ，メキシコの３か国による協定である。なお，NAFTAは，USMCA（アメリカ，メキシコ，カナダ協定）に名称を変更する予定である（2019年７月現在）。イのAPECはアジア太平洋経済協力会議の略で，日本をはじめ太平洋をとりかこむ21の国・地域が参加する経済協力組織である。ウのASEANは東南アジア諸国連合の略で，東南アジア10か国が加盟する組織である。エのAUはアフリカ連合の略で，アフリカにある55の国・地域が加盟する組織である。

(3) 第二次世界大戦後，アフリカ州の国々は独立が認められるようになったが，16か国が独立を果たした1960年は「アフリカの年」とよばれる。

2

(1) （例）拒否権をもつ常任理事国が反対したため。
(2) 争っている当事国の同意（合意）
(3) エ

解説

(1) 安全保障理事会の常任理事国は拒否権(きょひけん)をもっており，１か国でも反対すると重要な問題について決議できないことになっている。

(3) アについて，アメリカは国際連盟(れんめい)に加盟したことがなかったが，日本と中国は国際連盟に加盟していたことがあった。イについて，上位4か国の分担率の合計は46%で，50%は超えていない。ウについて，総会で投票できる投票数は，分担率に関係なく1国1票である。エについては，常任理事国はアメリカ，ロシア，中国，イギリス，フランスである。表中にアメリカ，中国，フランスの合計は34.8%。イギリスとロシアは，6位以下のため5位フランスの4.9%×2よりは少なくなるので，2か国で最大でも9.8%。34.8（%）＋9.8（%）を5で割ると8.92（%）となり，日本の9.7（%）より少ないことがわかる。

3

(1) ウ

(2) (例) 輸送手段を自動車から鉄道に転換（てんかん）する見直しを行っている。理由は，自動車に比べて鉄道の方が地球温暖化を引き起こす原因の一つである温室効果ガスの排出量（はいしゅつりょう）が少ないからである。

解説

(1) この問題は人口と経済規模から判断する。A・Bの排出量が多いので，人口・経済規模が大きい，中国，アメリカ合衆国の順に当てはまると考えられる。なお，日本の二酸化炭素の排出量は3.5%（2016年）で，インドやロシアなどよりも少ない。

(2) 資料Ⅰより，自動車の貨物輸送量は鉄道の貨物輸送量の約10倍あることが読み取れる。資料Ⅱからは，自動車の二酸化炭素排出量は鉄道の10倍以上あることが読み取れる。これらのことから，「輸送手段をどのように見直そうとしているのか」については，二酸化炭素を多く排出する自動車から鉄道へかえていくことが考えられる。その理由としては，二酸化炭素が地球温暖化の原因となる温室効果ガスの1つである，ということについて述べる。

4

(1) イ

(2) 難民

(3) (例) ODAへの支出総額は先進国の中でも多く，アジアへの援助の割合が高い。

(4) 記号 ア

しくみ (例) 発展途上国の生産者の生活を支えるために，発展途上国で生産された商品を一定以上の価格で取り引きするしくみ。

解説

(1) UNESCO（国連教育科学文化機関）は，教育や科学，文化の面での協力を通じて，世界平和を促進することを目的としている組織。アのWHOは世界保健機関，ウのUNICEFは国連児童基金，エのNGOは非政府組織の略称である。

(2) 難民とは，人種や宗教，政治的意見などを理由として，迫害を受けるおそれがあるために，外国へ避難した人々のことをいう。

(3) ODAは政府開発援助の略称で，先進国による発展途上国への政府レベルでの経済援助のことである。図1より，日本のODAへの支出総額は，開発援助委員会加盟国中アメリカ，ドイツ，イギリスに次いで第4位であることがわかる。図2からは，アジアへの援助が多いことが読み取れる。

(4) フェアトレード商品については，国際市場価格がどれほど下落しても，最低価格以上を保証しなければならないことになっている。したがって，資料2のア，イのうち，下限が160セントほどで推移（すいい）しているアがあてはまる。フェアトレードは公平な貿易を意味し，発展途上国でつくられた農産物・製品を適正な価格で継続的に輸入・消費することによって，発展途上国の人々の経済的・社会的な自立を支援するしくみである。

5

(1) X (例) 多くの食料が廃棄されているのに，世界の食料不足人口が多い

Y アフリカ州

(2) (例) 不要となった食品のうち，賞味期限内の食品を海外へ食料支援する団体を通して提供することで，廃棄する量が減り，食料不足の国等を援助することにつながる

解説

(1) X　資料Ⅰより食料廃棄物が年間約13億トンもあること，資料Ⅱより食料不足人口が約8億人もいることがわかる。これらをつなげて述べる。

Y　一人あたりの穀物生産量は，穀物生産量÷人口で求められる。これを計算すると，0.14（トン／人）となるアフリカ州が最も少ない。

(2) 図Ⅰでは，不要となった食品は処分施設に運ばれて廃棄されているが，図Ⅱでは，不要となった食品のうち賞味期限内のものは，海外へ食料支援をする団体に送られている。食品を団体へ送れば，廃棄される量が減る。また，食料を海外へ送るということは，食料不足で悩んでいる国を援助することにつながる。

PART3 公民分野

6 現代社会と私たちの生活

問題→P143

1

(1)　グローバル

(2)　メディアリテラシー

(3)　(例) 減少しているのは，普及の進んできたインターネットから情報を入手する人の割合が増えた

(4)　イ

解説

(2) メディアリテラシーは情報リテラシーともいう。

(3) 資料1から，新聞発行部数と雑誌出版点数が減ってきていることが読み取れる。資料2からは，インターネットの人口普及率は増加傾向にあることが読み取れる。したがって，新聞発行部数と雑誌出版点数が減ってきていることと，その要因となっているインターネットの普及について述べる。

(4) 人口ピラミッドは，社会の進展とともに富士山型→つりがね型→つぼ型へと変化していく。

2

(1)　オ

(2)　(例) 核家族世帯が増加してきた。

(3)　(例) 短い期間で高齢化がすすんでいる

解説

(1) Aについて，日本の1人の女性が一生に産む子どもの数の平均値（合計特殊出生率）は，2000年以降，1.3〜1.4であり，2.1を上回ったことはない。Cについて，高齢者が今後も増加していくことから，現役の若い世代の経済的負担は，年々重くなると予想される。

(2) 資料をみると，世帯数が増加しているのに対し，1世帯あたりの人数は減少していることがわかる。このことから，核家族世帯（親と子どもからなる世帯，夫婦だけの世帯）が増加してきたといえる。

(3) 資料から，1960年から2020年まで，他の国の高齢者の割合は10%ほど増加しているのに対し，日本の高齢者の割合は約5%から約30%へと急激に増加していることが読み取れる。つまり，日本は短期間で高齢化がすすんできたことがわかる。

3

(1)　(例) 少数意見が反映されにくい。

(2)　エ

(3)　X　(例) クラスごとに見ると，玉入れが多数になったクラスが最も多い。

Y　(例) 全校生徒で見ると，綱引きと答えた生徒が最も多い。

解説

(1) 多数決は，限られた時間で一定の結論を出さなければならない場合に，より多くの賛成する案を採用する方法である。少数意見が反映されにくいため，結論を出す前に**少数の意見も十分に聞いて，できるだけ尊重することが大切である。**

(2) 公正とは，手続きや機会，結果において，特定の人が不当にあつかわれないようにする考え方。効率とは，時間やお金，もの，労力などをむだなく使うという考え方である。

(3) クラスごとにみた場合，玉入れは6クラス中，4つのクラスで最も多いことがわかる。全校生徒数でみた場合，綱引きが最も多いことがわかる。

PART3 公民分野

7 世界の中の日本経済

問題→P147

1

(1) エ
(2) 影響評価（アセスメント）
(3) 循環
(4) A ア　B ウ　C イ

解説

(1) ⅰは2001年，ⅱは1967年，ⅲは1993年のできごとである。

(3) 循環型社会形成推進基本法に基づき，容器包装リサイクル法や家電リサイクル法など各種リサイクル法が制定された。

(4) リデュースはごみとして排出されるものを減らすこと，リユースは製品をくり返し使用すること，リサイクルは製品を原料にもどして形を変え，再び利用することをいう。

2

(1) ア，エ
(2) TPP
(3) 分業　(4) ウ

解説

(1) イとウは，自国の貿易を保護する保護貿易に関するものである。

(2) TPPは環太平洋パートナーシップ協定のことで，太平洋を囲むアジア，南北アメリカ，オセアニア地域における高い水準の自由化を目標とする包括的な協定である。日本をはじめ，オーストラリア，シンガポールなどが参加している。

(4) X　グラフ2で円とドルの為替相場をみると，1985年に1ドル＝230円だったのが，2013年には1ドル＝100円となっていることが読み取れる。これは，1985年には230円払わなければ買えなかった1ドルの商品が，100円で買えるようになり，ドルに対し円の価値が上がったことを意味する。このように，**外国通貨に対して円の価値が上がることを円高という。**

Y　グラフ1より，自動車の海外生産が増える一方，国内生産はのびなやんでいることが読み取れる。国内での生産が減少すれば，工場の閉鎖などを行う場合もあり，雇用が減ることにつながる。

3

(1) エ　(2) P ア　X 25
(3) ウ　(4) キ

解説

(1) A　1ドル＝100円が1ドル＝80円となるように，外国通貨に対し円の価値が上がることを円高という。

B　1ドル＝100円が1ドル＝120円となるように，外国通貨に対し円の価値が下がることを円安という。

C　2,400÷80＝30〔ドル〕

D　2,400÷120＝20〔ドル〕

(2) X　2,000÷80＝25〔ドル〕

(3) アの円高になると，1ドルと交換するために必要な円がそれまでよりも少なくてすむことから，日本国内から海外旅行にでかける旅行者数が増加する。イの円高になると，外国では日本から輸出された商品の価格が高くなるため，輸出産業をになう日本国内の企業にとっては不利になる。エの日本国内にある工場の海外移転が増加するのは，円高のときである。

(4) X・Y　表をみると，為替相場の年平均が，1ドル＝0.7537ユーロから1ドル＝0.9017ユーロへと変化している。これは，1ドルと交換するためにより多くのユーロを必要とするから，ドルに対してユーロの価値が低くなったことを意味する。**市場経済のしくみと同じで，価値が下がったということは，ユーロを売る人が多く，買う人が少ないと考えられる。つまり，ユーロが売られて（反対に）ドルが買われたのである。**

Z　ユーロが安いときは，アメリカ合衆国ではユーロを通貨としている国からの輸出品の価格は安くなり，輸出量が増加するため，輸出をする企業にとって有利となる。

実戦模試

1 思考力問題演習①

問題→P152

1

(1) イ
(2) Ⅰ 熱帯 Ⅱ 乾燥帯
Ⅲ 温帯
(3) エ (4) PKO (5) ウ
(6) (例) バイオ燃料 (バイオエタノール) の消費量が増えており, 原料となるとうもろこしの消費量が増加したため。
(7) (例) 南のメキシコなどから, 高い賃金を求めてヒスパニックなどがアメリカに移住してきており, その中に不法に入国する人がいるため。

解説

(1) 経線は, 北極点と南極点を結んだ線である。経線沿いに北へ進み, 北極点を超えると, もとの経線の西経と東経を入れ替え, 180 (度) からもとの経度を引いた経線とつながっている。地図の地点Aを通っている経線は西経150度。北極点で東経30度の経線とつながっているため, ユーラシア大陸の一部であるスカンディナビア半島付近に出てくる。

(5) D国は中国。中国は一人っ子政策を行ってきた結果, 高齢化が著しく進んだ。現在は一人っ子政策は廃止されているが, 2030年時点でも, 65歳以上の人口が増え続けると考えられている。

(6) E国はブラジルであり, バイオ燃料の生産がさかん。とうもろこしやさとうきびなどを原料とするバイオ燃料は, 化石燃料と比べて二酸化炭素の排出量が少なく, 環境への影響が少ないとされている。

(7) 賃金を示す表を見ると, メキシコの賃金が安いことがわかる。さらに, 人種割合のグラフを見ると, ヒスパニック系が15%程度いることがわかる。これらから, メキシコからアメリカ合衆国に移住する人がいて, それらの人々は高い賃金を求め移住しており, 一部には不法に入国する人がいることを推測する。

2

(1) ウ (2) ア (3) ウ, エ
(4) B ア D イ (5) エ
(6) (例) 大阪市は他府県からの通勤・通学者が多く, 夜間人口以上のごみを処理しなければならない。しかし歳入に占める市税の割合が低く, 財政の負担が大きくなっている。(75字)
(7) ① 町衆
② (例) 古代に京都に平安京の都をつくるときに中国の長安を参考にして人工的に道をつくった都市だったから。
(8) (例) 窓口で切符を購入した場合, 切符を販売する人の人件費が必要となるが, ICカードの場合, 人を介さずに乗車することができる分安くなると考えられる。

解説

(1) 東海道新幹線が開通したのは1964年。東京オリンピックが開催されるのに合わせて, 新幹線や高速道路が整備された。

(3) 1921年に東京駅で暗殺されたのは原敬である。原敬は, 立憲政友会の総裁で, 米騒動の影響, それまでの藩閥(はんばつ)内閣であった寺内正毅(てらうちまさたけ)内閣が倒れたあとに, 内閣総理大臣となった。この内閣のほとんどが, 衆議院第一党であった立憲政友会の党員だったことから, 初の本格的な政党内閣であったといわれている。アは吉野作造(よしのさくぞう), イは加藤高明(かとうたかあき)に関する文である。

(4) Aは滋賀県, Bは岐阜県, Cは愛知県, Dは静岡県。AとBは内陸県であることから, アかエだとわかる。このうち, 面積が小さい方のエが滋賀県, もう一方のアが岐阜県である。イとウを比べると, 昼夜間人口比率がウが高いことから, 中部地方の地方中枢(ちゅうすう)都市となっている名古屋市がある愛知県とわかる。残るイが静岡県。

(6) 表1からは, 3つの市の中で, 最も夜間人口に対する昼間人口が多いことが, グラフ2からは市税が一番少ないことが, グラフ3からはごみ処理量が一番多いことがわかる。これらをつなげて, 行政サービスに最もお金がかかると考えられるのに, ごみを出しているのに住民税を払っていない (夜間人口に含まれない) 人が多いことを書けばよい。

実戦模試

2 思考力問題演習②

問題→P156

1

(1) ① ウ　② 甲骨文字
③（例）東側の沿岸部に比べて，西側の内陸部の経済成長が遅れている。
(2) ① ア　② ウ　③ イ
(3) ①（例）氷河によって海岸がけずられたから。　② ア
③ 5（月）10（日）午後10（時）

解説

(1) ① アはペキン，イはテンチン，ウはシャンハイ，エはホンコンである。中国の首都はペキンだが，工業が発達し，人口が最も多いのはシャンハイとなっている。

(3) ③ 日本は東経135度を標準時子午線としている。経度15度差で1時間の時差があることから，135（度）−15（度）＝120（度），120（度）÷15（度）＝8（時間）となり，日付変更線から西へ行くほど時刻を巻き戻すことから，日本時間から8時間引くとスウェーデンの日時がわかる。

2

(1) ウ
(2) ア→エ→イ→ウ
(3) ① あ オ　い ウ
② 750 m　③ ア
(4)（例）豊臣秀吉が朝鮮出兵を行ったから。
(5)（例）日清戦争に比べて日露戦争の方が，死者の数も戦費も多かったのに，賠償金が得られなかったから。
(6)（例）肉類の消費量が増加し，米の消費量が1960年以降は減少するという食生活の洋風化の影響で，国内の米の需要量に応じた生産量とするために，作付面積をだんだんと減らすようになった。

解説

(3) ② 地形図の縮尺が2万5千分の1であることから，3（cm）×25000＝75000（cm）＝750（m）となる。

(5) グラフから死者も戦費も日露戦争が日清戦争より多いことがわかる。焼き打ち事件→何かしらの不満があったと考え，さらに日露戦争では戦費を調達するために増税が行われていったことも知っておく。それらをグラフから読み取れる点とつなぎ合わせて説明する。**近年の入試では，知識と読み取りを複合的に問うことも多いので，注意が必要である。**

(6) 米の生産について問われているので，表1～3について，まず米の変化を考える。いずれも1950年とくらべて1960年は増加しているが，その後は減少傾向にある。また，指定語句となっている「肉類」を見ると，2010年までずっと増加している。**つまり，日本人の食生活の西洋化が進んでいることが表から読み取れる。**